Erfolgsworkshop Vertrieb – Packen Sie's an!

AF071025

Lizenz zum Wissen.

Sichern Sie sich umfassendes Wirtschaftswissen mit Sofortzugriff auf tausende Fachbücher und Fachzeitschriften aus den Bereichen: Management, Finance & Controlling, Business IT, Marketing, Public Relations, Vertrieb und Banking.

Exklusiv für Leser von Springer-Fachbüchern: Testen Sie Springer für Professionals 30 Tage unverbindlich. Nutzen Sie dazu im Bestellverlauf Ihren persönlichen Aktionscode C0005407 auf www.springerprofessional.de/buchkunden/

Jetzt 30 Tage testen!

Springer für Professionals.
Digitale Fachbibliothek. Themen-Scout. Knowledge-Manager.

- Zugriff auf tausende von Fachbüchern und Fachzeitschriften
- Selektion, Komprimierung und Verknüpfung relevanter Themen durch Fachredaktionen
- Tools zur persönlichen Wissensorganisation und Vernetzung

www.entschieden-intelligenter.de

Springer für Professionals  Springer

Jörn Bruhn

Erfolgsworkshop Vertrieb - Packen Sie's an!

Ziele definieren, Maßnahmen planen und endlich tun, was getan werden muss

2., durchgesehene Auflage

Jörn Bruhn
Hamburg
Deutschland

ISBN 978-3-658-06315-3   978-3-658-06316-0 (eBook)
DOI 10.1007/978-3-658-06316-0
Springer Heidelberg New York Dordrecht London

Die 1. Auflage ist unter dem Titel „Packen Sie's an!" erschienen.

Die Deutsche Nationalbibliothek verzeichnet diese Publikation in der Deutschen Nationalbibliografie; detaillierte bibliografische Daten sind im Internet über http://dnb.d-nb.de abrufbar.

Springer Gabler
© Springer Fachmedien Wiesbaden 2009, 2015
Das Werk einschließlich aller seiner Teile ist urheberrechtlich geschützt. Jede Verwertung, die nicht ausdrücklich vom Urheberrechtsgesetz zugelassen ist, bedarf der vorherigen Zustimmung des Verlags. Das gilt insbesondere für Vervielfältigungen, Bearbeitungen, Übersetzungen, Mikroverfilmungen und die Einspeicherung und Verarbeitung in elektronischen Systemen.
Die Wiedergabe von Gebrauchsnamen, Handelsnamen, Warenbezeichnungen usw. in diesem Werk berechtigt auch ohne besondere Kennzeichnung nicht zu der Annahme, dass solche Namen im Sinne der Warenzeichen- und Markenschutz-Gesetzgebung als frei zu betrachten wären und daher von jedermann benutzt werden dürften.
Der Verlag, die Autoren und die Herausgeber gehen davon aus, dass die Angaben und Informationen in diesem Werk zum Zeitpunkt der Veröffentlichung vollständig und korrekt sind. Weder der Verlag noch die Autoren oder die Herausgeber übernehmen, ausdrücklich oder implizit, Gewähr für den Inhalt des Werkes, etwaige Fehler oder Äußerungen.

Lektorat: Manuela Eckstein

Gedruckt auf säurefreiem und chlorfrei gebleichtem Papier

Springer Gabler ist Teil der Fachverlagsgruppe Springer Science+Business Media (www.springer.com)

Vorwort zur zweiten Auflage

Wenn ich mir einrede, ich kann etwas nicht, dann bin ich dazu unfähig. Wenn ich aber fest daran glaube, ich würde es können, dann erlange ich auch die Fähigkeit dazu.
Mahatma Gandhi

Ich habe immer verkauft. Es startete während meiner Schulzeit, als ich mit 18 Jahren neben der Schule Versicherungen an die Frau und den Mann brachte, und zog sich dann durch meinen Lebenslauf. Der Verkauf – von Obst und Gemüse über Reinigungsmaschinen bis hin zu Seminaren und Beratungsleistungen – war und ist mein Beruf. Seit 1998 durfte ich Tausende von Verkäufern kennen lernen und trainieren – ich habe auch immer darauf geachtet, von den Besten zu lernen.

Seit 2004 coachen meine Kollegen bei FoxxConsult und ich Menschen nach einer Idee, die Sie in diesem Buch kennen lernen werden. Dabei möchte ich ausdrücklich betonen: Der wirklich allergrößte Anteil am Erfolg besteht darin, selbst eine hohe Motivation und eine nachhaltige Überzeugung für den eigenen Erfolg zu gewinnen. Der kleinere Teil ist das Wissen darüber, wie man es macht. Alle diejenigen, die über das richtige Motiv verfügten, haben bislang immer einen Weg zum Wissen gefunden – während das umfangreichste Knowhow ohne ein verinnerlichtes Ziel für den Verkäufer niemals zum dauerhaften Erfolg führen kann.

Ich unterstelle einmal, dass es momentan bei Ihnen nicht wie gewünscht läuft. Sie selbst kennen vielleicht sogar die Ursachen dafür: Verantwortlich sind Ihre Gewohnheiten oder Prägungen, die Ihnen zum Erfolg im Wege stehen. Ich nenne das in diesem Zusammenhang gern „Gehirnwäsche", der jeder von uns zunächst einmal unentrinnbar unterworfen ist. Die Aufdeckung ihrer Mechanismen und die Tipps und Tricks zur Loslösung aus diesen „Fesseln" zeige ich Ihnen. Und dabei werden Sie auch Ihr Selbstbild hinterfragen: Bin ich authentisch? Wie wirke ich? Was ist mein verinnerlichtes Ziel? Anschließend haben Sie den klaren Blick für

Vision Ihres Erfolgs: Wie könnte es sein, oder richtiger: Wie wird es werden, wenn ich so erfolgreich verkaufe, wie ich es mir immer gewünscht habe? Wollen Sie Ihre Vision Realität werden lassen? Sind Sie bereit zur Veränderung? Dann hier und jetzt! Und ab sofort keine Ausreden mehr, denn ich höre Sie schon sagen: „Ich habe gar nicht genug zusätzliche Zeit für ein solches Unterfangen." Zunächst reichen ganze 15 min täglich!

Es ist ganz normal, dass Sie auf Ihrem Weg zum erfolgreichen Verkäufer Tiefs durchlaufen. Daher werden wir gemeinsam Ihre Motivation abklopfen, zusätzliche Hilfsmittel bereitstellen und konkrete Zielvorgaben entwickeln. Ärger und/oder Fehlschläge während dieses Prozesses können dabei durchaus positiv verarbeitet und zur schnelleren Zielerreichung genutzt werden. Entscheidend ist und bleibt aber Ihre Entscheidung für einen konkreten Schritt und das folgende Tun! Gemeinsam finden wir Sicherungen, die Sie in der Spur halten. Und am Schluss werden Sie es geschafft haben, Sie überqueren die Ziellinie als erfolgreicher Verkäufer ... versprochen!

Dieses Buch ist für Sie als Verkäufer (oder wie auch immer Sie Ihre Tätigkeit im Vertrieb bezeichnen) geschrieben. Es will eine Einstellung vermitteln, die es Ihnen erlaubt, vom ersten Moment an nachhaltig in einer Hochstimmung loszulegen, als wären Sie gerade von einer furchtbaren Krankheit geheilt worden. Im Gegensatz zu den üblichen Methoden, bei denen Sie einen festen Vorsatz haben und mit dem Gefühl starten, Sie müssten die Zugspitze besteigen und dafür in den nächsten Wochen unter Schmerzen neue Gewohnheiten einschleifen, können Sie sich jetzt schon freuen: Sie haben sich für die einfachste Methode entschieden! Sie werden sich wundern und nach kurzer Zeit fragen, wieso es so lange gedauert hat, bis Sie endlich den Schalter umlegten und erfolgreich wurden. Dann werden Sie jene Menschen, die sich nicht verändern und darunter leiden, nur noch bedauern.

Sie können sich dazu entscheiden, dieses Buch nur einfach zu lesen. Dann ist es ein weiteres dieser Bücher, die Ihnen kurz zu etwas Entspannung verhelfen, Ihr Know-how-Reservoire weiter auffüllen und dann nur noch Ihr Bücherregal zieren. Oder Sie nutzen dieses Buch, um genau da anzukommen, wo Sie gern hinmöchten – indem Sie etwas verändern. Nur ausgesprochene Dummköpfe können glauben, dass sie mit den gleichen Tätigkeiten, die sie gestern ausgeführt haben, morgen andere Ergebnisse erzielen. Deshalb muss sich in unserem Tagesablauf und/oder bei den Tätigkeiten etwas ändern, damit wir „neue" (von uns gewünschte) Ergebnisse erhalten. Was ist dafür zu tun? Zuerst gilt es, Ihren Grund, Ihr Motiv, Ihr „Warum" herauszuarbeiten. Danach ist es an Ihnen, es zu tun. Ausprobieren, Fehlschläge inklusive. Nicht nur einmal tun, sondern immer wieder. Durchhalten, bis es für Sie zu einer Gewohnheit geworden ist. Dazu erhalten Sie hier die hilfreichsten Techniken.

Möglicherweise kennen Sie den einen oder anderen Aspekt dieses Buches schon von anderen Autoren. Falls Sie noch nicht alles in die Tat umgesetzt haben:

Vorwort zur zweiten Auflage

Manchmal hilft es, Wichtiges noch einmal zu lesen. Den zentralen Unterschied im Vorgehen präsentiert dann das Kapitel „Entscheiden und Tun". Das ist mein wichtigstes und liebstes Kapitel, und es macht auch den Unterschied zu anderen Autoren aus. Sie werden mit diesem Buch Entscheidungen treffen und an diesen Entscheidungen festhalten. Ich helfe Ihnen, sich so zu versichern, dass der Erfolg in jedem Fall eintreten muss. In unsere Coachings geben wir darauf eine Garantie, das heißt, Sie bekommen Ihr Geld zurück, wenn Sie nach 90 Tagen nicht dort angekommen sind, wo Sie gerne hinwollten.

Wenn Sie mit diesem Buch wirklich erfolgreich werden möchten, wenn Sie Ihre Visionen wahrmachen wollen, dann folgen Sie exakt den regelmäßig eingestreuten „Anweisungen", die einen wichtigen Teil des Buches bilden:

Anweisung 1

Befolgen Sie alle Anweisungen. Sie brauchen sich keine Sorgen zu machen, dass Sie eine Anweisung überlesen, sie sind alle am Ende des Buches noch einmal für Sie zusammengefasst.

Sie erfahren später, dass Sie ganz entspannt mit diesen Anweisungen umgehen können ... und wie Ihnen das gelingt. Am besten beginnen wir sofort:

Anweisung 2

Kaufen Sie sich ein leeres Buch. Ihr Buch.

Ich empfehle Ihnen ein gebundenes Buch mit leeren Seiten, ganz nach Ihrem Geschmack. Während des Prozesses werden Sie einige Dinge notieren oder in einer anderen Form kreativ werden, und dafür benötigen Sie dieses Buch.

Es gibt insgesamt 15 Anweisungen. Diese sollten Sie während der Lektüre Schritt für Schritt befolgen.

Anweisung 3

Seien Sie offen. Denken Sie mit. Seien Sie kritisch. Das ist vielleicht die Anweisung, die am wenigsten leicht zu befolgen ist.

Was ich damit meine? Sie brauchen die Bereitschaft, Gedankenexperimente mitzudenken und immer wieder (Ihre) Visionen vor dem geistigen Auge Realität werden zu lassen. Wenn Sie sich darauf einlassen, erhalten Sie eine ganze Menge dafür zurück: eine Art Garantieschein für Ihr Wunschgehalt. Sie können wirklich nichts verlieren, aber alles gewinnen.

Viel Spaß beim Lesen. Viel Erfolg beim Tun!

Hamburg im Dezember   Jörn Bruhn

Danksagung

Wenn man zuversichtlich seinen Träumen folgt, wird man unerwartet von Erfolg gekrönt.
Henry David Thoreau

Wofür ich dankbar bin? Wofür wir alle dankbar sein können? Hier ein kleines statistisches Gedankenspiel: Wenn wir die Population der Erde (Zahlengrundlage ist das Jahr 2004) auf genau 100 Personen verkleinerten und alle menschlichen Verhältnisse und Maßstäbe gleich blieben, würde sich das in etwa so darstellen: Es gäbe 57 Asiaten, 21 Europäer, 14 Nord- und Südamerikaner, 8 Afrikaner, 52 wären Frauen, 48 wären Männer, 70 wären nicht weiß, 30 wären weiß, 70 wären nicht christlichen Glaubens, 30 wären es, 89 sind heterosexuell, 11 homo-sexuell orientiert, 6 Personen besäßen 59% des gesamten Reichtums der Erde und alle 6 kämen aus Amerika, 80 wohnten in maroden Häusern, 70 könnten nicht lesen, 50 litten unter Unterernährung, einer wäre im Begriff zu sterben, einer würde gerade geboren werden, einer hätte ein abgeschlossenes Studium, einer besäße einen Computer.

Wenn Sie heute aufgewacht sind und mehr gesund als krank waren, geht es Ihnen besser als Millionen, die diese Woche nicht überleben werden. Wenn Sie niemals Krieg erfahren haben, die Einsamkeit eines Gefängnisses, die Qual der Folterung oder die Pein des Verhungerns, haben Sie 500 Mio. Menschen in der Welt einiges voraus. Wenn Sie einen Gottesdienst ohne Angst vor Verfolgung, Gefangenschaft, Folterung und Tod besuchen können, geht es Ihnen besser als 3 Mrd. anderen Menschen.

Wenn Sie Essen im Kühlschrank haben, Kleidung tragen, wenn Sie ein Dach über dem Kopf haben und einen Platz zum Schlafen Ihr Eigen nennen, sind Sie reicher als 75% der Menschen dieser Welt. Wenn Sie Geld auf der Bank oder im Portemonnaie haben und Sie sich etwas zu essen in einem Restaurant kaufen können, gehören Sie zu den 8% der Reichen dieser Welt. Wenn Ihre Eltern immer noch leben und Sie immer noch verheiratet sind, sind Sie ein seltenes Wesen – auch in Amerika und Kanada.

Und da Sie dies lesen können, unterscheiden Sie sich von Milliarden Menschen, die nicht lesen können.

Sie leben in Westeuropa am Anfang des 3. Jahrtausends und können offensichtlich lesen. Stellen Sie sich vor, Sie wären vor 100 Jahren oder noch früher geboren worden oder lebten 5000 km weiter südlich oder östlich. Sie und ich können allein für unsere Zeit und für unseren Wohnort dankbar sein.

Besondere Menschen ... Danke meiner geliebten Frau Binsi. Binsi begleitet mich jetzt fast die Hälfte meines Lebensweges. Binsi ist eine echte Sensation. Sie hat mich immer in allem unterstützt, auch wenn sie bei einigen Entscheidungen zunächst gesagt hat: „Das war jetzt gerade ein Fehler, lieber Jörn." Das ist wirklich eine wunderschöne Gabe, jemanden in seiner Entscheidung zu unterstützen, obwohl man es selbst anders gemacht hätte. Binsi ist das Allerbeste, was mir in meinem Leben passiert ist.

Ohne Binsi hätte ich auch nie Carolina und Faber kennen gelernt. Euch danke ich, dass ihr meine zahllosen Selbstexperimente so geduldig ertragen habt. Außerdem danke ich euch für das Glück, dass ich mit den beiden besten Kindern auf der Welt zusammenlebe.

Es gibt einige Menschen, die meinen beruflichen Weg sehr geprägt haben, Menschen, die echte Vorbilder für mich waren. Manchmal war es für eine befristete Zeit, aber ohne diese Menschen wäre ich ganz sicher nicht dort, wo ich jetzt bin. Ich kann sie nicht in eine Reihenfolge bringen, jeder Einzelne war genau zu der richtigen Zeit für mich da.

Danke an alle Kunden, Coaches und anderen Leser. Und Menschen, die mir während unserer Zusammenarbeit geholfen und mich auf die eine oder andere Idee gebracht haben, stellvertretend: Jeanne Cabanis, Udo Franke, Rainer Giese, Klaus Chr. Jürgensen, Barbara Möller, Beate Quast, Emile Ratelband, Gabriele Schuster, Baaby Slawyk, Ulrich Staroste und Tom Thomsen. Bevor der Gabler Verlag dieses Buch publiziert hat, haben wir das Manuskript schon in unseren Coachings verwendet. Weil ich zu verschiedenen Zeiten daran geschrieben habe, wurden die neuen Teile einfach immer eingefügt – im Nachhinein eine echte Katastrophe. Trotzdem haben mir unglaublich viele Mut gemacht und mich immer wieder bestärkt, dieses Manuskript endlich zu einem Verlag zu tragen. Danke euch allen. Neben mir hat sich niemand so lange und so intensiv mit dem Buch beschäftigt wie meine Lektorin Manuela Eckstein. Danke für die professionelle und motivierende Betreuung.

Wenn ich zum Schluss meine Eltern nenne, dann heißt das nicht, dass sie mir zuletzt einfallen. Egal, wie unrealistisch meine Ziele zu den Zeiten, in denen ich sie gesetzt habe, schienen: Sie haben immer vollständig, fest und begeistert daran geglaubt, dass ich diese Ziele erreiche. Wenn man so ein Buch schreibt, denkt man zwangsläufig über die eigene Erziehung nach. Irgendwelche Anteile unseres jetzigen Daseins hängen von Chromosomen, andere von Erziehung und wieder andere vom eigenen Geschick ab. Das eigene Geschick hängt wahrscheinlich wieder von den ersten beiden Einflussfaktoren ab. Ich bin tief dankbar für alles, was ich von meinen Eltern bekommen habe. Und außerdem würde es mich ohne sie gar nicht geben.

Inhaltsverzeichnis

1	**Jeder kann erfolgreich verkaufen**		1
1.1	Unsere Vorprägungen		1
	1.1.1	Gewohnheiten prägen sich ein	2
	1.1.2	Gewohnheiten	4
	1.1.3	Erlernte Hilflosigkeit	5
	1.1.4	Schmerzvermeidung	7
	1.1.5	Veränderung kann auch ganz leicht gehen und Spaß machen	8
1.2	Warum Sie es bisher nicht geschafft haben		9
	1.2.1	Sich selbst die richtigen Fragen stellen	11
	1.2.2	Sind Sie wirklich glücklich?	12
	1.2.3	Faktor Neid	14
	1.2.4	Der Motor Unzufriedenheit	17
1.3	Wohin wollen Sie?		18
	1.3.1	Stehen Sie zu Ihrem Beruf?	20
	1.3.2	Der innere Kompass	21
1.4	Wie sehen Sie sich?		23
	1.4.1	Bewusst ausgeübte Gehirnwäsche	24
	1.4.2	Berichte werden Verpflichtungen	26
1.5	Sind Sie gern Verkäufer?		28
	1.5.1	Der Mythos vom schwierigen Verkauf	28
1.6	Kennen Sie Ihre Vor-Urteile?		30
	1.6.1	Pygmalion-Effekt	31
Weiterführende Literatur			33

2 Wie Erfolg schmeckt ... 37
- 2.1 Ihr neues Selbstbild ... 37
  - 2.1.1 Herausforderung, sich auf Neues einzulassen ... 38
  - 2.1.2 Neuausrichtung Ihrer Kompassnadel ... 40
- 2.2 Erfolgserlebnisse ... 41
  - 2.2.1 Garantie auf Erfolg: Ihr Geburtsrecht ... 42
  - 2.2.2 Die natürliche Art zu lernen ... 44
- 2.3 Unbewusst fähig ... 45
  - 2.3.1 Der innere Motivator ... 46
  - 2.3.2 Die Bremse Selbstbewertung ... 49
- 2.4 Die richtige Blickrichtung ... 49
  - 2.4.1 Schöne Gründe ... 50
- 2.5 Belohnung macht glücklich ... 52
  - 2.5.1 Bedingte Verkäuferreflexe ... 52
  - 2.5.2 Sie haben es sich verdient ... 54
  - 2.5.3 Spaß am Leben ... 55
- Weiterführende Literatur ... 56

3 Ihr Erfolgsrezept als Verkäufer ... 59
- 3.1 Ja, Sie sind gemeint! ... 59
  - 3.1.1 Von unverkaufbaren Produkten ... 61
  - 3.1.2 Ihr halbes Leben für den Beruf ... 62
- 3.2 Bereit für die Änderung? ... 64
  - 3.2.1 Manche machen es passend für sich ... 65
  - 3.2.2 Sie haben sich erkannt? ... 66
  - 3.2.3 Hier geht's lang ... 67
- 3.3 Der richtige Zeitpunkt ist ... jetzt! ... 68
  - 3.3.1 Der Blick in die Zukunft ... 69
  - 3.3.2 Ziele der anderen ... 71
- 3.4 15 min ... 72
- 3.5 Einfach zur Lösung ... 74
  - 3.5.1 Der gute Kern in jedem Verkäufer ... 74
- 3.6 Wie und wo beginnen? ... 76
  - 3.6.1 Vor dem eigenen Schreibtisch kehren ... 77
  - 3.6.2 Beharrliches Arbeiten gegen die „Gehirnwäsche" ... 78
  - 3.6.3 Wer schreibt ... der bleibt ... 79
  - 3.6.4 Sie sind beim Kunden überzeugt und klar ... 80
- Weiterführende Literatur ... 82

4	**Ihr Ziel**		85
	4.1	Motivation von außen und innen	85
		4.1.1 Simon says	86
		4.1.2 Der Bauch als wahrer Motor	86
		4.1.3 Glaube und Intuition	87
		4.1.4 Erfüllte (Berufs-)Lebensplanung	88
		4.1.5 Druck als Motor	90
		4.1.6 Beharrliche Beharrlichkeit	91
		4.1.7 Von-weg- und Hin-zu-Ziele	91
	4.2	Ihr Ziel	93
		4.2.1 Zeit mit Zinseszins	94
	4.3	Ihr Zeitplan	96
		4.3.1 Ihr 90-Tages-Ziel	97
		4.3.2 Das Drehbuch Ihres Berufslebens	97
		4.3.3 Hinderliche Erfahrungen	98
	Weiterführende Literatur		99
5	**Ihr Plan**		103
	5.1	Zeitmanagement und Stetigkeit	103
		5.1.1 Weniger ist mehr …	105
		5.1.2 Wo bleibt die Zeit?	106
		5.1.3 Durchschlagskraft	107
	5.2	Fehlschläge	108
		5.2.1 Ich bin gerade nicht so gut drauf	110
	5.3	Prioritäten setzen	111
		5.3.1 Wegwerfen	112
		5.3.2 Eisenhower – neu	113
		5.3.3 Achten Sie auf Ihre Zeit	115
		5.3.4 Mut zur Lücke	116
	5.4	Schwarz auf Weiß	119
		5.4.1 Nachmessen	119
	5.5	Zwischenziele	121
		5.5.1 Reservieren Sie den Mittwochabend!	125
	Weiterführende Literatur		126
6	**Entscheiden und Tun**		129
	6.1	Entscheiden Sie sich!	129
		6.1.1 Spielregeln und Konsequenzen	130
		6.1.2 Ohne Wenn und Aber	132

6.2		Regeln für gute Entscheidungen	134
	6.2.1	Training für Ihren „Entscheidungsmuskel"	136
	6.2.2	Kombinierte Schutz- und Nutzenstrategie	138
6.3		Sicherungen	139
	6.3.1	Sich öffentlich verpflichten	141
	6.3.2	Prüfstein für Ihre Zielformulierung	142
	6.3.3	Ihre neue Autobahn im Kopf	144
	6.3.4	Der innere Routenplaner	145
6.4		Beharrlichkeit	147
	6.4.1	Sie sind einmalig auf dieser Welt	149
6.5		Sie müssen!	150
Weiterführende Literatur			152

7 Tipps & Tricks für Ihren Verkäuferalltag ... 155

7.1		Ärger als Antrieb	155
	7.1.1	Ihre Welt ist eine Sache der Wahrnehmung	157
	7.1.2	Keine Energie verschwenden!	159
7.2		Der Gedanke als Erfolgsschlüssel	162
	7.2.1	Passen Sie auf Ihre Gedanken auf!	163
	7.2.2	Richten Sie Ihre Gedanken in die hilfreiche Richtung	166
7.3		Selbstverpflichtung	167
	7.3.1	Wie ernst ist es Ihnen?	168
	7.3.2	Selbstüberlistung zwecklos	169
	7.3.3	Herrschaft über den Bleipfeil	172
7.4		Autosuggestion	174
7.5		Die ideale Verkaufsmethode ...	175
	7.5.1	Geduldig mit sich sein	176
Weiterführende Literatur			178

8 Von der Vision zum „Wunder" – ein Verkäufer-Workshop ... 181

8.1	Visionen verkaufen	181
8.2	Die Dringlichkeit des Ziels	182
8.3	Zeit und Ziel auf den Punkt	184
8.4	Zielsetzung auf das große Ganze	186
8.5	Entscheidung treffen – jetzt!	188
8.6	Tun	190
8.7	Kein Verkaufserfolg?	192

8.8	„Wunder" und andere Erfolgsgeschichten	195
8.9	Sie haben es geschafft	198
	Weiterführende Literatur	198
9	**Fazit**	203
	Weiterführende Literatur	205
Anhang		209

Über den Autor

Jörn Bruhn Diplom-Wirtschaftsingenieur, Jahrgang 1966, arbeitete bis 1998 im Vertrieb von Investitionsgütern. 1998 gründete er FoxxConsult, ein Trainings- und Beratungsunternehmen mit Sitz in Hamburg. Er entwickelte ein Programm, das Verkäufer wirklich dabei unterstützt, das zu TUN, was richtig und zielführend ist.

Inzwischen enthält das bewährte, mehrstufige Trainingsprogramm eine Geldzurück-Garantie: Teilnehmer, die die angestrebten Ziele mit der Unterstützung von FoxxConsult nicht erreichen, erhalten ihr Geld zurück.

FoxxConsult ist spezialisiert auf alle Fragen der Kommunikation im Vertrieb: Schwerpunkte sind insbesondere Investitionsgüter und erklärungsbedürftige Dienstleistungen. Zu den Kunden von FoxxConsult zählen viele namhafte Unternehmen. Zwei weitere Schwerpunkte der Gesellschaft sind die Themen „Neukundengewinnung" und „Verhandlungstechniken".

Jeder kann erfolgreich verkaufen   1

> Jeder kann Erfolg haben! Auch Sie! Oder sind Sie der Auffassung, dass die äußeren Umstände – *Ihre* äußeren Umstände – das nicht zulassen? Fühlen Sie sich womöglich hilflos beim Blick auf ein für Sie unerreichbar scheinendes Ziel? Haben Sie vielleicht sogar „gelernt", Unerreichbarkeit im Beruf und/oder Privatleben zu akzeptieren?

1.1 Unsere Vorprägungen

> Das Problem ist, dass wir nicht damit zufrieden sind, Dinge zu sehen – wir fügen den Dingen, die wir sehen, die falsche Interpretation hinzu.
> [unbekannt]

Wir alle pflegen Gewohnheiten – und das hat überhaupt nichts mit Intelligenz zu tun. Wenn wir einen Blick in unseren Kopf werfen, sehen wir unser Gehirn, das aus Verbänden von Nervenzellen besteht, die auch Neuronen genannt werden. Gewohnheiten entstehen, weil diese Nervenzellen in unserem Gehirn Kontakt zueinander suchen. Dadurch ergeben sich „neuronale Verbindungen". Die Art der Verknüpfung macht die Informationsverarbeitung aus. Abbildung 1.1 zeigt ein „Röntgenbild" unseres Gehirns.

Sie können dabei gut erkennen, wie sich die neuronalen Bahnen mit zunehmendem Alter immer weiter ausdehnen. Unser Gehirn besteht aus ungefähr 100 Mrd. Zellen. Jede dieser Zellen könnte sich mit bis zu 23.000 anderen Gehirnzellen verbinden. Die Anzahl der möglichen Verbindungen in unserem Kopf ist größer als

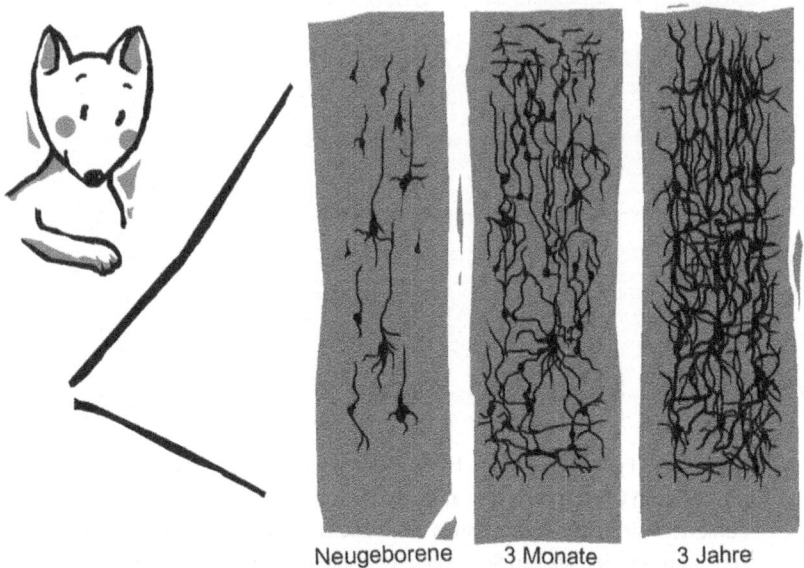

Abb. 1.1 Unsere neuronalen Verbindungen

die Anzahl der Atome im Weltall ... ist das nicht unglaublich? Und jedes Mal, wenn wir einen gleichen Gedanken denken oder eine Wahrnehmung mit einem Gefühl verknüpfen oder eine identische Bewegung ausführen, wird ein und dieselbe Verbindung genutzt. Man kann auch sagen: Die neuronale Verbindung fährt sich ein bisschen weiter ein. Je öfter man Dinge getan hat, desto „besser" oder „automatischer" oder „einfacher" kann man diese Handlungen abrufen.

Für die Güte der neuronalen Verbindungen ist nun wichtig, wie oft und mit welcher Intensität die Verbindung genutzt wird. Hohe Intensität bedeutet, dass wir viel Freude oder viel Schmerz mit der Verbindung verbinden. Und aus diesen Erfahrungen bilden sich dann unsere Lernmuster bzw. Gewohnheiten.

1.1.1 Gewohnheiten prägen sich ein

Dazu ein Beispiel aus unser aller Finanzalltag: Wenn Sie seit Jahren ein Minus auf Ihrem Konto haben, ist es für Sie schwierig, sich vorzustellen, ständig über Guthaben zu verfügen. Sie haben Ihren Dispo immer bis zur Grenze ausgeschöpft bzw. bis zu den Höchstbeträgen, die Ihre Bank Ihnen allmählich neu zugesteht. Warum? Haben Sie eine Antwort? Warum geben Sie nicht mehr aus? Weil Sie sich genau

1.1 Unsere Vorprägungen 3

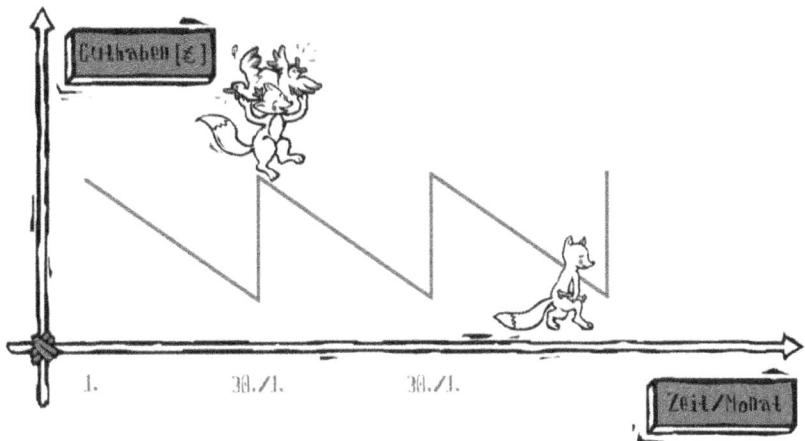

Abb. 1.2 Immer etwas auf der hohen Kante

dieses Limit noch erlauben oder weil es Ihnen von anderen erlaubt wird. Obwohl es, bei Licht betrachtet, absoluter Unsinn ist. Warum schaffen Sie es, sich an diese Grenze zu halten? Wie sind Sie dort hingekommen?

Das war nicht von Anfang an so. Irgendwann hatten Sie ein Sparbuch oder nur Bargeld, vermutlich während Ihrer Kinderzeit. Sie lebten ausschließlich von dem Geld, das Sie hatten. Die Grenze war die Null. Weniger ging nicht. Wie sollte es auch? Sie hatten sich vielleicht an ein kleines Polster gewöhnt, einen „Puffer" über dem Null-Kontostand (vgl. Abb. 1.2).

Irgendwann hat Ihnen jemand Kredit eingeräumt. Und dann war es zuerst – wenn auch nur eine kurze Zeit – ein unangenehmes Gefühl, ein Minus auf dem Konto zu haben. Sie haben es immer ziemlich schnell wieder ausgebügelt. Dann ging es langsam immer weiter runter in den Keller: Die eine „Sägezahnkurve" verwandelt sich also langsam in die andere, die untere Begrenzungslinie entspricht Ihrem Dispo (vgl. Abb. 1.3). Eigentlich würden Sie sich natürlich etwas ganz anderes wünschen: dass die Kurve nicht nur oberhalb der Null liefe, sondern dass Sie auch noch etwas Extrageld hätten, das Sie dann stets mit gutem Gewissen ausgeben können. Doch Ihr Unterbewusstsein hält Sie immer mehr oder weniger an der Dispo-Grenze. Wie lange schon? Meinen Sie, dass das etwas mit einer Gewohnheit zu tun haben könnte?

Eine Gewohnheit – ich werde sie später auch ab und zu mal als „Gehirnwäsche" bezeichnen – hat uns gelehrt, das wäre vorteilhaft ... was natürlich kompletter Unsinn ist. Wir haben unter dem Strich weniger Geld! 1000 € Dispositionskredit

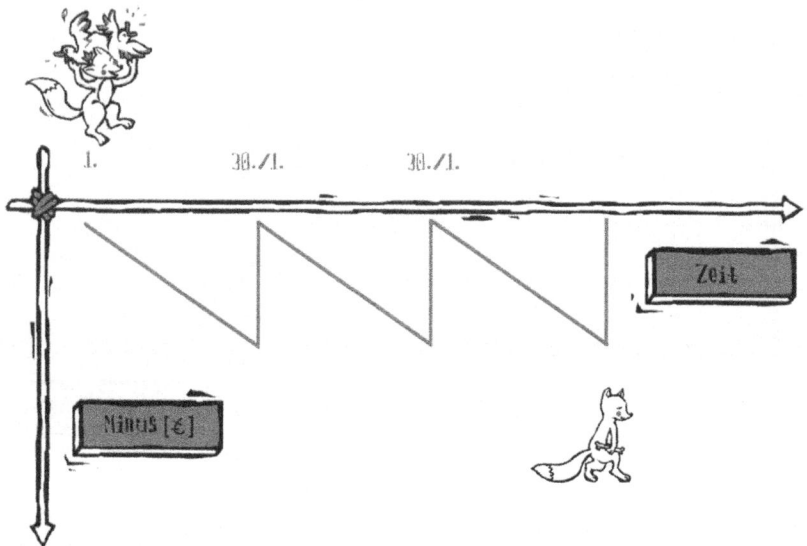

Abb. 1.3 Immer im Minus

kosten bei 12 % Zinsen, also 120 € im Jahr oder 10 € im Monat. 6000 € Dispo kosten also 60 € im Monat. Sie haben durch den Dispo nichts gewonnen, sie verlieren nur Geld. Und dennoch kenne ich viele Menschen, die ständig ein Minus mit durch die Gegend schleppen, das damit verbundene „schlechte Gefühl" einmal außen vorgelassen. Wäre es im Nachhinein vielleicht einfacher gewesen, entweder die Schulden gar nicht erst zu machen oder immer sofort einen Rückzahlungsplan zu erstellen? Wäre das Leben dann jetzt schwieriger oder einfacher? Es wäre genauso einfach! Und diese Erkenntnis können Sie eins zu eins auf den Verkauf übertragen.

1.1.2 Gewohnheiten

Wie definieren Sie den Begriff „Gewohnheit"? In der Medizin und Pharmakologie spricht man von Gewöhnung und bezeichnet damit die fortschreitende Anpassung des menschlichen Körpers an immer höhere Mengen von Sucht- und Genussmitteln, was zur Abhängigkeit beispielsweise bei Alkohol, Nikotin oder Morphium führen kann. In der Psychologie meint die Gewöhnung die Tendenz des Menschen, in gewohnter oder mechanischer Weise zu handeln oder zu denken, besonders

1.1 Unsere Vorprägungen

dann, wenn diese Tendenzen durch Übung oder Training erworben wurden. Typische Beispiele dafür sind:

- Gleiche Handgriffe bei bestimmten Tätigkeiten (z. B. Schuhe zubinden)
- Denkgewohnheiten (z. B. denken witzige Menschen überdurchschnittlich oft: „Was ist lustig an dieser Situation?")
- Probleme lösen (z. B. „Warum geht es nicht?" versus „Wie können wir das lösen?")
- Verhalten, bestimmte Angewohnheiten wie „Räuspern" und Körperhaltungen

In der Umgangssprache wird der Begriff in vielfältiger Weise gebraucht und deckt eine Reihe von verschiedenen Verhaltensweisen ab, zum Beispiel:

- Routinehandlungen (z. B. erfolgt das An- und Ausziehen fast automatisch)
- Handlungen aufgrund körperlicher Bedürfnisse (z. B. essen, trinken)
- Verhaltenseigenarten (z. B. nervöser Augentick)
- Spezielle Sprechgewohnheiten (z. B. lange Pausen zwischen einzelnen Sätzen)
- Charakteristische Denkweisen (z. B. Vorurteile zu bestimmten Standpunkten)
- Sittliche Handlungen (z. B. höfliches Verhalten anderen Personen gegenüber)

1.1.3 Erlernte Hilflosigkeit

Vielleicht ist Ihnen der Begriff der „Erlernten Hilflosigkeit" ja schon einmal untergekommen. Er bezeichnet ein Lernmuster, das bei Menschen wie Tieren zu finden ist. Ich möchte es Ihnen anhand zweier Tierversuche kurz erläutern.

Der Versuchsaufbau sieht folgendermaßen aus (vgl. Abb. 1.4): Vor Ihnen befindet sich ein Affenkäfig mit einer Leiter in der Mitte, an deren oberen Sprossen zahlreiche Bananen hängen. Nun sperren Sie vier satte Affen in diesen Käfig. Was passiert? Einer der Affen klettert nach oben und will nach einer Banane greifen. In dem Moment, als er die Banane fast greifen kann, öffnet sich über ihm eine Klappe, aus sich ein Eimer Wasser über die Affen ergießt. Der Affe sieht zu, dass er mit der ihm eigenen affenartigen Geschwindigkeit wieder nach unten kommt. Nach und nach probieren alle vier Affen diese Leiter und den „dazugehörigen" Wassereimer aus, bis alle vier nass sind. Danach holen Sie einen nassen Affen aus dem Käfig heraus und ersetzen diesen durch einen trockenen Artgenossen.

Was passiert? Sie liegen wahrscheinlich falsch ... Affen sind sehr soziale Tiere und achten aufeinander. Die drei nassen Affen versuchen mit aller Gewalt, den noch trockenen, unerfahrenen Affen festzuhalten, damit er nicht die Leiter hinauf-

Abb. 1.4 Schmerzhafte Lernerfolge im Affenkäfig

steigt und auch nass wird. Geben Sie den Affen eine kurze Zeit, in der sie sich daran gewöhnen, nicht zu den Bananen zu gehen. Als nächsten Versuchsschritt holen Sie einen weiteren nassen Affen heraus und ersetzen auch diesen durch einen neuen (trockenen), mit dem folgenden Ergebnis: Zwei nasse und ein trockener Affe halten den neuen, trockenen Affen fest und hindern ihn daran, dass er nach oben klettert. Nun tauschen Sie im weiteren Versuchsverlauf auch den letzten nassen Affen aus – mit dem Resultat: Auch vier trockene Affen steigen nun nicht mehr auf der Leiter nach oben. Die Affen haben verstanden, dass es besser ist, unten zu bleiben.

Wie sieht es in Ihrem Berufsleben aus, wenn Sie an den Affenkäfig denken?

1.1.4 Schmerzvermeidung

Das zweite Experiment, das ich Ihnen vorstellen möchte, läuft wieder in einem Käfig ab – diesmal mit Hunden. In der Mitte des Käfigs befindet sich ein Zaun, der so niedrig ist, dass ein Hund mit Leichtigkeit darüberspringen kann. Der Käfig hat die Besonderheit, dass man den gesamten Boden wie auch Teile davon unter Strom setzen kann. In einer ersten Versuchsanordnung wird ein Hund – wir taufen ihn auf den Namen Anton – in den Käfig gesperrt. Seine Bodenhälfte, optisch abgetrennt durch den Zaun, wird unter Strom gesetzt, wobei kurz vorher eine Lampe im Käfig angeht. Was macht Anton zunächst? Der versucht alles Mögliche, um den Stromschlägen zu entgehen: Er rennt und hüpft, probiert alle Ecken aus … und irgendwann springt er über den niedrigen Zaun, und der Schmerz ist vorbei. Anton lernt – wie alle Hunde – schnell. Er merkt nach ganz wenigen Versuchen, dass es am besten ist, schon wenn das Licht angeht, über den Zaun zu hüpfen und somit den Schmerz ganz zu vermeiden.

Der Versuch wird nun verändert: Anton und der Zaun werden aus dem Käfig entfernt, dafür ist jetzt ein anderer Hund, Paul, der neue Gast im Käfig. Nach dem Einschalten der Lampe wird allerdings nun der vollständige Käfigboden unter Strom gesetzt. Was geschieht? Paul springt und hüpft zunächst genauso wie Anton. Er ist natürlich genauso schlau wie jener, springt ebenfalls über den Zaun, aber lernt dabei: „Egal, was ich mache, ich bekomme ununterbrochen Stromschläge." Folgerichtig rollt er sich irgendwann im Käfig zusammen und erträgt die Stromschläge. Die experimentierenden Psychologen schalten den Strom immer dann ab, wenn sie glauben, dass Paul sein Verhalten nicht mehr ändern wird. Nach wenigen Versuchswiederholungen ist es so, dass Paul sich hinlegt, sobald die Lampe aufleuchtet.

Nun wird der Versuch erneut geändert: Der Käfig sieht nahezu aus wie im ersten Versuchsaufbau, allerdings ist der Zaun in der Mitte noch niedriger. Anton, der Hund Nummer 1, wird wieder in den Käfig gelassen, die Lampe geht an, er hüpft über den Zaun und bleibt schmerzfrei … Nun Anton raus, Paul rein, Lampe an … und danach wird wiederum nur die Hälfte des Bodens unter Strom gesetzt, in der (nun) Paul sitzt. Was reagiert wohl Paul, als die Lampe eingeschaltet wird?

- Was haben Sie gelernt? Ich meine nicht in Schulungen oder in der Schule, sondern in der „Schule des Lebens".
- Was haben Sie über Ihren Beruf gelernt? Über Ihre Produkte? Über Ihr Unternehmen? Ich meine dabei nicht die Prospekte. Was ist die wahre Lehre? Was sagen Kollegen, Freunde, Bekannte, Kunden, Chefs über Sie, Ihr Unternehmen und die Produkte?

Das fast tragische Resümee dieser Versuchsanordnungen: Je intelligenter ein Tier ist und je schneller es lernt, desto eher legt es sich hin und akzeptiert seine Hilfs- oder Machtlosigkeit.

Wie Menschen in dieser Situation wohl reagieren? Sie müssen nicht lange raten, denn der Versuch wurde auch mit Menschen gemacht – nicht mit Strom im Boden, stattdessen mit Lärm. Die Probanden wurden in eine fahrstuhlähnliche Kabine gesetzt, an deren Wand sich ein paar Schalter befanden. Nach dem Aufleuchten der Glühlampe wurden die Probanden sehr lautem Krach ausgesetzt. Die erste Gruppe konnte mit Hilfe einer bestimmten Schalterkombination die Geräusche ausschalten bzw. vermeiden. Die zweite Gruppe hingegen konnte jede mögliche Kombination probieren, der Lärm hörte nicht auf. Diese Gruppen wurden nacheinander in eine zweite, veränderte Kabine gesetzt – die Ergebnisse entsprachen denen von Anton und Paul. Klingelt es bei Ihnen schon?

- Gibt es Parallelen im Berufsleben?
- Werden Dinge getan, weil sie jahrelang getan wurden, weil sie sogar vielleicht einst einen Sinn hatten? (Allerdings hat seit langer, langer Zeit keiner mehr gefragt, ob sie auch heute noch sinnvoll sind.)

1.1.5 Veränderung kann auch ganz leicht gehen und Spaß machen

Eine Kollegin hat mich darauf hingewiesen, dass Menschen, die ahnen, dass eine Veränderung ansteht, dies mit „Ungewohntem" in Verbindung bringen. Und Ungewohntes bzw. Änderung ist für sie automatisch schmerzhaft. Das wiederum veranlasst potenzielle Klienten unserer Coachings dazu, sich Geschichten auszudenken, damit sie sich nicht ändern müssen. Quasi eine Schmerzverhinderungstaktik. Das ist nicht schlecht oder gut, das ist einfach so – und es gab für mich eine Menge zu tun, um genau diese Menschen für unser Gewohnheiten-Veränderungsprogramm zu gewinnen. Manchmal scheint es wirklich, als würde ein Wunder passieren ... Für den Verkäufer geht es plötzlich ganz leicht: Dabei ist es nicht mehr Aufwand, es ist ein anderer Aufwand, der jetzt auch noch Spaß macht.

Sie möchten wissen, warum das so einfach funktioniert? Ich möchte dafür einen aus unser aller Alltag eingängigen Vergleich bemühen: Für einen Nichtraucher ist es unheimlich leicht, nicht zu rauchen – so leicht, dass er gar nicht auf die Idee kommen würde, dies als irgendeinen „Aufwand" zu beschreiben. Was sich für Raucher völlig anders darstellt (ich habe selbst geraucht und weiß, wovon ich rede). Wenn man als ehemals aktiver Nikotinkonsument zum Nichtraucher geworden ist, fragt man sich später, wo eigentlich das Problem war. Nun geht es wie von selbst, *nicht* mehr zu rauchen! Es fehlt nichts. Und es tut wirklich nicht weh, nicht einmal im Ansatz. Wenn Auswirkungen spürbar sind, dann höchstens in Form eines positiven Schubs!

1.2 Warum Sie es bisher nicht geschafft haben

> Das Auge schläft, bis der Geist es mit einer Frage weckt.
> [Afrikanisches Sprichwort]

Verstehen Sie mich bitte richtig: Lernen hat bei mir einen sehr hohen Wert! Ich bin jemand, der immer mehr wissen will. Der gerne und viel liest, Hörbücher hört – und das immer und immer wieder. Und der oft und mit Begeisterung Seminare besucht. Inzwischen habe ich gelernt, dass es damit jedoch nicht getan ist. Dafür bin ich – gerade in Seminaren – zu vielen „Weiterbildungsabhängigen" begegnet. Diese Menschen laufen von einem Seminar zum nächsten – und für sie fühlt sich das gut an. Ich hatte das Gefühl, dass sie alles taten, nur um nichts verändern zu müssen: lieber noch ein Wochenende zu einem Seminar tingeln oder ein Motivationsbuch nach dem anderen lesen. Die einen wie die anderen wissen hinterher mehr, aber wahrscheinlich tun die meisten nichts, wenn sich dabei eine Erkenntnis, ein Aha-Erlebnis bei Ihnen einstellt. Diese Erkenntnis bzw. Information ist für sie „irrsinnig interessant" oder „spannend" und eignet sich bestimmt auch für die nächste Tagung als Smalltalk-Beitrag – aber geändert wird nichts.

Einer meiner Seminarteilnehmer, ich nenne ihn Martin, war er eine echte Herausforderung: Denn er brachte während des Zielfindungsgesprächs Bedenken zum Ausdruck, die mir in meinen wildesten Träumen nicht eingefallen wären. Schließlich waren alle Antworten gegeben, und nach zwei Stunden verabschiedete er sich. Als Zielmaß hatte Martin eine bestimmte Anzahl von Empfehlungen festgelegt, die er in den nächsten drei Monaten von seinen Kunden bekommen wollte. Alles schien gut. Drei Tage später rief er an und sagte: „Jörn, ich weiß gar nicht, worüber wir sprechen sollen … es läuft alles nach Plan!" Martin hatte schon während der Zielfindung im Coaching den „Schalter umgelegt", und danach lief es wie am Schnürchen. Martin hat während der Zielfindung seinen Weg sehr klar gesehen. Als wir am Ende des Jahres telefonierten, hatte er alle schriftlich festgehaltenen Ziele bezüglich seiner Empfehlungen und des daraus resultierenden neuen Geschäftes erreicht!

Falls Sie jetzt denken, dass das auch für Sie sonnenklar ist, dann probieren Sie es doch einfach mal aus! Schaffen Sie heute, morgen oder in dieser Woche das, was

Sie sich vorgenommen haben. Oder werden Sie mir nächsten Freitag eine unglaublich plausible Geschichte erzählen, warum es bei Ihnen gerade nicht geklappt hat? Ich habe als Coach einmal einen Finanzberater begleitet, dem ich sagen musste: „Lieber Herr Schultze, wie wollen Sie eigentlich andere überzeugen, dass vorgesorgt werden muss, wenn Sie selbst den Glauben daran verloren haben, dass Sie höchstpersönlich irgendwann in der glücklichen Lage der absoluten finanziellen Unabhängigkeit sein werden und die Rentenlücke für sich selbst schließen können? Ihr Unterbewusstsein hat sich durch Ihr Reden, Denken und Handeln in der Vergangenheit daran gewöhnt, dass Sie nicht finanziell unabhängig sind und auch nie sein werden. Wie sollten Sie da das Gefühl haben, dass es einfach ist? Und wie wollen Sie das Gefühl auf Ihre Kunden übertragen, wenn Sie selbst nicht wissen, wie sich das anfühlt?" Das ist absolut unmöglich.

- Wie sieht Ihr Unterbewusstsein aus?
- Was ist dort gespeichert?
- Was glauben Sie über Ihr Produkt?
- Was glauben Sie wirklich über sich?

Das ist das Problem. Wie lange wollen Sie denn noch *gegen* etwas arbeiten? Stellen Sie sich vor, da wäre nichts mehr, wogegen Sie arbeiten müssten. Sie hätten keine Erkenntnisse, die Ihnen Steine in den Weg legen, Sie wären „unbedarft". Wie würde sich das anfühlen? Schon gut? Gehen Sie noch einen Schritt weiter: Stellen Sie sich kurz vor, das Unterbewusstsein wäre nicht „leer", sondern es „wüsste", dass Sie und Ihre Kunden das Ziel erreichen – und Ihnen wie den Kunden würde das sogar noch Spaß machen … Sensationell, oder? Ihr Vertrauen, Ihr Glaube oder besser Ihr „Wissen" wäre sehr stark. Sie wissen, dass ein Apfel vom Baum auf den Boden fällt. Er fällt nicht rauf oder schwebt in der Luft herum, sondern er fällt ganz sicher runter. Sie vermuten das nicht oder hoffen es, sondern Sie *wissen* das. Sie könnten alles, was Sie haben, darauf verwetten. Sie könnten Haus und Hof darauf setzen. Stellen Sie sich vor, Sie wüssten mit der gleichen Intensität,

- dass Ihre Kundenberatung richtig ist und
- dass Sie in jedem Fall Ihre Ziele schaffen und Ihr nächster Kunde dabei hilft.

Malen Sie sich bitte aus, wie gut sich das anfühlt. Das ist der Vorgeschmack darauf, wie es für Sie sein wird.

1.2 Warum Sie es bisher nicht geschafft haben

Anweisung 4

Malen Sie sich aus, wie leicht Verkaufen sein könnte, wie viel Spaß Sie dabei haben könnten. Schreiben Sie's auf. In Ihr Buch. Oder schauen Sie in Ihrem Gedankenschloss vorbei und stellen sich das einmal vor. Wie fühlt sich das an?

1.2.1 Sich selbst die richtigen Fragen stellen

Denken ist ein Prozess im Kopf. Es gibt mehrere Modelle, die diesen Prozess beschreiben. Sehr gut gefällt mir das folgende, zugegeben vereinfachte Modell: Sie stellen dem Gehirn eine Frage, und das Gehirn hat die Aufgabe, diese Frage zu beantworten. So funktioniert Denken: Fragen stellen und Antworten finden. Die Fragen und Antworten kommen von der inneren Stimme, die in jedem wirkt. Bevor Sie sich fragen: „Schnappt der Bruhn jetzt komplett über?", achten Sie auf das, was bei Ihnen in diesem Moment passiert. Sie überlegen sich nämlich gerade, ob das stimmen könnte. Und es kann darauf mehrere Antworten geben: „Ja!" – dann fliegt das Buch wahrscheinlich gerade in die Ecke. Oder: „Ich weiß es nicht genau. Ich muss darüber nachdenken. Ich hätte gern noch einige zusätzliche Informationen ...". Während Sie dies lesen, überlegen Sie gerade: „Stimmt das, was der da schreibt? Kann doch gar nicht sein, dass da eine Stimme in meinem Kopf ist ..." Das war sie wieder, die Stimme, das ist der Dialog im Kopf. Sind wir uns bis hierher einig, dass man den Denkprozess so beschreiben kann? Dann weiter, denn jetzt kommt eine wichtige Nachricht: Die Qualität Ihres Lebens steht und fällt mit der Qualität der Fragen, die Sie sich stellen. Ein Beispiel gefällig?

„Warum, verdammt, schaffe ich nie mein Monatsziel?" Ihr Gehirn ist programmiert, bestimmte Antworten zurückzuliefern, zum Beispiel:

- „Weil du es noch nie geschafft hast."
- „Weil du dich einfach gern ablenken lässt!"
- „Weil du dein Leben lang zum letzten Drittel gehört hast!"
- „Weil du nicht schlau genug bist!"
- „Weil du nicht so talentiert bist."
- „Weil die anderen bessere Verbindungen haben."

Sie können sich auf den Kopf stellen: Sie bekommen an dieser Stelle in gar keinem Fall mehr eine „gute" Antwort. „Gut" ist eine Antwort, die Ihnen in Ihrem Beruf hilft. Wie entkommen Sie dieser Falle? Ganz einfach! Sie fragen sich:

- „Wie kann ich es schaffen, innerhalb der nächsten drei Monate zu den 20 % der Besten zu gehören?"

Dann bekommen Sie auch entsprechende „gute" Antworten. Welche Antworten gefallen Ihnen besser? Und was ist maßgeblich für diese Antworten? Nur die Fragen! Sie haben es nicht verdient, Ihr Leben zu verschwenden mit Fragen und Antworten, die Ihnen nicht gebühren. Diese Stimme, die ständig die Fragen stellt, richtet unseren Sinn auf das aus, worauf wir uns konzentrieren: auf Lösungen oder auf Probleme. Denken wir darüber nach, wie wir etwas schaffen können, oder denken wir darüber nach, warum wir das Ziel nicht erreichen können? Hier wird unser Fokus ausgerichtet. Dumm nur, dass die meisten Menschen nicht merken, wie weit sie von Lösungen wegdenken, während sie sich gerade auf die Probleme konzentrieren.

In den Verkaufsseminaren, die ich seit Jahren durchführe, hatte ich in vielen Fällen das Gefühl, die besten Techniken zum Schieben von Autos vorzustellen und zu trainieren. In manchen Fällen erwiesen sich die Teilnehmer als ziemlich gut im Schieben. Zumindest unmittelbar nach dem Seminar hatten sich scheinbar alle zusammen daran gewöhnt, dass es grundsätzlich nicht leicht ist, Autos zu schieben – und das Beherrschen der richtigen Techniken viel Übung erfodert. Aber wir alle vergaßen währenddessen zu fragen, was wir da die ganze Zeit schieben. Es war ein Auto. Und der Schlüssel steckte. Selbst die Türgriffe schienen uns im Moment des Erkennens ungewöhnlich, hatten sie sich bislang doch als ideale Werkzeuge zum Schieben erwiesen. Unnötig zu sagen, dass wir auch dafür bereits besondere Techniken beim Festhalten entwickelt hatten.

Ich zeige Ihnen in diesem Buch, wie Sie die Türen öffnen, einsteigen und losfahren. Und der Unterschied für Ihren Berufsalltag wird dann mindestens so groß wie der zwischen Autoschieben und Autofahren. Oder anders gesagt: Während viele andere Ihnen zeigen, wie Sie mit den wirklich schwierigen Problemen im Verkauf zurechtkommen und trotz dieser schwierigen Probleme erfolgreich sein können, zeige ich Ihnen, dass es diese Probleme gar nicht gibt. Das ist im ersten Moment nicht ganz einfach nachzuvollziehen, aber mit Hilfe dieses Buches werden Sie es verstehen. Es hat seit unglaublich langer Zeit diese Prägung stattgefunden, die uns glauben macht, dass es schlimme Probleme beim Verkaufen gibt. Nun werden Sie sehen, wie Sie damit zurechtkommen und Ihren Beruf für sich als absolut zufriedenstellende Arbeit entdecken, der Sie in jeder Beziehung erfolgreich sein lässt.

1.2.2 Sind Sie wirklich glücklich?

Wie wollen Sie Ihr Produkt an andere verkaufen, wenn Sie es selbst nicht kaufen würden? (Ich weiß, dass ich mich wiederhole, aber es ist wichtig!) Wie soll das gehen? In Körpersprache-Seminaren können Sie lernen, dass der Körper und die Körpersprache nie lügen. Ihr Körper zeigt Ihrem Kunden in jedem Fall, dass Sie nicht so überzeugt von Ihrem Produkt sind, dass Sie es selbst kaufen würden. Vielleicht verkaufen Sie dennoch ein bisschen, an den einen oder anderen. Aber ahnen Sie, wie schwierig das vergleichsweise ist? Wenn Sie beispielsweise Investitionsgüter verkaufen, brauchen Sie nicht zu einem Seminar zu gehen, das Ihnen hilft, Verkaufstechniken zu trainieren. Sie verschwenden Ihre Zeit und langweilen zusätzlich Ihre Kunden. Hören Sie auf damit, lesen Sie weiter und erwarten Sie Anweisung 5 (etwas Geduld, es dauert noch ein paar Seiten). Die hilft Ihnen aus diesem Schlamassel heraus.

Zum einen müssen Sie Ihr Produkt wirklich gern mögen, und zum anderen müssen Sie mit einer positiven Ausstrahlung verkaufen. Ersteres ist so selbstverständlich, dass viele es vergessen haben, und Letzteres wird in vielen Grundlagenverkaufsseminaren strapaziert. Sie und ich wissen, dass nur begeisterte Verkäufer zur Spitzengruppe gehören. Ohne Begeisterung geht das nicht. Bevor wir den Verkauf speziell untersuchen, schauen wir gemeinsam kurz auf ein allgemeines tragisches Phänomen. Wenn Sie dessen Mechanismen durchschaut haben, wird es erheblicher einfacher, bei der Arbeit wirklich Spaß zu haben.

Norbert Schwarz, Professor für Psychologie an der University of Michigan, hat untersucht, wie glücklich Lehrer sind, und befragte dazu 200 Lehrer, die an unterschiedlichen Schulen tätig waren: an „guten" Schulen und an Schulen in sozialen Brennpunkten. Überraschend antworteten die Lehrer im Schnitt alle mit der gleichen Bewertung. Wie kann das sein? Wie können Lehrer aus „schlechten" Schulen genauso werten wie die aus den wohlhabenden Vororten? Schwarz verfeinerte seine Untersuchung, indem er die Lehrer mit Organizern ausstattete, um festzustellen, *wann* die Lehrer welchen Gefühlszustand erlebten. Und dabei offenbarte sich, dass die Lehrer an den „guten" Schulen vormittags bester Laune waren, mittags fiel ihre Stimmung dann auf das normale Mittelmaß zurück. Bei den Lehrern in den Slums war es umgekehrt, sie fühlten sich morgens während des Unterrichtes schlecht und waren nachmittags bester Laune (Schwarz 1988, S. 485–496 in Klein 2002). Beide Gruppen fühlten sich unter dem Strich in Summe schlecht. Was lernen wir daraus? Menschen scheinen

- nicht wirklich zu wissen, wann es ihnen wie geht. Sie wissen nicht zu schätzen, dass es ihnen gut geht.
- die Tendenz zu haben, im Zweifel eher die „schlechtere" Wahl zu treffen.

Es besteht also durchaus eine ernst zu nehmende Wahrscheinlichkeit, dass wir nicht merken, dass es uns während der Arbeit oder während des Tages gut geht.

1.2.3 Faktor Neid

„Neid" ist allen bekannt und funktioniert oft wechselseitig. Es gilt die grundsätzliche Feststellung: Wer sich mit anderen vergleicht, verliert. Weil wir uns mit dieser Bewertung von anderen abhängig machen. Dazu nochmals Norbert Schwarz, nun mit einer Untersuchung zur Zufriedenheit in Partnerschaften. Schwarz bat Studenten, die mit einer Frau zusammenlebten, um Auskünfte über ihr Sexualleben. Die meisten Fragen des Fragebogens dienten dabei der Ablenkung. An einer Stelle wurde gefragt: „Wie oft befriedigen Sie sich selbst?" Die Antworten waren anonym auf einem Formular einzutragen. Von diesem Bogen gab es zwei Ausführungen mit abweichenden Antwortmöglichkeiten:

- einer mehrstufigen Skala mit den Extrempositionen „weniger als einmal pro Woche" bis „mehrmals am Tag" sowie
- zwei Wahlfeldern mit den Beschriftungen „nie" und „mehrmals pro Woche".

Um es noch einmal klar zu sagen: Die unterschiedlichen Antwortmöglichkeiten waren der einzige Unterschied und richteten das Denken der Studenten sehr unterschiedlich aus. Bei denen, die den ersten Bogen ausfüllten, kreuzten die meisten ein Kästchen wie „ein- oder zweimal pro Woche an". Nach Auskunft von Sexualwissenschaftlern entspricht das wohl der Wahrheit. Studenten mit dem zweiten Fragebogen (nur zwei Kästchen) hätten bei ehrlicher Antwort „mehrmals pro Woche ankreuzen" müssen. Das ist auf diesem Fragebogen aber ein Extremwert, und daraus schlossen die meisten Studenten, dass sie sich überdurchschnittlich oft selbst befriedigen. Das wiederum war beunruhigend, vor allem auch deshalb, weil daneben ebenfalls die Häufigkeit von Sex mit der Lebensgefährtin abgefragt wurde. Schwarz stellte anschließend an diese Studenten die Frage nach der Zufriedenheit ihrer Beziehung. Die Studenten mit den reduzierten Skalen (nur zwei Kästchen) äußerten überdurchschnittlich oft Unzufriedenheit mit ihrer Beziehung und zeigten sich auch für Seitensprünge empfänglicher als die Vergleichsgruppe (Schwarz 1988, S. 485–496).

Wir alle sind täglich Zeitschriften und Fernsehprogrammen ausgeliefert. Dort wird uns in der Regel ein Standard beispielsweise zu Haut, Figur oder Erfolg vermittelt, den wir kaum bedienen können. Schwarz klärte seine Studenten im Nachhinein über die Manipulationen auf. Wie oft werden wir aufgeklärt?

Es macht Sinn, wenn wir uns „Neid" noch genauer anschauen, weil er wirklich viele Verkäufer beim beruflichen Erfolg ausbremst. Unter Neid versteht man ein Gefühl des Unbehagens über das Glück, das Aussehen oder den Erfolg eines Mit-

1.2 Warum Sie es bisher nicht geschafft haben

menschen. Neid will den beneideten Vorzug zunichtemachen. Verwandte des Neides sind Missgunst und Schadenfreude. Ich glaube, Neid entsteht auf folgende Art:

- Bildung von Gruppen oder Einteilungen
- Feststellung der Zugehörigkeit: Zu welcher der verschiedenen Gruppen gehöre ich selbst?
- Bewertung, ob die eigene Zugehörigkeit beim eigenen Wertmaßstab „gut" oder „schlecht" ausfällt
- Neiden oder Nicht-Gönnen der „besseren" Positionen
- Erklären, warum die eigene Position wider Erwarten „besser" ist!

Dazu ein Beispiel: Hans und Fritz schließen ihr Studium gemeinsam ab und starten bei einem großen Markenartikler im Vertrieb. Hans merkt nach sechs Jahren, dass Fritz das Doppelte wie er selbst verdient – bis dahin haben die beiden nicht über ihr Gehalt gesprochen. Hans ärgert sich darüber, dass Fritz mehr verdient, und denkt:

- Fritz hat das nie gesagt!
- Warum habe ich nie nach mehr gefragt?
- Warum bekomme ich nicht mehr?
- Warum ist die Welt so ungerecht?

Die Automatik bei Hans setzt an dieser Stelle ein. Es gäbe mehrere Alternativen, wenn Hans zielorientiert denken würde, zum Beispiel:

- sich darüber zu freuen, dass er durch Fritz endlich ein Anstoß erhalten hat und sich die Frage stellt: „Wie kann ich jetzt daran arbeiten, dass ich mehr verdiene?"
- zufrieden sein, dass er so viel verdient, wie er verdient (bis gestern war er damit noch ziemlich zufrieden), und dass es offensichtlich möglich ist, noch viel mehr zu bekommen.
- sich sofort einen Plan macht, um bald das gleiche Gehalt zu bekommen.
- das eigene Ziel zu definieren, zum Beispiel überdurchschnittlich Geld zu verdienen, und sich danach zu überlegen, wie diese neue Information dabei hilfreich sein kann.
- Fritz zu fragen, wie er das gemacht hat.
- den Chef zu fragen, was er tun muss, damit er doppelt so viel verdient.
- sich selbst zu überlegen, was er tun könnte, damit er doppelt so viel bekommt, beispielsweise indem er nachdenkt oder errechnet, welche Arbeit dem Unternehmen oder dem Chef viel bringen würde.

- drei Headhunter anzurufen.
- in Zeitungen und im Internet zu recherchieren und andere Angebote zu studieren.
- selbst ein Chiffre-Anzeige aufzugeben.

Durch nicht zielorientiertes Denken erfolgt „Bewerten" und „Jammern", und das führt dazu, dass Hans

- sich darüber ärgert, dass Fritz überhaupt mehr verdient.
- Fritz Scheinheiligkeit vorwirft: „Der hat nie was gesagt!"
- die Ungerechtigkeit des Chefs beklagt.
- misstrauisch wird, weil wahrscheinlich auch etliche andere Bescheid wissen und/oder noch mehr verdienen.

Diese Verhaltensweisen führen aber dazu, dass Hans

- nichts verändert,
- weiter unzufrieden ist und
- seine eigenen Gewohnheiten weiter trainiert, damit er bei der nächsten Gelegenheit wieder auf diesem „eingefahrenen" Weg fahren kann.

Jetzt überlegen Sie bitte einmal: Welche Auswirkungen hat dieses Wissen auf sein Verhalten?

- Ist Fritz bei der Arbeit mehr oder weniger bei der Sache?
- Freut er sich bei der Arbeit mehr oder weniger?
- Welches Bild bezüglich Arbeit und Beruf hinterlässt er bei seinen Kindern, bei anderen Verkäufern und bei Freunden?
- Und welches Bild hinterlässt er bei sich selbst? (Das ist die wichtigste Frage, alles andere ist vergleichsweise unwichtig.)

Für welchen Weg entscheiden Sie sich? Warum? In unserer bundesrepublikanischen Gesellschaft haben die meisten sich daran gewöhnt, nicht hilfreich oder zielorientiert zu denken. Uns wird sogar schon nachgesagt, dass wir ein Volk der Jammerer seien. Wenn Sie einmal ganz nüchtern darauf schauen: Ist es schwieriger, den einen oder den anderen Weg zu gehen? Ist es schwieriger, sich zu freuen oder sich zu ärgern?

1.2.4 Der Motor Unzufriedenheit

Neid und Missgunst in der praktischen Anwendung klingen erfahrungsgemäß so: „Kein Wunder, dass der Schleimer erfolgreich ist" oder „War ja klar, der kümmert sich überhaupt nicht mehr um seine Frau" oder „Hast du gesehen, wie der mit seinen Kindern (seinem Hund/seiner Großmutter) umgeht?" Es werden Ursachen gesucht. Ob die mit dem, was wir erklären wollen, im Entferntesten zu tun haben, spielt gar keine Rolle. Wichtig ist, dass man möglichst viele richtig schlechte Eigenschaften des Beneideten findet. Dabei passiert Folgendes: Unser Unterbewusstsein urteilt nicht, es nimmt aber auf, was die fünf Sinne ihm anbieten und was wir denken und fühlen. Unser Unterbewusstsein stellt jedoch eine sehr klare Verknüpfung her: „Geld – Neid" oder „Neid – Geld" und „Neid – Erfolg" oder „Erfolg – Neid" … und zum Schluss bleibt: Wer hat schon gern Neid? Wer hat schon gern Geld? Wer hat schon gern Erfolg? Merken Sie, was dafür verantwortlich sein könnte, dass es bei Ihnen nicht so gut läuft?

Vor ein paar Jahren habe ich die Biografie Mutter Teresas gelesen und danach ein bisschen im Internet gestöbert, um weitere Einzelheiten zu dieser Frau zu finden. Ich entdeckte in den Suchmaschinen auf den ersten drei oder vier Trefferplätzen Foren, in denen auf eine Weise über sie hergezogen wurde, dass es mir die Sprache verschlug, zum Beispiel: „Die musste ja nur ihre eigenen Unzulänglichkeiten verstecken, deshalb hat sie sich so um die Menschen gekümmert …" Oder: „Die Persönlichkeit dieser Frau ist so angelegt, dass die ihren Egoismus bei der Helferei total befriedigen kann."

Es gibt Menschen, die sagen, dass der Neid die letzte Entschuldigung der Nichterfolgreichen ist. Nehmen Sie sich kurz die Zeit und überlegen Sie: Wer aus Ihrem Bekanntenkreis ist am meisten neidisch? Sind es diejenigen, welche erfolgreich sind? Oder jene, die nicht so erfolgreich sind? Sie können selbst entscheiden, was Sie wollen. Sie bestimmen, wer Sie sind. Sie tun das mit dem, was Sie denken und machen. Wenn es Ihnen Vergnügen bereitet, neidisch zu sein, dann gehören Sie in die eine Kategorie. Wenn Sie sich lieber anders entscheiden …

Aber bitte verwechseln Sie Neid nicht mit Unzufriedenheit! Unzufriedenheit ist etwas ganz anderes, sie ist der Motor, etwas zu verändern. Meiner Meinung ist aus dem Neid eine weitere Gehirnwäsche erwachsen, die sehr viele Menschen komplett in Beschlag genommen hat: Alles ist knapp. Wir verfügen auf dieser Welt über beschränkte Ressourcen, und je besser man zuhauen und zustechen vermag, desto mehr bekommt man vom Kuchen ab. Deshalb sind die, die viel abbekommen, echte Schmutzfinken, Betrüger und schlechte Menschen. Ich sage Ihnen lieber gleich, was wirklich stimmt: Auf dieser Welt wachsen Jahr für Jahr all die Dinge, die es braucht, um Milliarden Menschen zu ernähren. Dafür wird nichts aufgebraucht, sondern die Menschheit bekommt jedes Jahr wieder alles geschenkt, was dazu nötig ist. Im Wesentlichen sind das die unvergänglichen Stoffe unserer Welt und insbesondere die Sonnenenergie. Es ist von allem genug da, und wir bekommen täglich noch mehr. Wahrscheinlich haben wir in der Vergangenheit zu viel Zeit mit Neid und Missgunst und Gejammer über diese vermeintlichen Knappheiten verplempert und hätten stattdessen lieber darüber nachdenken sollen, wie man unsere Ressourcen noch besser erschließt und nutzt. Genau deshalb geht es auch gar nicht um die Verteilung des Kuchens, sondern es geht darum, Kuchen zu backen! Lassen Sie uns lernen, wie man Kuchen bäckt, damit für alle nicht nur mehr als genug Zutaten, sondern mehr Kuchen da ist.

Dieses Buch ist da ein willkommenes Beispiel. Einer schreibt, einer verlegt und gibt an der Stelle schon ein paar Menschen Arbeit. Andere investieren in sich selbst, kaufen, lesen und lernen … Wo ist der Verlierer, wenn die „Kuchenverteilertheorie" richtig ist? Es gibt ihn nicht. Alle gewinnen. Die Kuchenbacktheorie stimmt. Mehr Kuchen ist der Mehrwert, den Sie für Ihre Kunden oder für die Welt stiften.

1.3 Wohin wollen Sie?

Erfolg ist so ziemlich das Letzte, was einem vergeben wird.
[Mark Twain]

Entweder ist es eine weitere menschliche Angewohnheit oder aber tatsächlich tief im Menschen verankert: Wir gewöhnen uns blitzschnell an unseren Standard und wollen … mehr: Das Kind, das krabbeln gelernt hat, freut sich nicht lange, dass es krabbelt, es will dann stehen! Wenn es stehen kann, freut es sich nicht, sondern will laufen. Wenn es laufen kann, will es schneller laufen. Wenn es schneller laufen kann, will es Rad fahren. Wenn es eine Gehaltserhöhung bekommen hat, will es bald noch eine haben. Wenn es ein neues Sofa kauft, will es bald einen neuen Schrank. Was bedeutet das für uns? Entweder wir schwören diesem Prinzip ab oder wir wachsen mit. Andererseits gibt es Menschen, die sagen: „Ich mag dieses ganze Wachstum nicht – ich kann doch zufrieden sein mit dem, was ich habe …" Natürlich geht das. Aber dann bitte konsequent! Wenn Sie dieses Prinzip für sich in Anspruch nehmen, warum nicht? Schauen Sie doch einfach auf Ihr Leben zurück. Sind Sie mit dem Status auf die Welt gekommen, den Sie heute erreicht haben? Ich meine nicht nur Äußerlichkeiten. Ich meine Ihr Wissen, Ihre Weisheit, Freunde, Ihr Denken oder Ihre Spiritualität – was immer das für Sie ist. Waren Sie vor fünf Jahren auf dem gleichen Niveau wie heute? Oder sind Sie in irgendeiner

1.3 Wohin wollen Sie?

Weise gewachsen? Ganz ehrlich: Ich glaube, wenn Sie zu wachsen aufhören, dann leben Sie nicht mehr wirklich. Schauen Sie sich einmal in der Natur um – sie ist für mich sowieso immer ein ganz gutes Vorbild: Wo existieren Lebewesen, die nicht wachsen oder mehr Erfahrung bekommen oder schlauer werden?

Daneben gibt es noch einen weiteren Aspekt, der viele Menschen im Verkauf am Erfolg hindert: Sie sind nicht absolut loyal gegenüber ihrem Unternehmen, ihren Kollegen, ihrem Berufsstand oder ihren Kunden. Insgeheim denken sie: „Andere Unternehmen bieten eine bessere Leistung zum günstigeren Preis an ... also braucht der Kunde das Produkt nicht wirklich." Solange diese Gedanken in Kopf, Bauch und Herz eines Verkäufers herumspuken, kann er nicht wirklich erfolgreich sein. Wir fragen uns natürlich:

- Warum denkt er das?
- Denkt der Verkäufer das gern? Hat er sich das ausgesucht? Oder sind das etwa schon wieder Gewohnheiten, die er und Sie und ich unbewusst übernommen haben?
- Gibt es einen Weg, wie die Gedanken und Ziele in eine bestärkende statt einer behindernden Richtung gelenkt werden können?

Von Kindesbeinen an werden wir von den Eindrücken um uns herum geprägt. Welches Bild haben die meisten Menschen vom Verkäufer im weitesten Sinne? In dem Moment, als wir gerade zu „denken" beginnen, hören wir, wie unser Vater zu einem Bekannten sagt: „Gestern Nachmittag war ein Vertreter hier und wollte uns wieder eine Versicherung aufschwatzen." Neben dem Inhalt ist für das Kind der Ton fast noch wichtiger, weil der widerspiegelt, welche Wertschätzung der Vater diesem Beruf entgegenbringt. Wenn der „Vertreter" noch einmal kommt, sind wir durch diese „Voreinstellung" (oder ist es ein „Vorurteil"?) schon dahin gebracht, diesen Mann aus dem „richtigen" Blickwinkel zu betrachten: Der hat ein großes Auto und sieht überhaupt ganz anders aus. Andere Kleidung als bei uns zu Hause ... ein komischer, anderer Typ. Vielleicht lacht er noch über die Maßen oft. Vielleicht nehmen Kinder zusätzlich Differenzen zwischen dem, was er sagt, und seiner Körpersprache wahr. Kinder sind in dieser Disziplin weltmeisterlich! Und wie empfinden die meisten Kinder danach Verkäufer? Später haben wir in unserer Jugend bei der Großmutter einen Wochenendurlaub gemacht und abends gemeinsam ferngesehen. Da läuft dann „Kleiner Mann – was nun?". Irgendwann kommt die Stelle, wo „Pinneberg" als Verkäufer bei einem Herrenausstatter auf dem Fußboden kniet und den Kunden anfleht, irgendetwas von ihm zu kaufen. Wer hat danach noch Freude daran, Verkäufer zu werden?

Und es geht so weiter: Die meisten Vertreter meiner Generation haben wahrscheinlich in der Schulzeit den „Tod eines Handlungsreisenden" von Arthur Miller kennen gelernt. Entweder sind wir ins Theater gegangen oder haben uns im Kino angesehen, wie Dustin Hofman als „Willy Loman" die traurigste Figur überhaupt macht. Loman ist kein Verlierer, er ist ein vollständiger Versager. Eine unendlich tragische Gestalt. Manche haben das Theaterstück in der Schule sogar selbst aufgeführt. Vermutlich ist noch nie jemand, der „Loman" gespielt hat, danach jemals in den Verkauf gegangen.

1.3.1 Stehen Sie zu Ihrem Beruf?

Neid kann man mit Leichtigkeit auf Verkäufer projizieren: Die verdienen eine Menge Geld für eigentlich gar keine Gegenleistung. Außerdem kennt sich in dem Bereich kaum jemand aus – wer weiß schon, wie man sich richtig versichert? Das Angebot ist unglaublich unübersichtlich. Wahrscheinlich hauen die jeden übers Ohr. Beim Autokauf ist es fast das Gleiche, alles Verkäuferseelen.

Wenn Sie ein Meinungsbild zum Image des Verkäufers interessiert, dann hilft ein Blick in die Zeitung: Verkäufer finden sich auf einer Beliebtheitsskala der Berufe inzwischen hinter „Finanzbeamter" und „Politiker". Auf den ersten Plätzen dieser Skala finden sich solche Berufe, die im Fernsehen mit tollen Serien oder Filmen vertreten sind: Ärzte, Anwälte, Werbeleute, Architekten usw. Und wo finden wir Verkäufer im Fernsehen? Bei „Al Bundy" (in der Serie „Eine schrecklich nette Familie") als Schuhverkäufer oder bei Alf – da heißt der spaßige „Verlierer" dann „Wayne Schlegel". Wen will es da noch wundern, dass die wenigsten Verkäufer im Brustton der Überzeugung sagen können: „Ich bin Verkäufer!" Stattdessen hören wir über die Maßen oft: „Ich bin bei der xy-Unternehmung" oder „Ich bin Key Accounter" oder „Ich bin Manager bei …" oder „Ich bin im Vertrieb bei …" oder „Ich bin im Marketing tätig …". Ich sage Ihnen etwas, was Sie selbst bereits geahnt oder sogar gewusst haben: Die meisten schämen sich, Verkäufer zu sein. Nur wie wollen die sich gleichzeitig schämen und erfolgreich sein? Das ist absolut unmöglich!

Wenn wir bei einem beliebigen gesellschaftlichen Anlass gefragt werden, was wir beruflich machen, kommt unter Garantie wenig später die unvermeidliche Folgefrage: „Wie läuft es denn gerade?". Und wir merken schon gar nicht mehr, wie bei der Antwort ein großer Mythos bedient wird, indem die Mehrheit der Verkäufer beklagt, wie unendlich schwierig es zurzeit läuft. Sie erschaffen die Geschichte geradezu noch einmal neu. Verkäufer belügen sich sogar in der Öffentlichkeit selbst. Und das wird von der Öffentlichkeit nicht nur toleriert, sondern fast erwartet.

Während viele immer wieder an den Symptomen herumdoktern, blicken wir jetzt einmal auf die Ursache: das Wollen. Es gibt Trainingsprogramme, die nach folgendem Muster laufen: „Wenn Sie wirklich joggen gehen wollten, dann würden Sie es ja tun. Ganz ‚wirklich', ganz tief drin, wollen Sie eben doch nicht. Und deshalb gehen Sie nicht!" Stimmt. Stimmt? Gehen wir dieser Behauptung einmal auf den Grund: Das „Wollen" des einen und die „angezogene Handbremse" des anderen – was ist das? Wir nennen es die Beeinflussung durch eine weitere Kraft. Sie ahnen schon, worum es geht. Es geht um das Unterbewusstsein. Ein schönes Beispiel dafür liefert uns Émile Coué mit folgendem Vergleich: Wenn man ein langes, 20 cm breites Brett auf den Boden legt, dann kann jeder über dieses Brett laufen. Wenn wir dieses Brett aber zwischen zwei Kirchtürmen befestigen – wir garantieren Wackelfreiheit und absolute Windstille –, wird es dennoch für fast alle sehr schwierig, über dieses Brett laufen (Coué 1993). Der Wille weiß, dass es eigentlich genauso einfach ist, über dieses Brett zu laufen, denn es ist ja exakt dasselbe. Warum geht es dennoch nicht? Weil wir nicht nur von unserem Willen gesteuert werden. Wenn wir nur an das Brett zwischen den Kirchtürmen denken, fährt uns der Schreck schon vorsorglich durch die Glieder. Diese Angst ist ein Gefühl: Etwas ist so stark, dass wir nicht gehen. Und dieses „Etwas" untersuchen wir jetzt.

1.3.2 Der innere Kompass

Unser Ziel ist, dieses „Etwas" zu unserem zu Freund machen, damit es für uns arbeitet. Bislang möchte unser Wille zwar bestimmte Dinge tun, aber das „Etwas" hält uns davon ab – ein unterbewusster Prozess. Der größte Teil unserer Beeinflussung wird aus diesem Unterbewusstsein gelenkt. Unser Wille ist da vergleichsweise oberflächlich. Warum sind Verkäufer nicht erfolgreich? Ahnen Sie es bereits?

Lassen Sie uns kurz auf ein Modell eingehen, das zeigt, wie beeinflussbar Menschen sind und wie lange die Beeinflussungen anhalten (vgl. Abb. 1.5). Mir geht es dabei darum, den Verkaufsverhinderer in uns zu packen und die Chance zu nutzen, sich neu einzustellen – und zwar so, dass die Kraft gebündelt in die gleiche Richtung wirkt. Stellen Sie sich bitte vor, Sie schauen von oben auf eine Kompassnadel, die auf einem Glastisch liegt. Wir verfügen über einen Willen (Kompassnadel), der unbedingt nach rechts möchte – aber aus irgendwelchen Gründen kommen wir nicht nach rechts oder nur mit unglaublichen Schwierigkeiten, und das ist bereits seit Jahren so.

Nun verlassen Sie die Adlerperspektive und knien sich neben den Tisch, wodurch Sie die Kompassnadel jetzt von der Seite betrachten können. Da scheint sich tatsächlich irgendetwas unter der Nadel zu befinden, was von oben nicht erkennbar

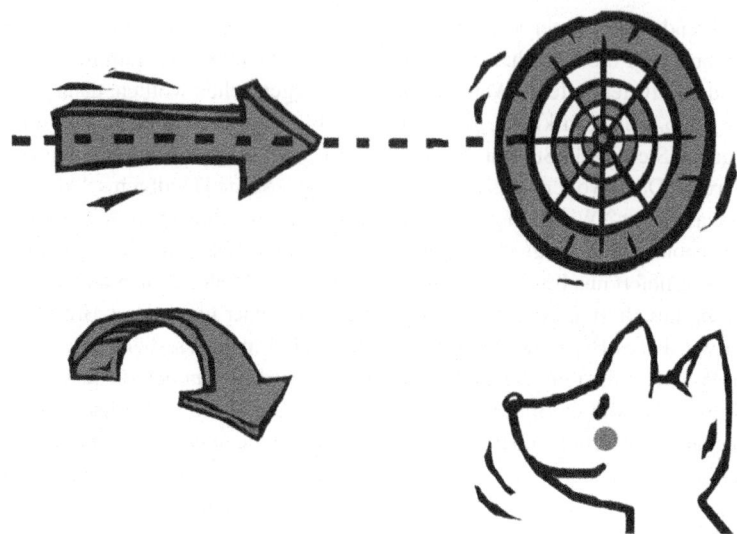

Abb. 1.5 Ihr Kompass zum Ziel

ist. Damit haben wir gar nicht gerechnet. Von der Seite sehen wir nur einen dunklen Block. Weil wir genau wissen wollen, womit wir es da zu tun haben, krabbeln wir unter den Tisch und erkennen durch die gläserne Tischplatte, dass der dunkle Klotz ebenfalls Pfeilform hat. Wenn wir uns jetzt noch vorstellen, dass die Kompassnadel aus dünnem Eisenblech besteht und der schwarze Klotz aus Blei, dann wird deutlich, warum es sehr schwierig ist, gegen den schwarzen Pfeil, der aus der „normalen Perspektive" gar nicht zu sehen ist, anzuarbeiten (vgl. Abb. 1.6).

Dieser schwarze Bleiklotz sorgt dafür, dass wir

- Nicht joggen und stattdessen einmal mehr fernsehen, obwohl wir uns das Joggen immer wieder vornehmen (das „Wollen" der Kompassnadel),
- Rauchen, obwohl wir wissen, dass nicht rauchen besser wäre,
- Nicht erfolgreich sind, obwohl wir verkaufen wollen.

Kompassnadel und Bleiklotz – beide haben ihre Daseinsberechtigung. Es geht uns ausschließlich um die Orientierung der Pfeile – die Herausforderung besteht in den entgegengesetzten Richtungen. Ich gewöhne mir immer mehr ab, Begriffe wie „richtig" und „falsch" zu verwenden. Ich glaube, Formulierungen wie „hilfreich" und „nicht hilfreich" oder „nützlich" und „nicht nützlich" bringen uns weiter. In diesem Sinne ist es *nicht hilfreich*, wenn die Pfeile in unterschiedliche oder gar

Abb. 1.6 Kompass & Blei ... die Richtung ist fixiert

entgegengesetzte Richtungen zeigen, also Ihr Wollen (Ihr Kompass) gegen den schwarzen Bleiklotz arbeitet.

Wie entsteht nun der Bleiklotz? Größe, Gewicht und Richtung des Klotzes werden uns nicht bei der Geburt in die Wiege gelegt, sondern entstehen im Laufe eines Lebens. Hier das Wichtigste: Die meisten klotzartigen Bleipfeile werden nicht willentlich gebildet. Unsere Umwelt, unsere Wahrnehmungen aus der Umwelt und unsere Erfahrungen bilden die Pfeile. Man könnte sagen, dass wir infolge einer von uns nicht bemerkten „Gehirnwäsche" mehrere Bleiklötze in uns angesammelt haben. Diese unterbewussten Prägungen gibt es für alle Bereiche unseres Lebens. Wir konzentrieren uns hier auf diejenigen, die Ihnen beim Verkaufen helfen können.

1.4 Wie sehen Sie sich?

> Mut ist nicht immer laut. Manchmal ist Mut die kleine Stimme am Ende des Tages, die sagt: „Ich versuch's morgen wieder."
> [Marie Anne Radmacher]

„Gehirnwäsche" – das Wort klingt furchtbar und erzeugt bei den meisten ein ungutes Gefühl. Bis heute habe ich kein besseres Wort dafür gefunden, aber eigentlich ist dieser Begriff und das damit verbundene Gefühl gar nicht unpassend, denn die Wirkungen der Gehirnwäsche können wirklich sehr furchtbar sein. Lassen Sie sich kurz zeigen, wie Gehirnwäschen von Profis funktionieren. Denken Sie dabei bitte jederzeit an Anweisung 3: Seien Sie offen! Glauben Sie gar nichts. Auch nicht, was ich schreibe. Vertrauen Sie nur dem, was wirklich Sinn für Sie macht. Das nachfolgende Beispiel habe ich gewählt, um die Frage in den Raum zu stellen, ob nicht wir alle ähnlichen Mechanismen ausgesetzt sind – natürlich absolut unbewusst. Der folgende Bericht wurde von Robert B. Cialdini aufgezeichnet [die Anmerkungen in eckigen Klammern stammen von mir] (Cialdini 1993a, b).

1.4.1 Bewusst ausgeübte Gehirnwäsche

Während des Koreakrieges gerieten viele amerikanische Kriegsgefangene in Gefangenenlager, die von chinesischen Kommunisten geleitet wurden. Bereits zu Beginn der Auseinandersetzungen wurde deutlich, dass die Chinesen Gefangene ganz anders behandelten, als ihre Verbündeten – die Nordkoreaner – das taten, welche Grausamkeiten und harte Strafen bevorzugten, um die Gefangenen zum Sprechen zu bringen. Die Chinesen dagegen achteten besonders darauf, jede Brutalität zu vermeiden, und bedienten sich einer – wie sie es nannten – „sanften Methode", die in Wahrheit ein abgestimmter und psychologischer Angriff auf die Gefangenen war. Nach dem Krieg befragten amerikanische Psychologen die heimkehrenden Kriegsgefangenen sehr ausführlich, um herauszufinden, was geschehen war. Zum Teil erfolgte diese intensive psychologische Befragung, weil das chinesische Programm in einigen Punkten beunruhigend erfolgreich gewesen war. So gelang es den Chinesen beispielsweise sehr oft, von den Amerikanern Informationen über ihre Mitgefangenen zu erhalten, was in krassem Gegensatz zu dem Verhalten der Kriegsgefangenen im Zweiten Weltkrieg stand. So wurden unter anderem Fluchtpläne sehr schnell entdeckt, und die Ausbrüche selbst hatten fast nie Erfolg. „Wenn tatsächlich ein Fluchtversuch gelang", schrieb Dr. Edgar Schein, einer der wichtigsten amerikanischen Untersuchungsspezialisten bezüglich des chinesischen Programms in Korea, „fassten die Chinesen den Mann im Allgemeinen sehr schnell, indem sie demjenigen einen Beutel Reis boten, der ihn wiederbrachte" (Cialdini 1993a, b). Tatsächlich sollen fast alle amerikanischen Gefangenen in chinesischen Lagern auf die eine oder andere Weise mit dem Feind zusammengearbeitet haben.

Eine Untersuchung des chinesischen Lagerprogramms zeigt, dass man dort sehr stark mit den Zwängen aus Verpflichtung und Konsequenz arbeitete, um die ge-

1.4 Wie sehen Sie sich?

wünschte Einwilligung auf Seiten der Gefangenen zu erreichen. Wie konnten nun die Chinesen ohne Anwendung von körperlicher Gewalt hoffen, diese Männer, die gelernt hatten, nichts als „Name, Dienstrang und Nummer" zu nennen, dazu zu bringen, militärische Informationen preiszugeben, gefangene Kameraden zu verraten oder öffentlich ihr Land zu verunglimpfen?

1. Zunächst wurden die Gefangenen zum Beispiel häufig aufgefordert, Erklärungen abzugeben, die in ihrem antiamerikanischen oder prokommunistischen Ton so gemäßigt waren, dass sie belanglos erschienen, wie etwa: „Die Vereinigten Staaten sind nicht vollkommen" oder: „In einem kommunistischen Land ist Arbeitslosigkeit kein Problem". *Haben Sie schon einmal erklärt, warum Sie im letzten Monat keinen Erfolg im Verkauf hatten?*
2. Sobald die Männer in diese kleinen Bitten eingewilligt hatten, wurden sie bedrängt, ähnliche, aber inhaltlich weitergehende Bitten zu erfüllen. Ein Gefangener sollte etwa einige Beispiele nennen, die nach seiner Meinung belegten, warum die USA unvollkommen seien. *Haben Sie schon einmal Beispiele und Einzelfälle genannt, die genau belegen, warum Sie letzten Monat keinen Erfolg haben konnten?*
3. Wenn er sich auf diese Weise geäußert hatte, wurde er zum Beispiel gebeten, diese „amerikanischen Probleme" in einer Liste festzuhalten und sie dann zu unterschreiben. *Haben Sie Ihre Beispiele auch schriftlich festgehalten?*
4. Später bat man ihn dann eventuell, seine Liste in einer Diskussionsgruppe mit anderen Gefangenen vorzulesen: „Es ist ja schließlich Ihre Überzeugung, oder nicht?" *Haben Sie schon einmal mit Kollegen darüber gesprochen?*
5. Noch später wurde der Gefangene vielleicht gebeten, seine Liste in einem Artikel ausführlich zu erörtern und auf die von ihm identifizierten Probleme näher einzugehen. *Kommt Ihnen das bekannt vor?*
6. Die Chinesen konnten den Namen des Gefangenen und seinen Artikel dann in einer antiamerikanischen Rundfunksendung verwerten, die nicht nur im betreffenden Lager, sondern auch in anderen Kriegsgefangenenlagern Nordkoreas ausgestrahlt wurde.

Plötzlich stand der als „Kollaborateur" da, der dem Feind Hilfe und Unterstützung gegeben hatte. In dem Wissen, dass er den Artikel ohne fremde Hilfe und Unterstützung oder Zwang geschrieben hatte, veränderte so mancher Soldat das Bild, das er von sich hatte [Bleiklotzpfeil und Kompassnadel zeigten zunächst nicht in die gleiche Richtung!], um seiner Handlungsweise und seinem neuen „Ruf" als Kollaborateur zu entsprechen, was häufig noch zu einer weitergehenden Kollaboration führte [nun gleiche Ausrichtung von Klotz und Kompassnadel!]. Während nach den Worten Dr. Scheins „nur wenige Männer die Kollaboration ganz vermeiden konnten, arbeitete die Mehrheit dann und wann mit dem Feind zusammen, indem sie Dinge tat, die völlig nichts sagend erschienen, die die Chinesen aber zu ihrem Vorteil nutzen konnten ... Besonders erfolgreich entlockte man Gefangenen auf diese Weise Geständnisse, Selbstkritik und Informationen beim Verhör" (Cialdini 1993a, b).

Es ist wichtig zu verstehen, dass die Chinesen nicht in erster Linie darauf aus waren, einfach nur Informationen aus ihren Gefangenen herauszuholen. Ihnen ging es darum, deren Verhalten und Selbstverständnis, Vorstellungen über das eigene politische System, über die Rolle ihres Landes im Krieg und über den Kommunismus zu verändern. Und wie sich gezeigt hat, war das Programm offenbar beängstigend erfolgreich. Dr. Henry Segal, der Leiter des neuropsychiatrischen Auswertungsteams, das die befreiten Gefangenen nach Kriegsende befragte, berichtete, dass sich die mit dem Krieg zusammenhängenden Überzeugungen bei den Heimkehrern grundlegend verschoben hatten. Die meisten Soldaten glaubten jene chinesische Geschichte, die Vereinigten Staaten hätten einen Bakterienkrieg geführt, und viele hatten das Gefühl, die eigenen Streitkräfte seien der eigentliche Aggressor gewesen und hätten den Krieg begonnen. Ähnliche „Umorientierungen" legte das politische Verhalten der Soldaten offen: Viele äußerten zwar Ablehnung gegenüber den chinesischen Kommunisten, lobten diese aber zugleich wegen „der guten Leistungen, die sie in China vollbracht haben". Andere erklärten: „Auch wenn der Kommunismus nichts für Amerika ist, glaube ich doch, dass er für Asien etwas Gutes ist." Es sieht so aus, als wäre das eigentliche Ziel der Chinesen gewesen, zumindest vorübergehend die Herzen und Köpfe ihrer Gefangenen umzupolen. Wenn wir ihre Arbeit in Kategorien wie „Überlaufen, mangelnde Loyalität, veränderte Verhaltensweisen und Überzeugungen, schlechte Disziplin, schlechte Moral und Zweifel an der Rolle Amerikas" messen, „waren ihre Bemühungen äußerst erfolgreich", kommentierte Dr. Segal abschließend (Cialdini 1993a, b).

1.4.2 Berichte werden Verpflichtungen

Weil die Verpflichtungstaktik ein so wesentlicher Teil dieses wirksamen Angriffs auf Herz und Verstand war, ist es sicher interessant, die besonderen Merkmale der Taktik zu untersuchen. Der beste Beweis für das, was jemand wirklich empfindet und glaubt, sind weniger seine Worte als seine Taten. Wer sich ein Bild von einem Menschen machen will, beobachtet genau dessen Handeln, denn es ist eine zentrale Informationsquelle bezüglich seiner Überzeugungen, Wertvorstellungen und Verhaltensweisen. Die Chinesen erkannten, wie wichtig dieses Prinzip der Selbst-

1.4 Wie sehen Sie sich?

wahrnehmung ist und arrangierten den Lageralltag so, dass die Gefangenen ständig in einer erwünschten Weise handelten. Es genügte nie, dass die Gefangenen nur still zuhörten oder mit Worten der chinesischen Linie zustimmten; sie wurden stets angehalten, es auch niederzuschreiben [manchmal hat der Verkäufer am Telefon zu erklären, warum es nicht läuft, manchmal darf er es später auch noch in einer Excel-Datei beschreiben].

Die Chinesen wussten genau, dass eine schriftliche Erklärung als Verpflichtungsinstrument einige außergewöhnliche Vorteile bietet. Zum einem liefert sie den physischen Beweis, dass die Handlung tatsächlich erfolgt ist. Wenn ein Gefangener einmal geschrieben hatte, was ein Chinese wollte, fiel es ihm sehr schwer zu glauben, er habe es nicht getan. Die Möglichkeit, zu vergessen oder vor sich selbst zu leugnen, was er getan hatte, wie das bei mündlichen Erklärungen denkbar ist, gab es nicht. Nein, da lag es vor ihm, in seiner Handschrift, eine unwiderruflich festgehaltene Tat, die ihn dazu trieb, seine Überzeugung und sein Selbstbild mit dem in Übereinstimmung [Drehen des Klotzes] zu bringen, was er unbestreitbar getan hatte. Ein weiterer Vorteil einer schriftlichen Erklärung ist, dass man sie anderen zeigen kann. [z. B. jeder Bericht, in dem steht, dass Sie im Mittelfeld oder schlechter stehen]. Das bedeutet selbstverständlich, dass man eine schriftliche Erklärung dazu benutzen kann, andere zu etwas zu veranlassen, beispielsweise ihr Verhalten im Sinne der Erklärung zu verändern. Aber noch wichtiger ist, dass der Betreffende dadurch wirklich glaubt, was er geschrieben hat. Der Mensch neigt von Natur aus dazu zu glauben, eine Erklärung gebe die wirkliche Einstellung desjenigen wieder, der sie verfasst hat. Überraschend ist allerdings, dass er das auch dann noch glaubt, wenn er weiß, dass der andere die Erklärung nicht aus freien Stücken verfasst hat.

Denken wir an die zweifache Auswirkung auf das Selbstbild eines Gefangenen, der eine prochinesische oder antiamerikanische Erklärung geschrieben hat. Sie gemahnte nicht nur ständig an seine Handlung, sondern überzeugte wahrscheinlich auch seine Umgebung, dass die Erklärung seine wirkliche Meinung wiedergäbe. Ich zeige Ihnen später, dass auch beim Verkaufen ziemlich wichtig ist, was andere Menschen über Sie denken, denn es hat zweifellos Einfluss darauf, was Sie von sich selbst glauben. So wurde in einer Studie festgestellt, dass Hausfrauen aus New Haven/Connecticut einem Spendensammler der Gesellschaft gegen multiple Sklerose sehr viel mehr Geld gaben, nachdem sie gehört hatten, man halte sie (die Hausfrauen von New Haven) für wohltätig. Offensichtlich veranlasste das bloße Wissen, dass irgendjemand sie für wohltätig hielt, diese Frauen dazu, ihre Handlungsweise mit dem, was andere über sie dachten, in Einklang zu bringen.

Ich finde, das sind alles zusammen ziemlich mächtige Werkzeuge. Hat man sich einmal verpflichtet, wird das Selbstbild bedrängt durch den Zwang, konsequent zu sein. Von innen kommt der Druck, das Selbstbild mit der Handlungsweise in Übereinstimmung zu bringen. Und von außen kommt ein noch viel heimtückischerer Druck, nämlich die Neigung, dieses Bild der Art anzupassen, in der andere uns sehen. Und weil andere uns so sehen, wie ich es beschrieben habe – selbst wenn wir kaum eine Chance hatten, anders gesehen zu werden –, unterliegen wir erneut dem Zwang, Selbstbild und schriftliche Erklärung in Übereinstimmung zu bringen. Wie viele Prägungen haben wir erhalten, seitdem wir auf die Welt gekommen sind? Wie viele dieser Prägungen sind bewusst erfolgt? Ich schwöre Ihnen, wenn Sie derzeit nicht so viel Erfolg haben, wie Sie gerne hätten, wenn Sie das Gefühl haben, Verkaufen sei schwer und anstrengend, dann arbeiten Sie gerade gegen einen dieser Klötze.

Ich sehe jeden Tag, wie Verkäufer diese Werkzeuge systematisch *gegen* ihren Verkaufserfolg einsetzen. Versuchen Sie es einfach mal anders: Sie stellen sich jetzt vor, dass Sie ab morgen einfach verkaufen, ohne gegen diese mächtigen Werkzeuge anzuarbeiten. Und jetzt denken Sie noch einen Schritt weiter: Sie wissen, Sie wissen ganz fest, dass diese mächtigen Werkzeuge *mit Ihnen* arbeiten, Ihnen helfen. Alles, was es in der Vergangenheit so unglaublich schwer gemacht hat, wird Ihnen in der Zukunft helfen, Ihr Ziel zu erreichen. Wie fühlt sich das an?

1.5 Sind Sie gern Verkäufer?

> Ein einziger Aufwiegler taugt manchmal mehr als alle Abwiegler zusammen.
> [Georg Büchner]

Welches Bild haben nun andere von Ihnen? Welches Image hat der Verkäuferberuf in der Öffentlichkeit? Einige nehmen Verkaufen schlichtweg nicht ernst. Sie denken, das brauche man nicht zu lernen oder man müsse dazu geboren sein. So ein Unsinn! Verkaufen ist ein Handwerk wie Maurer oder Kfz-Mechaniker. Würden Sie irgendwem Ihr Auto geben, damit er es mal eben durchrepariert? Niemals! Aber „Verkaufen" wird in einigen Unternehmen nicht als Lernprozess betrachtet, sondern mehr als „Eigenschaft" eines Mitarbeiters: Wenn einer zwei Augen, zwei Ohren, Nase und Mund hat, dann kann er auch verkaufen – Punktum. Das ist völliger Unsinn.

1.5.1 Der Mythos vom schwierigen Verkauf

Und dann ist da noch die andere, Ihre eigene Sicht: Sie denken, Ihre Arbeit wäre hart und schwer. (Sehen Sie mir bitte nach, dass ich manchmal schwarz-weiß male.

1.5 Sind Sie gern Verkäufer?

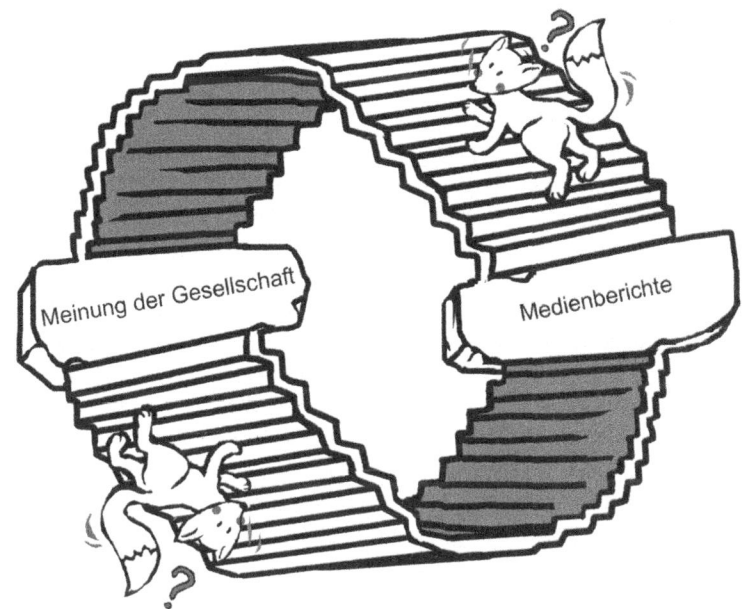

Abb. 1.7 Im Laufrad der öffentlichen Meinung

Ich tue das nicht, weil ich es nicht besser weiß, sondern weil ich etwas ganz Bestimmtes klarmachen möchte.) Ist sie nicht. Allerdings „wissen" alle, die Sie näher kennen, um Ihren anstrengenden Job: weil Sie abends schrecklich abgekämpft nach Hause kommen und am Wochenende völlig fertig sind. Weil schon einige Ihrer Kollegen eine Herzattacke bekommen haben. Sie pflegen dabei den Mythos vom schwierigen Verkauf, weil Sie selbst das beste Beispiel sind. Sie kommen gerade über die Runden, erwecken den Eindruck, andere zu beschwatzen (beschwatzen zu müssen), damit Sie Ihr Zeug loswerden ... Vielleicht aber „beschwatzt" man Menschen nur, wenn man selbst nicht überzeugt ist. Sie glauben so wenig daran, dass Sie nicht einmal Ihr eigener Kunde werden würden. Geradezu tragikomisch wird es dadurch, dass nun gerade Sie als Verkäufer wesentlich dazu beitragen, dass beeinflussbare Kollegen und die nächste Verkäufergeneration quasi aus erster Hand darin bestätigt werden, dass Verkaufen wirklich schwierig ist. Der Mythos trägt sich selbst (vgl. Abb. 1.7).

Manchmal ahnen Sie, dass das alles gar nicht wirklich stimmt. Aber die Gehirnwäsche läuft perfekt: Verkäufer zu sein, ist nicht nur schwer und anstrengend, es ist auch unmoralisch. Und dieses Bild entsteht (und wird weitergetragen), weil die meisten Menschen keine Ahnung von Versicherungen oder gebrauchten Autos haben und vor allem folgende Methode anwenden, um den eigenen finanziellen Nichterfolg zu erklären: Sie machen diejenigen, die finanziell erfolgreicher sind, schlecht, indem deren Tätigkeit oder deren moralischer Anspruch oder Ähnliches schlechtgemacht wird: „Er ist zwar erfolgreicher, aber das kommt daher, weil er sich mit etwas ‚Schlechtem' beschäftigt. Ich bin zwar vergleichsweise nicht erfolgreich, aber wenigstens ehrlich!" Oder so ähnlich. Weil viele andere Berufe nicht die finanziellen Möglichkeiten bieten, befinden sich diese Berufe und deren Vertreter immer ein bisschen im Erklärungsnotstand: Wir sind die Guten und die anderen, die Verkäufer, sind die nicht so Guten. Das wäre sonst nicht logisch. Das schlägt sich unter anderem im Fernsehen und in Romanen nieder: Die tollen Berufe sind Architekten, Ärzte, Rechtsanwälte, Unternehmer. Kennen Sie eine Serie oder auch nur einen Film, in dem ein Versicherungsvertreter die Heldenrolle spielt? Das Gegenteil ist der Fall: Die Verkäufer bekommen wir im Fernsehen als Wayne Schlegels, Al Bundys und Willy Lomans präsentiert. Typen, die hochgradig lächerlich oder tragisch sind. Sympathieträger? Woher kann ein neues Bild des Verkäufers kommen? Soll ich es Ihnen sagen? Von Ihnen selbst!

Bitte verstehen Sie mich richtig: Es geht nicht darum, bestimmte Berufe schlechter aussehen zu lassen. Es geht um den Neid, die Missgunst, die Rechthaberei, das Rechtfertigenmüssen. Dazu kommt noch, dass jeder mit Sicherheit jemanden persönlich kennt, der auch einmal im Vertrieb gearbeitet hat. Wahrscheinlich irgendetwas Unseriöses, Versicherungen oder so. Und der nach ein paar Monaten wieder aufgehört hat. Der hat nicht aufgehört, weil er so erfolgreich war, sondern weil

- es schwer ist,
- es sogar deutlich schwerer ist, als er vorher gedacht hat,
- es dort irgendwie komische Typen gibt, die nicht zu ihm passen,
- er von dem Produkt nicht wirklich überzeugt war.

Auf jeden Fall alles Gründe, die nicht im persönlichen Verantwortungsbereich zu suchen sind. Wir wissen danach noch sicherer, dass für viele „Verkaufen" mit einem deutlichen Beigeschmack behaftet ist.

1.6 Kennen Sie Ihre Vor-Urteile?

Unsere Urteile von gestern sind unsere Vorurteile von heute.
[Emile Ratelband]

1.6 Kennen Sie Ihre Vor-Urteile?

Ich kann Ihnen dieses Ratelband-Zitat mit einem schnellen Selbstversuch beweisen: Schauen Sie sich bitte einmal in dem Raum um, in dem Sie sich gerade aufhalten. Finden Sie bitte einen roten Gegenstand und merken Sie sich diesen. Sie lesen jetzt Satz für Satz (bleiben Sie ehrlich mit sich selbst), schließen die Augen sofort nach der nächsten Frage und denken dann über die Antwort nach. Was ist in dem Raum blau? Augen zu! Los.

Sie haben die Augen offensichtlich wieder geöffnet. Sie können diesen Versuch auch mit jemand anderem durchführen. Es befinden sich etliche blaue Dinge im Raum. Wir tun uns aber relativ schwer, vor unserem geistigen Auge diese gleich zu finden, weil wir uns selbst den Blick verstellt haben. Alles, was nicht rot ist, rückt in den Hintergrund. In der Literatur ist das als „Pygmalion-Effekt" oder „Rosenthal-Effekt" bezeichnet. Dazu ein einfaches Beispiel:

In einer dreizügigen Grundschule wurde in der Vergangenheit immer nach folgendem Verfahren vorgegangen: Die Schüler der Klasse A kamen aus der unmittelbaren Umgebung, die Schüler der B aus den westlich gelegenen Stadtteilen und die Jungen und Mädchen der C aus den östlichen Stadtteilen. Dann entstand die Idee, die Schüler noch besser zu fördern, indem vor der Einschulung ein Intelligenztest durchgeführt wurde. Damit die Schüler gut gefördert wurden, gingen die superschlauen Kinder in die A, die vermeintlich am wenigsten schlauen in die C, und die B ließ man als Vergleichsklasse in der „alten" gemischten Zusammensetzung. Vier Jahre nach Programmstart wurde ausgewertet: Die A brachte geradezu sensationelle Ergebnisse, die B eine „Durchschnittsleistung" wie in der Vergangenheit, und die C war schlecht, ganz schlecht! So weit, so gut und nicht weiter verwunderlich. Allerdings: Der Intelligenztest vor der Einschulung wurde zwar durchgeführt, hatte aber für die Zusammensetzung der Klassen gar keine Relevanz. Deren Zusammensetzung war von Anfang an absolut zufällig erfolgt! Alle Beteiligten dachten nur, sie wüssten Bescheid ...

1.6.1 Pygmalion-Effekt

Die Intelligenz in den Klassen war also genauso zufällig verteilt wie in der Vergangenheit. Wie konnte es dann aber zu diesem Ergebnis kommen? Das erklärt „Pygmalion": Nehmen wir an, Sie sind der Lehrer der „superschlauen" A, Sie kommen morgens in die Klasse und hören, wie alle Kinder durcheinanderreden. Wie Kinder sind, bereden sie schlaue und nicht so schlaue Dinge – Sie allerdings wissen ganz genau, dass Sie es mit ausgesuchten Intelligenzbestien zu tun haben. Was hören Sie am meisten? Schlaues oder Unsinniges? Machen Sie sich bewusst: Sie *wissen*, dass Sie es mit schlauen Kindern zu tun haben. Dann kommt die Stelle im Unterricht, in der Max etwas nicht weiß, das aber in Wirklichkeit (!) ganz einfach ist. Und was machen Sie? Sie feuern Max an und sagen: „Los, Max – ist ganz einfach, du kannst es! Denk noch einmal kurz nach!" Und Max schafft es. Er sieht, dass Sie an ihn glauben, und er strengt sich an und schafft es. Und sonst würde Peter ihm vielleicht helfen, bis er es schafft. – Jetzt die gleiche Situation in der C mit den weniger Schlauen. Sie haben noch ein paar Extraseminare absolviert, um mit diesen besonderen Kindern besser zurechtkommen. Sie hören morgens beim Hereinkommen schon das ganze dumme Geschwätz der Schüler. Trotz der zusätzlichen Seminare ist es an einigen Tagen einfach hart. Irgendwann soll Ella eine Frage beantworten und sagt: „Ich kann das nicht!" Und was sagen Sie? „Ich weiß schon, Ella ..." und denken lautlos weiter: „... ist ja klar, dass du das nicht schaffst. Mach dir nichts draus." So kommt das.

Ich fasse zusammen

Es ist wahrscheinlich, dass unsere Erfahrungen von unseren Erwartungen beeinflusst werden. Fragen Sie sich einfach mal selbst:
1. In welchen Schulfächern waren Sie besonders gut ... und so gar nicht gut?
2. Was haben Ihre Lehrer über Sie gedacht?
3. Was denken Sie über ...
   - Ihren Partner?
   - Ihre Kunden?
   - Ihre Kollegen?
   - Ihren Chef?
   - Ihre Produkte?
   - Verkäufer?
   - Verkauf?
4. Was denken Sie über sich?

Es geht mir darum, dass Sie den richtigen Zusammenhang sehen. Die Frage ist, ob Sie in der Schule mit anderen Erwartungshaltungen eine oder ein paar Noten besser hätten sein können. Sie sind beeinflusst worden, als Sie sich eine Meinung gebildet haben. Die wichtige Frage ist: Unterstützen Ihre Erwartungen Sie? Oder behindert das Denken Sie gerade? Sie können das Denken ganz leicht austauschen. Sie bemühen ein paar alte Verbindungen in Ihrem Kopf nicht mehr und gehen neue Wege – manchmal Wege, die sogar kürzer sind. Überzeugen Sie sich in drei Schritten selbst, wie schnell das geht und wie einfach es wird.

Anweisung 5

Führen Sie die nachfolgende Übung durch.
1. Lassen Sie von einem Partner für dieses Experiment die Zeit stoppen, die Sie brauchen, um Ihren Namen zu schreiben (oder stoppen Sie selbst). Es geht nicht darum, besonders schnell zu sein. Schreiben Sie im normalen Tempo. (Falls Sie einen sehr kurzen Namen haben, nehmen Sie einfach Ihre Adresse hinzu.) Um den Namen zu schreiben, werden in Ihrem Hirn übrigens ein paar Verbindungen genutzt. Je öfter Sie Ihren Namen in Ihrem Leben geschrieben haben, desto ausgefahrener sind diese; bei Erstklässlern sind die Verbindungen noch nicht so ausgeprägt und irgendwie sieht man das auch an der Unterschrift. Notieren Sie die verbrauchte Zeit.
2. Schreiben Sie Ihren Namen noch einmal – allerdings lassen Sie jetzt jeden zweiten Buchstaben aus. Sie stoppen wieder die Zeit.
3. Sie üben die „neue Unterschrift" fünf- oder zehn- oder 20-mal. Danach wird die Zeit noch einmal gestoppt und notiert.

Was lernen Sie? Zuerst ging es sehr schnell 1) Dann dauerte es ein bisschen länger, 2) Und danach ging es deutlich schneller, 3) Das ist der Trick. Und genau diesen wenden Sie zukünftig bei Ihrer Arbeit im Verkauf an.

Weiterführende Literatur

Ackermann, Andreas. 2004. *Ziele erreichen – Probleme lösen*. CD mit dem Ackermann Mentaltraining. München.
Amzarakova, Irina P. 2002. *Bewertung im Sprachgebrauch von Grundschulkindern*. Bonn.
Balters, Antje. 2001. *Mut zum NEIN sagen*. Asslar.
Bandler, Richard, und Donner Paul. 1998. *Die Schatztruhe* (NLP im Verkauf). Paderborn.
Bandler, Richard, und MacDonald Will. 2009. *Der feine Unterschied*. 5. Aufl. Paderborn.
Behrens, Katja, und Helen Keller. 2001. Weinheim.
Berg, Art. 2002. *The impossible just takes a little longer*. New York.
Bettger, Frank. 2002. *Lebe begeistert und gewinne*. Zürich.
Birkenbihl, Vera. F. 1994. *Trotz Schule lernen!* München.
Birkenbihl, Vera. F. 2000a. *Kommunikationstraining*. München.
Birkenbihl, Vera. F. 2000b. *Stroh im Kopf*. München.
Birkenbihl, Vera. F. 2013a. *Fragetechnik schnell trainiert*. 14. Aufl. München.
Birkenbihl, Vera. F. 2013b. *Kommunikation für Könner*. 52. Aufl. München.
Blanchard, Kenneth, und Bowles Sheldon. 1998. *Raving fans*. New York.
Blanchard, Kenneth, und Bowles Sheldon. *Gung Ho*. Reinbek.
Blanchard, Kenneth, und Johnson Spencer. 2000. *Der Einminuten-Manager*. Reinbek.
Blanchard, Kenneth, Oncken William, und Burrows Hall. 2001. *Der Minuten Manager und der Klammer-Affe*. Reinbek.

Brown, W. Stephen. 1985. *Todsünden des Managers*. Zürich.
Burg, Bob. 1998. *Endless referrals*. New York.
Carr, Allen. 1998. *Endlich Nichtraucher*! München.
Carroll, Lewis. 1998. *Alice im Wunderland*. Frankfurt a. M.
Carse, James P. 1987. *Finite and infinite games*. Toronto.
Chernow, Ron. 2000. *John D. Rockefeller: Die Karriere des Wirtschaftstitanen*. Rosenheim.
Cialdini, Robert B. 1993a. *Influence, how and why people agree to things*. New York.
Cialdini, Robert B. 1993b. *The psychology of persuasion*. New York.
Clason, George S. 2002. *Der reichste Mann von Babylon*. Zürich.
Coué, Emile. 1993. *Die Selbstbemeisterung durch bewusste Autosuggestion*. Basel.
Covey, Stephen R. 1998. *Die sieben Wege zur Effektivität*. München.
Crum, Thomas F. 1988. *The magic of conflict*. New York.
Csikszentmihalyi, Mihály. 2004. *Flow*. Stuttgart.
Dalai Lama. 2002. *Die Regeln des Glücks*. Bergisch Gladbach.
Dickens, Charles. 2002. *Eine Weihnachtsgeschichte*. Hamburg.
Dillmann, Bruce. 1992. *Ziel um Ziel*. Paderborn.
Dyer, Wayne W. 2000. *Der wunde Punkt*. Reinbek.
Dyer, Wayne W. 2001. *Wirkliche Wunder*. Reinbek.
Eker, Harv T. 2005. *Secrets of the millionaire mind*. New York.
Eliot, L. 2001. *Die Gehirnentwicklung in den ersten fünf Lebensjahren*. Berlin.
Fensterheim, Herbert, und Baer Jean. 1977. *Sag nicht JA, wenn Du NEIN sagen willst*. München.
Fischer, Joschka. 2001. *Mein langer Lauf zu mir selbst*. München.
Frankl, Viktor E. 2001. *Das Leiden am sinnlosen Leben*. Freiburg.
Franklin, Benjamin. 1997. *Autobiographie*. München.
Fridson, Martin S. 2001. *Milliardäre und ihre Erfolgsgeschichten*. Rosenheim.
Gallwey, T. Timothy. 2002. *Selbstcoaching*. Nürnberg.
Girard, Joe, und Robert L. Shook. 1998. *Abschlußsicher verkaufen*. Wiesbaden.
Goleman, Daniel. 2001. *EQ2 – Der Erfolgsquotient*. München.
Goleman, Daniel. 2002. *EQ – Emotionale Intelligenz*. München.
Hill, Napoleon. 2000. *Denke nach und werde reich*. Kreuzlingen.
Hill, Napoleon, und W. Clement, Stone. 2000. *Erfolg durch positives Denken*. Kreuzlingen.
James, Tad, Lorraine Flores, und Jack Schober. 2001. *Kompaktkurs Hypnose*. Paderborn.
Kiyosaki, Robert T., und Sharon L. Lechter. 2002. *Reichtum kann man lernen*. München.
Klein, Stefan. 2002. *Die Glücks-Formel*. Reinbek.
Kostolany, André. 1998. *Kostolanys großes Börsenseminar*. München.
Kotter, John P. 1997. *Matsushita*. Wien.
Lazarus, Arnold, und Fay Allen. 2002. *Ich kann, wenn ich will*. München.
Lelord, François. 2004. *Hectors Reise oder die Suche nach dem Glück*. München.
Lewis, C. S., Malcolm Muggeridge, und Dorothy L. Sayers. 1998. *Alles Übrige ist eine Sache des Fliegens*. Gießen.
Löhr, Jörg. 2004. *Lebe deine Stärken*! Berlin.
MacKenzie, Gordon. 1998. *Orbiting the Giant Hairball*. New York.
Maltz, Maxwell. 1990. *So können Sie werden, wie Sie sein möchten*. Genf.
McCormack, Mark H. 1997. *Die Schule des Verhandelns*. Frankfurt a. M.
Miller, R. B., und S. E. Heimann. 1985. *Strategie selling*. New York.
von Münchhausen, Marco. 2004. *So zähmen Sie Ihren inneren Schweinehund*! München.

Weiterführende Literatur

Murdon, Rebecca. 2007. *The Pursuit of Happyness (Das Streben nach Glück).*
Murphy, Joseph. 2000. *Werde reich und glücklich.* München.
Peale, Norman Vincent. 2011. *Die Kraft des positiven Denkens.* 4. Aufl. Zürich.
Popper, Karl R. 2004. *Alles Leben ist Problemlösen.* München.
Pryor, Karen. 1999. *Positiv bestärken – sanft erziehen.* Stuttgart.
Ratelband, Emile. 1998. *TSJAKKAA!* Düsseldorf.
Ratelband, Emile. 1999. *Der Feuerläufer.* München.
Rentsch, Hans-Peter. 2000. *Der Samurai-Verkäufer.* Wiesbaden.
Robbins, Anthony. 1998a. *Das Prinzip des geistigen Erfolgs.* München.
Robbins, Anthony. 1998b. *Grenzenlose Energie.* München.
Robbins, Anthony. 2003. Das *Robbins PowerPrinzip.* München
Rüegg, J. C. 2001. *Psychosomatik, Psychotherapie und Gehirn: Neuronale Plastizität als Grundlage einer biopsychosozialen Medizin.* Stuttgart.
Schucman, Helen. 1999. *Ein Kurs in Wundern.* Zürich.
Schwarz, Norbert. 1988. Judgements of relationship satisfaction. *Journal of Social Psychology* 18:485–496.
Schwarz, Norbert. 2002. Judgements of relationship satisfaction. *Journal of Social Psychology* 18:485–496 (zitiert nach Klein, Stefan: Die Glücks-Formel). Reinbek.
Schwarz, Tony, und Jim Loehr. 2003. *Die Disziplin des Erfolgs.* München.
Seiwert, Lothar J. 2003. *Das neue 1 × 1 des Zeitmanagements.* München.
Seligmann, Martin E. P. 1990. *Pessimisten küsst man nicht.* München.
Seligmann, Martin E. P. 1999. *Erlernte Hilflosigkeit.* Weinheim.
Stollreiter, Marc, und Johannes Völgyfy. 2001. *Selbstdisziplin.* Offenbach: GABAL.
Tepperwein, Kurt. 2001. *Die hohe Schule der Hypnose.* München: Moderne Verlagsges.
Trump, Donald, und Meredith McIver. 2004. *Wie man reich wird.* München: FinanzBuch Verlag.
Vengel, Alan, und Wright Greg. 2004. *Gardening.* Offenbach.
Walsch, Neale Donald. 1997. *Conversations with god* (Book One). London: Hampton Roads Pub Co.
Watzlawick, Paul. 1995. *Vom Unsinn des Sinns oder vom Sinn des Unsinns.* München: Piper.
Watzlawick, Paul. 2002. *Die erfundene Wirklichkeit.* München: Piper.
Watzlawick, Paul. 2004. *Anleitung zum Unglücklichsein.* München: Piper Taschenbuch.
Weimer, Wolfram. 1995. *Kapitäne des Kapitals.* Frankfurt a. M.
White, Michael, und John Gribbin. 1997. *Stephen Hawking.* Reinbek.
Williamson, Marianne. 1992. *A return to love.* New York: Harper Collins.
Zeig, Jeffrey K., Hrsg. 1999. *Meine Stimme begleitet Sie überallhin.* Donauwörth: Klett-Cotta.

Wie Erfolg schmeckt 2

▶ Sie haben nun in sich hineingehorcht, bekommen langsam ein Bild von Ihrem eigenen Selbst. Sie haben erkannt: Wenn Sie Ihren neuen Weg beschreiten wollen, müssen Sie zunächst einige Altlasten wegräumen. Dieser Prozess erfordert ein bisschen Anstrengung, aber die Ziele sind umso verheißungsvoller. Auf welchen Prinzipien unsere Vorprägung basiert, wie wir diese überwinden und damit unsere volle Handlungs- und Entscheidungsfähigkeit zurückerlangen können, lesen Sie im folgenden Kapitel.

2.1 Ihr neues Selbstbild

Wenn eine innere Stimme dir sagt: „Du kannst nicht malen!", dann, unter allen Umständen: Male! Und die Stimme wird verstummen.
[Vincent van Gogh]

Als Sie und ich den Beruf des Verkäufers gewählt haben, haben wir uns für eine Richtung in unserem Berufsleben entschieden. Es ist sehr schwierig, in diesem Beruf erfolgreich zu sein, wenn wir ihn nicht als wirkliche Berufung verstehen und nicht wirkliche Berater und Helfer für unsere Kunden sein wollen. Der Beruf „Verkäufer" ist nur ein Spiegelbild der Persönlichkeit eines jeden Menschen. Verkaufen ist ein Wechselspiel zwischen Verkäufer, Kunden und Umwelteinflüssen wie dem Markt, der Konkurrenzsituation etc. Kontrollieren können wir scheinbar nur einen kleinen Teil dieser Wechselwirkungen: den, der auf unsere Änderungswünsche und

-versuche reagiert. Es scheint so, als hätten wir nur geringe Einflussmöglichkeiten, aber ich zeige Ihnen, dass das Gegenteil wahr ist. Und ich weiß, dass Verkaufen eine der schönsten Tätigkeiten ist – wenn man Erfolg hat. Sie und ich haben aber bereits auch zu spüren bekommen, dass „Verkäufer" einer der würdelosesten Berufe sein kann, wenn es keinen Erfolg gibt. Ich hatte Glück, ich habe die wahren Ursachen des Misserfolgs aufgedeckt. Wenn man die wahren Ursachen erkannt hat, ist es ziemlich leicht, damit fertig zu werden. Und deshalb gehen Sie jetzt auf Entdeckungsreise.

Ich gehe auf die Mechanismen, die speziell auf Verkäufer wirken, etwas später ein. Zunächst schauen wir uns einmal weitere allgemeine Beeinflussungen an und bemühen dazu ein Beispiel von Vera F. Birkenbihl (2002):

Stellen Sie sich ein Tier vor, das äußerlich keine Hörorgane hat, weder Flügel noch Beine besitzt und zwei Augen, eine Mundöffnung und eine Zunge hat. Diese Informationen erlauben Ihnen nur, sich ein Bild zu machen, wenn Sie erraten haben, dass es sich bei der Beschreibung um eine Schlange handelt. Sonst sehen Sie nichts. Ein Bild macht man sich, indem man Reize aus der Umwelt aufnimmt, diese mit dem Gehirn analysiert, sortiert und speichert. Das bezeichnet man als „Denkprozess". Dieser Prozess kostet Kraft. Alle lebenden Organismen sind unerhört sparsam, und wenn sie Energien sparen können, tun sie es. Einmal eingesetzte Energien stellen eine gewisse Investition dar, und – wie jeder Sparer weiß – eine Investition versucht man immer zu schützen, wenn die Gefahr besteht, dass sie einem Verlust (oder einer Verschwendung) anheimfallen könnte. Da jedes Bild, das wir uns gemacht haben, eine Investition darstellt, wird es der Organismus verteidigen. Und: An jedem Bild hängen Emotionen. Diese zu „spüren" ist nur durch eine Leistung von hochspezialisierten Nervenzellen im Gehirn möglich. Da wir keine Computer sind, können wir Reize nicht „objektiv" wahrnehmen, um sie zu verarbeiten. Alles, was wir irgendwie wahrnehmen, „mutet uns an". Diese Anmutung kann positiv oder negativ sein. Deshalb sehen zwei Menschen dasselbe halb volle Glas einmal noch halb voll und zum anderen schon halb leer. Fest steht, dass wir alles emotional einfärben. Da aber das „Fühlen" der Emotion an sich ein Prozess ist, der Energie kostet, bedeutet die Emotion eine weitere Investition in das Bild. Je intensiver die mit einem Bild verbundenen Gefühle, desto höher die Investition und desto wahrscheinlicher ist es, dass der Organismus gerade dieses Bild verteidigen wird.

2.1.1 Herausforderung, sich auf Neues einzulassen

Dazu ein Beispiel: Frau Bauer ist der Meinung, Napoleon Bonaparte sei Franzose gewesen. Sie hat sich ein Bild von Napoleon, dem „waschechten Superfranzosen"

2.1 Ihr neues Selbstbild

gemacht. Nun liest sie in einem Artikel, dass Napoleon ja bekanntermaßen Korse gewesen sei. Was ist durch diese Information geschehen? Ihr Bild von Napoleon wird angegriffen! Jetzt gibt es zwei Möglichkeiten:

- Sie akzeptiert das neue Bild (die neue Information, die neue Meinung etc.), das heißt, sie muss einen Bildaustausch vornehmen.
- Sie beharrt weiter auf dem alten Bild und weigert sich, das neue Bild (die neue Information, die neue Meinung) zu akzeptieren.

Wie Sie ja sicher aus eigener Erfahrung wissen, scheint es leichter, ein altes Bild beizubehalten, als es gegen ein neues auszutauschen. Warum ist dies so? Das alte Bild, das ja mit Energie und Emotionen behaftet ist, bedeutet eine Investition. Also versucht der Organismus zunächst, diese Investition zu schützen. Frau Bauer, die sich „sicher fühlt", dass ihr Bild korrekt ist und sie Recht hat, schreibt nun einen Leserbrief an die Illustrierte, in dem sie darauf hinweist, dass Napoleon doch Franzose gewesen sei. Einen Monat später findet sie ihren Leserbrief abgedruckt und liest mit Bestürzung die Antwort der Redaktion: „Napoleon war tatsächlich Korse. Seine Eltern kamen nach Frankreich, als er noch sehr jung war …". Nun wird der Bildaustausch zwar fast unumgänglich, ist aber jetzt noch schwerer als zuvor. Warum? Entscheidungen aufgrund eines Bildes erhöhen das Investment in dieses Bild. Jede Entscheidung kostet doch wieder Energien, weil erstens ein Gedanke Energie kostet und zweitens jede Entscheidung doch von gewissen Gefühlen begleitet war. Das bedeutet also: Der Organismus versucht zu sparen, wo immer es geht, das heißt, er versucht den Weg des geringsten Widerstands zu gehen. Die Weigerung, ein neues Bild (Information, Meinung) zu akzeptieren, ist im Grunde genommen eine Weigerung,

- Energien auszugeben (Verarbeitung des neuen Bildes) bzw.
- die Investition (Energie für das alte Bild) zu verlieren.

Jede aufgrund eines Bildes getroffene Entscheidung erhöht die Investition und erschwert daher das Aufgeben des Bildes.

Das Aufgeben dieser Investition sowie das Verarbeiten des neuen Bildes kostet Energien, daher gilt: Je müder man ist, desto weniger ist man bereit, neue Bilder aufzunehmen (d. h. zu lernen) bzw. einen Bildaustausch (d. h. eine Meinungsänderung) vorzunehmen. Wenn man ein Bild austauschen muss, so kostet das Kraft. Hat man diese Energien übrig, so kann man den Austausch vornehmen. Wir sagen dann, die Person ist flexibel. Fehlt diese Kraft, so kann die Person den Austausch nicht vornehmen, und wir sagen dann gerne von ihr, sie sei stur, dickköpfig, rechthaberisch usw. Je mehr Energien an einem Bild haften, desto schwerer ist es für uns, dieses Bild aufzugeben. Die Meinungsänderung über Napoleons Herkunft wird Frau Bauer gewiss bewältigen können. Aber wie sieht es mit den Bildern aus, die eine große Investition darstellen?

2.1.2 Neuausrichtung Ihrer Kompassnadel

Ich muss hier jetzt schnell eingreifen, sonst glauben Sie womöglich noch, es wäre nicht so leicht, die alten Bilder loszuwerden. Aber das ist es! Die Fragen, die Sie für sich zu beantworten haben, lauten: Was kostet auf lange Sicht mehr Energie? Wie kann die Veränderung so stattfinden, dass sie ausschließlich Spaß macht? Betrachten Sie es einmal aus dem entgegengesetzten Blickwinkel: Wie wenig nur brauchen Sie zu investieren, damit Sie den Bleiklotz drehen? Und wie viel würden Sie dafür bekommen?

Was mittelmäßige oder nicht so gute Verkäufer in ihrem Trott weitermachen lässt, ist Angst: die Angst vor der Veränderung, die Frage, was uns dabei wohl alles entgegenkommt. Aber ich sage Ihnen jetzt, was wirklich passiert: Das Leben macht in jeder Hinsicht mehr Spaß! Das liegt daran, dass nach dem „Drehen" das bewusste Ziel, die Kompassnadel und der dicke bleierne Klotz in ein und dieselbe Richtung zeigen und arbeiten! Das Mehr an Geld, Zeit und Spaß ist da noch der geringste Vorzug. Allen Verkäufern kann es leichtfallen, wirklich nachhaltig erfolgreich zu sein – natürlich auch Ihnen. Sie brauchen nur den Rest dieses Buches mit der entsprechenden geistigen Offenheit durchzulesen und den Anweisungen zu folgen. Sie stecken jetzt mitten im Prozess. Je mehr Sie begreifen, desto leichter wird es Ihnen fallen. Selbst wenn Sie kein Wort davon verstehen sollten, was ich hier schreibe, und nur die Anweisungen durchführen, wird es Ihnen leichtfallen. Das Wichtigste aber ist: Sie werden sich nicht mehr durchs Leben schleppen und immer wieder Ihren Willen anstrengen müssen. Schleierhaft wird Ihnen lediglich vorkommen, warum es so lange gedauert hat. Hier noch schnell eine Warnung: Es gibt nur zwei Gründe, die die Methode dieses Buches zum Scheitern bringen können:

- Sie entscheiden sich nicht, das heißt, Sie fangen gar nicht erst an, weil Sie Angst haben, es nicht zu schaffen. Deshalb noch einmal: *Sie können nicht scheitern!* Das Einzige, was Ihnen passieren kann, ist, dass Sie nicht in der vorgesehenen Zeit da ankommen, wo Sie hinmöchten, weil die Umsetzung der Pläne längere Zeit in Anspruch nimmt, als von Ihnen vorgesehen. Sie konnten die Zeit vielleicht noch nicht gut abschätzen ... aber das ist dann auch schon alles.

Bevor Sie gar nicht erst nicht anfangen, machen Sie sich bitte noch einmal kurz klar, was Sie in diesem Leben verpassen, wenn Sie nicht starten! Das heißt, alles bleibt, wie es ist. Wenn Sie sich das jetzt so klarmachen und nichts ändern, dürfen Sie auch keine Wunder erwarten. Die kommen nämlich nur dann, wenn Sie etwas anders machen als gestern.

- Sie halten sich nicht an die Anweisungen. Ich wiederhole mich, aber das ist hier wichtig. Zum Beispiel werde ich Sie auffordern, zukünftig keinerlei Versuche mehr zu machen, Ihren Willen beim Verkaufen anzustrengen oder sich sklavisch an bestimmte Willensregeln zu halten. Das wäre so, als würden Sie versuchen, immerzu an der dünnen Blechkompassnadel herumzufummeln. Der bleierne Klotz darunter wurde dadurch aber nicht leichter oder weniger wirksam. Alles, was hier steht, hat nur den einen Sinn: Sie erfolgreich zu machen.

Halten Sie nichts für selbstverständlich. Hinterfragen Sie nicht nur, was hier steht, sondern hinterfragen Sie Ihre eigenen Gedanken und Ansichten über Verkaufen und Erfolg. Hinterfragen Sie auch, was Ihr Zuhause, Ihre Schule, Ihr Umfeld oder wer sonst Ihnen über Verkaufen und Erfolg beigebracht hat. Denken Sie darüber nach, und hinterfragen Sie, bis Sie mit dem Ergebnis zufrieden sind.

2.2 Erfolgserlebnisse

> Leute, die erfolgreich sind, sind nicht die, die nie Fehler gemacht haben. Es sind die, die Fehler machen, hinfallen und so schnell wie irgendwie möglich wieder aufstehen.
> [Ted Turner]

Wir reisen jetzt eine größere Zeitspanne zurück in die Vergangenheit ... neun Monate vor unsere tatsächliche Ankunft auf der Welt. Ungezählte Samenzellen machen sich auf die Reise, um ein Ei zu befruchten. Daraus sind Sie entstanden. Mir kommen die ganzen „Einzelfall-Erzähler" unter den Verkäufern jedes Mal vor wie eine der „verloren gegangenen" Samenzellen.

Es ist wirklich nicht nötig, dass Sie sich den Kopf wie eine einzelne Samenzelle zerbrechen. Genau deshalb brauchen Sie wegen eines einzelnen Kunden, der nicht so möchte, wie Sie sich das gerade vorstellen, auch nicht todunglücklich zu sein. Wie Sie sehen, gibt es auch in anderen Lebensbereichen „Schwund" – das ist normal und natürlich. Das ist nicht gut oder schlecht, das ist einfach so. Für Sie ist sogar ein vermeintlicher Misserfolg ein Gewinn, weil Sie lernen, wie Sie es das nächste Mal besser machen können. Allerdings sind todunglückliche Menschen in den meisten Fällen unfähig zu lernen ...

2.2.1 Garantie auf Erfolg: Ihr Geburtsrecht

Jetzt kommt das Beispiel, das für mich persönlich am allermeisten Sinn macht, und wir gehen dafür auf dem Zeitstrahl ein Stück weiter: Wir werden geboren, haben dann ein paar Monate lang Zeit herumzuliegen, dann zu sitzen, und irgendwann wollten wir gerne laufen. Wir erinnern uns an diese Zeit: Wie ging das vor sich? Während wir auf Bauch oder Rücken lagen, hatten wir die Idee zu laufen. Sind wir dann aufgestanden, um den 100 m-Lauf in der Altersklasse der 18–20-Jährigen zu gewinnen? (Wieso ich hier eine so komische Frage stelle? Weil die meisten Verkäufer genau das von sich erwarten.)

Wir schauen uns einfach an, wie es aus Babysicht wirklich abläuft:

1. Alles ist während des Liegens gut. Man hat sich daran gewöhnt zu schreien, wenn man umgebettet werden möchte. Mütter, Väter oder irgendwelche Tanten funktionieren unterschiedlich gut, aber im Großen und Ganzen zufrieden stellend.
2. Die Unzufriedenheit wächst. Bis man umgebettet wird, ist man stinksauer, weil es nicht schnell genug geht. Wenn man umgebettet wurde, bleibt man in diesem Zustand nicht sehr lange glücklich. Man wird immer schneller noch ungeduldiger.
3. Man versucht sich in den Disziplinen „Umdrehen" oder „Antäuschen vorwärts/rückwärts".
4. Das Umdrehen funktioniert endlich – allerdings nur in eine Richtung ...

Der Motor dazu ist zu einem guten Teil Unzufriedenheit. Manchmal wird diese durch Jammern unterstützt, aber darunter leidet *nie* (!) die Motivation, es wieder zu versuchen. Als Außenstehender hat man nie das Gefühl, dass der Prozess nicht absolut stetig laufen würde. Die kleinen Geister bleiben ununterbrochen dran, obwohl die Fortschritte manchmal wirklich erschreckend klein sind. Manchmal ist gar kein Fortschritt zu erkennen. Schlimmer: Gelegentlich hat man es sogar mit echten Rückschritten zu tun. Aber das macht den Wunsch, Laufen zu lernen, nicht kleiner – nicht das kleinste Bisschen.

2.2 Erfolgserlebnisse

5. Umdrehen funktioniert in beide Richtungen, manche Kinder freuen sich darüber so sehr, dass sie sich eine Zeit lang in dieser Art weiter fortbewegen und „rollen" oder „kugeln".
6. Irgendwann erfolgen die ersten Stemmversuche in Bauchlage. Bei einigen scheint das endlos mühselig. Es ist eine Qual – zum Abgewöhnen, denken wir als Zuschauer. Denkt das Kind das auch? Nein. (Wahrscheinlich bewertet es einfach nicht.) Es macht weiter!
7. Mit etwas gutem Willem kann man die neue Fähigkeit als „Robben" bezeichnen.
8. Man steht nun auf allen Vieren – gestemmt. Keine weitere Bewegung ist möglich, ohne sofort danach zusammenzubrechen ... nach unterschiedlich langen Aufenthalten in dieser Phase.
9. Das Kind krabbelt in eine Richtung (vor- oder rückwärts)!
10. Es krabbelt in beide Richtungen!
11. Versuche, sich an Tischen, Wänden oder Stühlen hochzuziehen, beginnen. Es sind nur Versuche. Außer unterschiedlich spektakulären Stürzen scheint für Außenstehende lange nichts zu passieren.
12. Hochziehen und Stehenbleiben funktionieren – schauen Sie sich das bei der nächsten Gelegenheit ruhig nochmal an, wenn Sie wieder die Gelegenheit haben. Die Zwerge brauchen zum Stehen alle Sinne. Wahrscheinlich wird die gesamte Rechenleistung des Hirns für diesen Zustand des Stehens gebraucht. Wenn Sie das Kind ansprechen würden, und es könnte Ihnen schon antworten, würde es umkippen, weil zum gleichzeitigen Antworten keine Kapazität zur Verfügung steht. Nichts ist währenddessen gleichzeitig denkbar ...
13. Stehenbleiben ohne Festhalten ist möglich.
14. Ein Schritt geht, in der Regel mit anschließendem sofortigem Umfallen.
15. Gutmütige würden sagen, dass das Kind geht – mehrere Schritte weit.

In dieser Phase unseres Lebens erhalten wir übrigens noch jede Menge Zuspruch. Wir werden beklatscht und bejubelt, bei jedem einzelnen Versuch. Wäre es eine Option gewesen, liegen zu bleiben? Lächerlich! Hat Sie das eigene Gemecker abgehalten, genauso meckernd den nächsten Versuch zu unternehmen? Wenn Sie genau hinschauen, ist der Erfolg von einem Schritt zum anderen manchmal nicht messbar. Dennoch kommt die Anfeuerung von Oma, Opa, Onkeln und Tanten für jeden einzelnen, lausigen Versuch. Alle freuen sich wie verrückt. Eigentlich ist das ziemlich unspektakulär. Bei messbaren Fortschritten drehen die Zuschauer fast schon durch und klatschen und herzen den Hauptdarsteller. Die meisten haben bislang sehr gut laufen gelernt. War das schwer?

Ist Verkaufen schwer? Es ist, wie es ist. Und fertig. Wissen Sie, wenn Sie erfolglosen Verkäufern zuhören, müsste man zu diesen Kindern konsequenterweise sagen: „Liebes Kind! Du hast jetzt 1223 Mal versucht laufen zu lernen. Wie wir sehen, hat es nicht geklappt. Weißt du was, Kind? Wir lassen das Projekt jetzt. Lohnt sich nicht. Du gehörst nicht zu den Läufern." Wie viele Verkäufer können mit Leichtigkeit verkaufen? Verglichen mit dem „Laufen lernen" ist „Verkaufen lernen" wirklich läppisch einfach! Wenn Ihnen das mit dem Laufen nicht eingängig genug ist, legen Sie das Buch zur Seite und denken Sie darüber nach, wie Sie schwimmen gelernt haben ... vielleicht ist das für Sie einfacher.

Verstehen Sie? Es ist nicht schwer. Wenn Sie den Auftrag bekommen, 10 km zu laufen, ist das schwer? Schwer ist relativ, und die Relation kommt immer aus unseren Beurteilungs- oder Bewertungsüberlegungen. Hören Sie endlich mit der blöden Bewerterei auf! Machen Sie Ihre Arbeit. Verkaufen Sie!

2.2.2 Die natürliche Art zu lernen

Hätten wir uns einen Zentimeter weiterbewegt, wenn wir uns nicht vorher ungezählte Male absolut erfolglos gestemmt hätten? Hätten wir nicht. Wir konnten nicht sehen, wie während diesen scheinbar erfolglosen Versuchen die Muskeln wuchsen, der Gleichgewichtsinn besser ausgebildet wurde und was in diesem unglaublichen Körper sonst alles noch passierte. Jeder einzelne Versuch war wichtig. Wir haben deshalb laufen gelernt, weil wir das nie in Frage gestellt haben. Ein Glück, dass der Verstand erst später ausgebildet wird. Ich weiß nicht, wie viele Leute sonst rumliegen würden.

Können wir voraussagen, wann ein bestimmtes Baby laufen kann? Wir können Erfahrungswerte vergeben. Ist das wichtig? Spielt es im Leben eine Rolle? Läuft es für den, der fünf Tage oder fünf Wochen oder fünf Monate eher laufen kann, im Leben besser? Meinen Sie, dass es für Sie wirklich einen Unterschied macht, ob Sie als Verkäufer zwei Monate später erfolgreich sind, als Sie sich das wünschen?

Warum haben wir, als wir laufen gelernt haben, nicht zwischendurch gesagt, dass der Versuch gestern Nachmittag traurig und entmutigend war, dass es wirklich keinen Sinn mehr hat, weiterzumachen. Wenn uns jemand zuredet, dann sagen wir nicht: „Nein, du hättest dabei sein sollen. Es war wirklich schrecklich, ich werde es nie wieder versuchen. Es tat sehr weh. Das Stemmen an sich lief schon ganz gut. Aber hinterher bin ich noch gefallen ...!" War das gut? War das richtig? Es ist absolut unsinnig, die Frage nach „gut" oder „schlecht" beim Aufstehen zu stellen. Was soll uns dieses Beispiel also sagen?

- Jeder Zwischenschritt gehört dazu. Manche brauchen an irgendeiner Stelle einen Schritt mehr, andere einen weniger. Tut das dem Ergebnis irgendwie einen Abbruch?
- Nie stellt sich die Frage, aufzugeben. Es wird geflucht und geschrien. Weil es zwischendurch mal wehtut. Es werden Pausen gemacht. Aber es geht weiter. Weil man aus irgendeinem Grund weiß, dass man es schafft. Warum man das weiß? Weil es Vorbilder gibt. Und weil man weiß, dass man das auch können möchte.
- Man konzentriert sich wie verrückt auf das, was man will. Man braucht Tage und Wochen, manchmal Monate für den ganzen Prozess. Der Drang nimmt nicht ab.

So, wie Sie es als Baby gemacht haben, ist es richtig. Es ist zielführend und nützlich. Wenn wir auf der Suche nach der unverfälschten Wahrheit sind – also danach, wie es wirklich richtig ist, wie es sein muss –, dann ist das hier eine wahre Aussage. Dieses Lernen findet absolut frei von irgendwelchen durch Menschen ausgedachten Beeinflussungen statt. Es ist einfach richtig und gut so, wie es ist. Rückschläge in Form von umgefallenen Stühlen, die auf uns kippen, sind nie ein Grund zum Aufhören gewesen. Sie waren vielmehr immer ein Ansporn, weiterzumachen.

Dazu ein kleiner statistischer Einwurf: Kinder hören im Laufe Ihres Heranwachsens für ein einziges „Ja" durchschnittlich 18-mal „Nein". Das bedeutet, uns wird 18-mal gesagt, was wir nicht sollen und nicht dürfen, bevor wir einmal Zuspruch erhalten. (Die Quelle dieser Information habe ich leider vergessen; das tut meiner Botschaft aber keinen Abbruch.) Es hält kein Kind vom Lernen, Wachsen und Weitermachen ab. Hoffentlich werden zahlreiche Kinder mit einer besseren Quote groß – weil ich felsenfest davon überzeugt bin, dass in dieser Zeit die Keime für die bleiernen Klötze gelegt werden.

2.3 Unbewusst fähig

Du musst nur arbeiten, hinfallen, glauben und wieder aufstehen.
[Art Berg]

Möchten Sie im Nachhinein auf alle diese Erfahrungen verzichten? Der Preis wäre, dass Ihre Mutter Sie heute noch durch die Gegend trägt. Hätten Sie auf einem anderen Weg laufen lernen können? In den letzten Absätzen wurde der perfekte, wahre, richtige und gute Weg beschrieben! Wie sieht der perfekte Weg zum Verkaufen aus? Ich vergleiche „Verkaufen" gern mit „Vertrauen gewinnen". Wenn Sie nicht das Vertrauen Ihrer Kunden gewinnen, werden Sie nichts verkaufen.

Können Sie anders „Verkaufen" lernen? Genau so geht das, liebe Freunde. Wer Ihnen etwas anderes erzählt, ist entweder sehr viel schlauer als ich oder sagt nicht die Wahrheit. Das ist das Leben. Leben bedeutet nicht, ein bekanntes Drehbuch immer und immer wieder durchzuspielen – und das Gegenüber kennt seine Textstellen auswendig. Sondern wir lernen und entwickeln uns. Im Grunde ist jetzt wirklich alles dazu gesagt, wie es geht. Wenn etwas nicht ganz klar ist: Lesen Sie die letzten Seiten einfach noch einmal.

Der wesentliche Grund, der Motivator für das alles ist ein interner. Ich habe darüber keine Untersuchungen – wenn Sie so wollen: Ich habe mir das ausgedacht. Aber ich sage Ihnen, warum: Der ursprüngliche, ursächliche Grund ist in uns drin. Weil wir weiterkommen wollen. Weil wir es als Kind leid waren, nur herumzuliegen. Tut es weh? Gibt es eine Alternative? Hält uns das auf? Nein. Ist das Leben so? Ja! Was wäre sonst passiert? Hätten Sie es heute im Nachhinein anders gemacht? Wie möchten Sie Ihren Beruf betrachten, wenn Sie in einigen Jahren darauf zurückblicken?

2.3.1 Der innere Motivator

Denken Sie sich 10 Jahre nach vorn. Und stellen Sie sich die gleiche Frage noch einmal: Hätten Sie Ihren Beruf anders gemacht? Ich habe leider meistens das Gefühl, dass Menschen diese Übung nicht mit wirklichem Spaß angehen und erst gar nicht durchführen wollen. Ich habe das Buch aber nicht geschrieben, um Ihnen eine lustige Zeit zu bereiten, sondern nur aus einem einzigen Grund: Ich möchte Ihnen helfen, erfolgreich zu sein! Wir sehen jeweils nur einen kleinen Teil des Lernprozesses. Egal, wie viel wir wirklich sehen. Sie können eine andere zu lernende Tätigkeit als Beispiel nehmen: ein Hobby, eine Sportart, die Sie gut beherrschen, ein Kartenspiel, Autofahren, was immer Sie wollen. Was ist daran anders? Es ist immer das Gleiche. Was ist an Verkaufen anders? Gar nichts. Behalten Sie das bitte im Kopf. Sie sollen nicht herumsuchen müssen und raten, was richtig und was falsch ist. Ich möchte, dass Sie eine Richtlinie an der Hand haben, die Ihnen wie ein Kompass die richtige Richtung zeigt. Ich möchte, dass Sie wissen, was richtig ist. Ich habe manchmal das Gefühl, dass Verkäufer jeden nach dem Weg zum Erfolg fragen, egal ob die Befragten nun selbst am Ziel gewesen sind oder nicht. Hören Sie auf damit! Fragen Sie die richtigen Leute! Sie wissen, wen Sie fragen müssten. Hören Sie ihnen zu, und dann tun Sie, was zu tun ist.

2.3 Unbewusst fähig

Vielleicht illustriere ich das Ganze an einem weiteren Beispiel: Unser Sohn Faber will irgendwann Fahrradfahren lernen. Weil er eine große Schwester hat, die ihm mit ihren Freundinnen vormacht, wie das geht, läuft der Prozess ungefähr so: Laufen kann Faber schon, und er freut sich des Lebens, weil er es endlich beherrscht. Zwischendurch hat er Dreiradfahren gelernt. Die Welt scheint in Ordnung. Man kann bei den Kleinen buchstäblich im Gesicht mitlesen, wenn ein Denkprozess beginnt. Wahrscheinlich stellt er sich in kühnen Träumen schnelle Dreiradfahrten vor. Ich könnte an dieser Stelle beschreiben, wie viele Schritte notwendig waren, bis er einigermaßen Dreirad fahren konnte: wie oft er sich das Bein eingeklemmt hat, wie oft er umgekippt ist etc., also Schritte und Schmerzen, die auch wir in unserer Kindheit durchlebt haben. Fahrrad fahren kann er aber bis zu diesem Tag nicht, und er schert sich auch nicht darum. Er ist bis zu diesem Tag „unbewusst unfähig". Eines Tages sieht er seine Schwester mit ihren Freundinnen Fahrrad fahren, und man kann dabei fast in seinem Kopf die Fragen sehen: Was machen die da? Warum können die fahren und warum muss ich noch laufen? Die machen offensichtlich irgendetwas, was Spaß macht und schneller ist als Laufen. So etwa funktioniert auch bei unserem Sohn das Denken. Er stellt sich selbst Fragen. Und dann beantwortet er diese Fragen. Damit wechselt bei unserem Sohn der Zustand von „unbewusst unfähig" zu „bewusst unfähig". Er kann jetzt genauso wenig Fahrrad fahren wie vorher, aber ab jetzt stört es ihn.

Der Umschwung von „unbewusst unfähig" zu „bewusst unfähig" geht oft Hand in Hand mit einem „Aha-Effekt", weil man zum ersten Mal Zusammenhänge erkennt. Damit beginnt Lernen. Nun ist nicht entscheidend, dass man am laufenden Band Aha-Effekte erlebt, sondern dass man etwas daraus macht, einen Plan umsetzt, etwas tut. Man will es anders haben. „Wollen" ist das wichtigste Wort an dem letzten Satz. Bei unserem Sohn war es so, dass er mich beschwatzte und ich dann ungezählte Meter oder Kilometer in gebückter Haltung hinter dem Fahrrad herlaufen durfte, um irgendwann loszulassen. Und der angehende Radfahrer merkte das zunächst gar nicht. Und als er es dann bemerkte, reichte das, ihn vom Rad fallen zu lassen. Genau in diesem Moment beginnt die Phase, die „bewusst fähig" genannt wird. Man kann es, aber man braucht alle Sinne und alle Gehirnzellen, um das, was man gerade gelernt hat, umzusetzen. Bei Kindern und manchen Erwachsenen kann man diesen Zustand daran erkennen, dass in einem Mundwinkel die Zunge zu sehen ist.

Zwischen den Zuständen „bewusst unfähig" und „bewusst fähig" gibt es zusätzlich noch einige Wechselwirkungen. Man fällt unwillkürlich und gewohnheitsmäßig wieder in den „alten" Zustand zurück. Das ist allerdings nicht schlimm und passiert allen Menschen, die sich über diese „Stufen" bewegen. Wenn es anders

Abb. 2.1 Die Treppenstufen des Lernens

wäre, wäre es nicht normal! Bitte denken Sie daran! Was Sie beim Verkaufen bis heute gelernt haben, ist alles gut. Bitte machen Sie jetzt was draus!

Die letzte Stufe erreicht man nahezu unbemerkt, nachdem genug Übung (!!!) in der Stufe III. absolviert wurde. Heute fährt Faber Fahrrad und weiß gar nicht mehr, wie er von hier nach dort gekommen ist. Er kann dabei sogar noch Geschichten erzählen, auf dem Sattel stehen oder freihändig fahren. Diese Stufe heißt „unbewusst fähig" (vgl. Abb. 2.1).

Das Phänomen ist in vielen Trainings mit unterschiedlichen Bildern gezeigt worden. Meinen Sie,

- dass Faber Fahrrad fahren Spaß macht?
- dass ihm das Lernen Spaß gemacht hat?

Warum sollte „Verkaufen lernen" auch nur ein klitzekleines Bisschen weniger Spaß machen? Eines wird immer schnell vergessen – und für mich ist es die Hintergrundfrage und das Wichtigste an dem ganzen Prozess überhaupt: Was ist der Auslöser, dass er Radfahren lernen will? Oder Sie gut verkaufen?

2.3.2 Die Bremse Selbstbewertung

Ohne den Willen, Fahrrad fahren zu wollen, wird er es niemals lernen. Er hat das Ziel, und nachdem er dieses Ziel erreicht hat, ist ihm egal, auf welche Weise ihm das gelungen ist. Verkäufer denken viel zu oft in Einzelfällen – wir hatten das schon. Sie bewerten nach jedem einzelnen Lernschritt, ob etwas gut oder schlecht gelaufen ist. Bewerten ist eines der Hauptprobleme. Laufen lernen ist natürlich. Es ist nicht natürlich, dass wir dauernd und immer wieder aufs Neue Bewertungen vornehmen. Und schon gar nicht natürlich ist es, dass wir immer die für uns ungünstige Bewertung auswählen. Sie brauchen mir das gar nicht zu glauben, Sie erkennen es selbst: Uns wurde das Gehirn gewaschen. Unsere Zeit oder die Gesellschaft oder was auch immer hat dafür gesorgt, dass wir es als selbstverständlich empfinden, zu bewerten. Wir fühlen uns bemüßigt, nahezu ununterbrochen von uns zu geben, wie wir etwas „finden". Also sagen wir auf dem „Verkäuferlernweg": „Das ist schlecht gelaufen, und bei dem Kunden war es auch schlecht." W. Timothy Gallwey (2002) findet diese Bewerterei wahrscheinlich genau so unsinnig wie ich. Er hat ein sensationelles Trainingsprogramm für Tennisspieler entwickelt, mit dem er dem Sportler abgewöhnt, bei jedem misslungenen Schlag innerlich zu schreien: „So ein Mistschlag ..." oder: „Wie kann ich nur so schlecht spielen ...". Stattdessen fordert er jeden Spieler auf, beim Schlag genau darauf zu achten, *wie* er den Ball getroffen hat, zum Beispiel auf der oberen oder unteren Seite des Schlägers. Die „Gut-Schlecht-Bewertung" wird ausgeschaltet, und jeder Spieler konzentriert sich auf etwas viel Hilfreicheres: wie man den Ball gespielt hat und wie er beim nächsten Mal besser gespielt werden kann!

2.4 Die richtige Blickrichtung

Wie du denkst, so wirst du sein.
[Wayne W. Dyer]

Manch einer steht unter dem ständigen Druck, nicht genug zu haben: nicht genug Geld verdient oder nicht genug gearbeitet zu haben. Und dann breitet sich dieses Gefühl der Knappheit wie eine Epidemie immer weiter aus: Man hängt ständig hinter den eigenen Plänen her. Oft genug gibt es in solchen Fällen gar kein genaues Ziel. Konzentrieren Sie sich einmal auf einen Bereich in Ihrem Leben, der gerade mit mehr als genug ausgestattet ist. Sie ahnen es schon: Das ist natürlich relativ. Wenn Ihnen nichts einfällt, vergleichen Sie die Gegenwart, in der wir leben, mit allen anderen Zeiten, die es bislang in der Erdgeschichte gab. Stellen Sie sich zum

Beispiel Ihr Leben im Mittelalter vor: Kein Glas, die Fenster waren Löcher in den Wänden. Wie kalt muss das im Winter gewesen sein? Nehmen wir an, Sie leben in einer Stadt: Sauberes Wasser im Mittelalter? Fehlanzeige! Und wenn plötzlich Zahnschmerzen auftraten? Wenn Sie damals genug Geld gehabt hätten, hätte der Barbier Ihnen den Zahn gezogen ... hoffentlich den richtigen. Ihre Lebenserwartung? Wahrscheinlich wären Sie und ich schon mausetot, weil das Durchschnittsalter bei 20 oder 30 lag.

Sie können Vergleiche auf einer anderen Ebene bemühen: Überlegen Sie einmal, was heute für relativ wenig Geld alles zu bekommen ist: Wasser, Strom, Kinofilme, deren Produktion 100 Mio. € kostet und die Sie sich für 15 € anschauen können. Oder stellen Sie sich einmal vor, Sie wären in einem anderen Land zur Welt gekommen, etwa in Afrika. Wie sähe Ihr Leben aus? Warum ich das schreibe? Wenn Sie eine „Planabweichung" bei sich feststellen, dann hören Sie auf, sich darüber zu ärgern.

Oder ein anderes, lebensnahes Beispiel: Denken Sie an Ihre Steuerzahlungen. Freuen Sie sich darüber? Wohl kaum, wie die wenigsten von uns. Warum? Weil die meisten es so empfinden, dass alles knapp ist und stets etwas mehr weggenommen wird. Aber ist dieser Gedanke sinnvoll oder irgendwie zielführend? Tatsache ist: Sie zahlen die Steuer oder Sie gehen ins Gefängnis. Das sind die Spielregeln. Und wenn Sie in diesem Spiel mitspielen wollen, dann müssen Sie sich an die Regeln halten. Es macht keinen Sinn, sich während des Spieles ständig über die Regeln zu beschweren. Das ist so, als wenn Sie beim Fußball nach jedem Schuss jammern, dass das Feld so groß ist. Oder als ob Sie beim Segeln ständig über die Windrichtung meckern. Setzen Sie die Segel einfach anders – sehen Sie es anders: Freuen Sie sich! Wenn Sie einen Bescheid über eine Steuernachzahlung von 100.000 € bekommen, was müssen Sie vorher verdient haben? Das ist doch wunderbar! Und Sie können mit Recht von sich sagen, dass Sie an dem Wohlstand des Landes, in dem Sie gerade wohnen, mitgearbeitet haben. Von Straßen bis zu sozialen Projekten: Sie haben Ihren Teil dazu beigetragen. Freuen Sie sich, seien Sie stolz und blicken Sie aus der wirklich „richtigen" – weil „hilfreichen" – Richtung darauf! Nutzen Sie es als Motor. Vergegenwärtigen Sie sich, was Sie schon alles erreicht haben, und denken Sie daran, dass Sie in den allermeisten Fällen auch bereits größere Herausforderungen gemeistert haben.

2.4.1 Schöne Gründe

Im Anhang finden Sie eine ganze Reihe von vorformulierten Gründen, die vermeintlich dafür verantwortlich sind, warum kein Erfolg zustande kommt. Selbst-

2.4 Die richtige Blickrichtung

verständlich sind die Gründe alle richtig – weil selbstprophezeiend. Wenn Sie allerdings aus der hilfreichen Perspektive darauf schauen: alles Unsinn! Sehen Sie sich um: Andere Menschen haben ganz andere Dinge zustande gebracht. Denen hätten Sie deutlich weniger Chancen eingeräumt. Wenn Sie es nicht glauben, dann schauen Sie sich Menschen wie Wolfgang Schäuble, Anthony Netto, Helen Keller oder Art Berg an. Sie glauben zu wissen, dass Veränderung weh tut. Sie meinen, das etliche Male erlebt zu haben. Sie meinen, dafür eine ganze Menge aufgeben zu müssen, etwa lieb gewonnene Gewohnheiten. Sie haben dazu noch Angst, dass Sie Teile Ihrer Persönlichkeit aufgeben oder verändern. Dass Sie hinterher gar nicht mehr der sind, der Sie zurzeit sind. Und dass Sie es nicht schaffen.

Ich gehe davon aus, dass alle Menschen positive Gründe haben, etwas zu tun. Bei mir hat es übrigens ziemlich lange gedauert, bis ich das so gesehen habe. Dazu ein Erlebnis aus meiner Arbeit: Ein Teilnehmer, ich nenne ihn hier Michael, erzählte zu Beginn unseres Gesprächs, dass er immer zu viel erklärt, insbesondere die Nachteile seiner Produkte, in diesem Fall Altersvorsorgen. Michael hatte Angst, dass er irgendeinem Prozess unterzogen wird, der seine Persönlichkeit ändert, der ihn zu irgendjemand anderem macht. Nach den Gründen für die Erklärungen gefragt, sagte er: „Weil ich nicht möchte, dass der Kunde etwas kauft, was er nicht vollständig verstanden hat und was er möglicherweise gar nicht wirklich möchte." Ich denke, Michael ist ein sehr fürsorglicher Mensch, der seine Mitmenschen und Kunden vor schlechten Dingen bewahren will. Schlecht ist für ihn per Definition, was diese nicht möchten. Was geschieht im Laufe des Verkaufsprozesses durch Michaels Erklärungen? Die potenziellen Kunden kaufen gar nichts. Wir könnten uns die Menschen ansehen, die derzeit nur von ihrer Rente leben. Danach könnten wir dann entscheiden, ob es schlau ist, nicht für das Alter vorzusorgen. Und ob die möglichen Nachteile aus Michaels Vorsorge wirklich schlimmer sind als das, was wir tagtäglich sehen ...

Die potenziellen Kunden gehen zu jemand anderem. Damit hat Michael die Verantwortung abgegeben. Eigentlich gibt es dann wieder zwei Möglichkeiten: kaufen oder nicht kaufen. Wir kommen damit zu den wesentlichen Fragen:

- Traut Michael anderen Verkäufern mehr zu? Oder glaubt er, dass diese bessere Produkte haben?
- Wenn wir nur das Ergebnis betrachten: Hat Michael in Übereinstimmung mit seinen Werten gehandelt?

Es ist einsichtig, dass Michaels ursprünglicher Beweggrund positiv war. Aber weil dabei ein paar Dinge nicht bis zum Schluss vollständig durchdacht wurden, blieb der Erfolg letztlich aus. Michael erzählt sich selbst eine Geschichte, die unheimlich plausibel ist. Er verkauft nichts und steht gut da. Das aber ist völliger Unsinn. Michaels Persönlichkeit wird nicht anders, wenn er sich in dieser Hinsicht ändert. Er blickt dann nur aus einer anderen, hilfreicheren Richtung auf sein Berufsleben.

2.5 Belohnung macht glücklich

> Wie wunderbar ist es doch, dass niemand auch nur einen Augenblick warten muss, um die Welt zu verändern.
> [Anne Frank]

Es ist erschreckend zu sehen, was alles auf uns wirkt, obwohl wir uns das gar nicht ausgesucht haben und wir uns dessen meist noch nicht einmal bewusst sind. Sie erinnern sich aus Ihrer Schulzeit vielleicht noch an den Begriff des „Pawlowschen Reflexes"? Iwan Pawlow, ein russischer Mediziner und Physiologe, hat um 1900 (nebenbei) entdeckt, dass seine Versuchshunde bereits in dem Moment Speichel absonderten, wenn der Labordiener auftauchte, der sie immer fütterte. Dies regte Pawlow zu genaueren Untersuchungen an. Er ließ jedes Mal vor der Fütterung einen Gong ertönen. Schon nach wenigen Tagen hatten die Hunde gelernt, das Signal mit der Fütterung zu verbinden: Bei jedem Gongschlag sonderten die Tiere nun Speichel ab, auch wenn gar kein Futternapf auf sie wartete: Iwan Pawlow hatte den „bedingten Reflex" entdeckt. Es gibt auch einen „unbedingten Reflex", der angeboren ist (und sich zum Beispiel dadurch zeigt, dass Ihr Knie jedes Mal hochfedert, wenn ein Arzt Ihnen mit dem Hammer auf das Knie schlägt, ob Sie wollen oder nicht). Im Unterschied dazu ist der bedingte Reflex erlernt und kann auch wieder „vergessen" werden: Der Pawlowsche Hund, für den über längere Zeit kein Gong mehr vor der Fütterung ertönt, sabbert beim Gongschlag auch nicht mehr. Um den Ort zu finden, an dem die Informationen verknüpft wurden, untersuchte Pawlow die Gehirne der Versuchstiere und erstellte eine „Landkarte" des Hundegroßhirns. Und nun werden Sie sagen: „Das mag für Hunde funktionieren, aber ich glaube nicht an so etwas." Aber die Hunde haben auch nicht daran geglaubt. Oder klarer: Auch wir werden auf bedingte Reflexe konditioniert, ob wir daran glauben oder nicht.

2.5.1 Bedingte Verkäuferreflexe

Jedes Mal, wenn Sie einen potenziellen Kunden anrufen und gleichzeitig bewerten, was für ein dämlicher Anruf und ein noch dämlicherer Kunde das gerade war, bauen Sie Ihren persönlichen bedingten Reflex ein bisschen aus. Kein Wunder, dass die meisten erfolglosen Verkäufer schon zusammenzucken, wenn Sie nur ein

2.5 Belohnung macht glücklich

Telefon sehen. Was verknüpfen Sie mit einem Telefon? Aber es geht noch weiter: Was denken Sie, warum die meisten Nichterfolgreichen sich selbst bereits beim Lesen der Telefonliste erklären, warum man denjenigen, der auf der Liste steht, lieber gar nicht erst anrufen sollte (vgl. Anhang)? Solche Verkäufer brauchen nicht einmal das Gespräch hinter sich gebracht zu haben, sie bewerten schon und füttern ihren bedingten Reflex, bevor es überhaupt losgegangen ist. Sensationell! Wieso wundert sich da noch irgendjemand, dass Verkaufen nicht so leicht zu sein scheint?

Ich drehe das einmal um: Können Sie sich vorstellen, dass Sie einfach einmal für eine Stunde die nicht hilfreichen Verknüpfungen abschalten und mit der hilfreichen Einstellung telefonieren? Wenn Sie sich eine Stunde nicht vorstellen können, weil es zu viel ist, dann denken Sie einmal über eine halbe Stunde nach. Im Extremfall schlage ich ein einziges Gespräch vor. Das kann jeder. Stimmt's? Wenn Sie diese Frage mit Ja beantworten, werden Sie ab jetzt für alle Zeiten erfolgreich sein. Wissen Sie warum? Weil Sie danach noch ein einziges Gespräch lang die alten Bahnen abschalten – und die neuen Bahnen einfahren. Bis heute haben Sie möglicherweise Angst davor gehabt, dass Sie stundenlang in einem anderen Modus telefonieren. Das brauchen Sie gar nicht. Es geht nur um ein einziges Gespräch: um das nächste.

Hören Sie auf, sich in Gesprächen und in Ihren Gedanken um die Probleme anderer Leute zu kümmern. Die wollen Ihre Meinung dazu gar nicht hören, sonst hätten sie schon gefragt. Sie können und werden Veränderungen bei sich selbst vornehmen. Und damit bewegen Sie viel mehr. Wie gern mögen Sie selbst denn Menschen, die Ihnen immer ungefragt Ihren Rat geben? Oder: Wie gern würden Sie es haben, wenn sich andere hinter Ihrem Rücken das Maul zerreißen? Sie wissen das selbst: Leute, die sich das Maul zerreißen, tun das nahezu ausnahmslos. Glauben Sie nur nicht, dass gerade Sie von diesen Menschen verschont werden ...

Wie oft sind Sie schon abends nach Hause gekommen, völlig fertig und abgespannt, und hatten keine Kraft mehr, etwas zu tun. Waren das die guten Tage, an denen Sie schöne dicke Aufträge mit nach Hause gebracht haben? Vermutlich nicht! Sie haben sich an ein Bild gewöhnt, das Ihnen ein inneres Energiereservoire zeigt, welches nach und nach verbraucht wird. Das aber ist völliger Unsinn: Ihre Energie machen Sie sich selbst! Sonst könnten Sie ja nicht nach Tagen, in denen Sie richtig viel bewegt haben, gut gelaunt nach Hause kommen und abends zusätzlich etwas unternehmen. Wenn Sie sich konzentriert auf Ihr Ziel zubewegen, haben Sie mehr

- innere Ruhe, weil Sie wissen, dass sie gut werden, weil sie sich selbst noch mehr vertrauen können,
- Selbstvertrauen, Selbstachtung und Mut

und Sie fühlen mehr Glück.

2.5.2 Sie haben es sich verdient

Wenn ich über Geld und Verdienst spreche, dann kommt schnell die Antwort: „Ach, wissen Sie, das mit dem Geld ist schon in Ordnung. Ich komme schon zurecht!" Ob Sie damit zurechtkommen, ist nicht die Frage. Wir alle kennen das geflügelte Wort: „Geld macht nicht glücklich." Wann aber haben Sie jemanden „mit Geld" gehört, der diesen Satz gesagt hat? Wenn Sie nicht mehr Geld wollen, fragen Sie Ihren Partner. Wissen Sie, warum der eine andere Antwort gibt als Sie? Weil er ein bisschen Distanz hat. Sie denken als Erstes an den schrecklichen Aufwand, der auf Sie zukommt. Sie sehen aber hier, dass es gar keinen Aufwand gibt. Der schlimmste Aufwand besteht, so lange Sie keinen Erfolg haben.

Rechnen Sie spaßeshalber mal aus, wie viel Sie monatlich mehr hätten, wenn Sie so viel verdienen würden wie einer derjenigen, die die ersten 20 % Ihrer Vergleichsgruppe ausmachen. Sind das 100 oder 1000 €? Sie betrügen sich! Sie betrügen Ihren Partner und Ihre Kinder nicht nur um diese 1000 €. Sie betrügen sich in den nächsten sechs Monaten um 6000 €, im nächsten Jahr um 12.000 €. Falls Sie noch 15 Jahre arbeiten werden und das Geld für 3 % auf Ihrem Cashkonto anlegen, kommen dabei deutlich mehr als 200.000 € heraus. Und bitte verstehen Sie: Sie brauchen sich dafür nicht mehr anzustrengen. Sie machen einfach, was gemacht werden muss. Und das geht ganz sicher einfacher als die Verrenkungen, die Sie gerade veranstalten. 200.000 € … und dabei sind Gehaltserhöhungen nicht mitgerechnet. Sind Beförderungen oder Gehaltserhöhungen mehr oder weniger wahrscheinlich, wenn Sie erfolgreich sind? Es geht darum, ob Sie deutlich mehr Geldspaß haben, was immer das für Sie persönlich heißt. Entscheiden Sie selbst, wo Sie Ihre Anzüge kaufen oder Ihr Sofa. Wenn Sie das nicht wollen, lassen Sie sich von einem Finanzberater erklären, wie hoch Ihre Rente ist und wie viel Sie deshalb zurücklegen sollten. Fragen Sie mal, ob die 1000 € im Monat helfen würden, Ihr Rentenloch zu schließen. Sie könnten damit aber auch ein Kind unterstützen, das nie wirklich eine Chance haben wird, wenn sich niemand darum kümmert … und Sie könnten das mit Leichtigkeit ändern. Wenn Sie immer noch sagen, das mit dem Geld sei nicht wichtig, dann frage ich mich: Warum sagen Sie das? Nur damit Sie mir eine Erklärung liefern, dass Sie nicht mehr verdienen könnten oder müssten? Wenn das mit dem Geld tatsächlich so wäre, dann frage ich mich, warum Sie nicht lieber halbtags arbeiten und stattdessen Rotkreuzsäcke plündern, um sich damit einzukleiden.

Ob Sie das nun hören wollen oder nicht: Geld ist Ihnen wichtig, und Sie sind bereit, alles Erlaubte zu tun, damit Sie Geld verdienen. Aber in Deutschland sind Menschen mit besserem Einkommen leider nun einmal grundsätzlich verdächtig. Die müssen sich fast verstecken, wenn sie da hingekommen sind, wo die meisten insgeheim hinwollen. Die Moral ist diesbezüglich unglaublich flexibel. Schauen Sie mal, wie viel Sie heute verdienen und wie das vor zehn oder 12 Jahren aussah. Ist das deutlich mehr? Haben Sie schon von jemandem gehört, der seine Gehaltserhöhung ablehnt, weil Geld schrecklich ist? Haben Sie schon von Menschen gehört, die ihre Gehaltserhöhung einem guten Zweck stiften? Das wäre doch mal eine Alternative! „Geld ist nicht alles!" Was soll das? Bei derartigen Sätzen geht es nur darum, das eigene Unvermögen hinter scheinbar plausiblen Gründen zu verstecken. Nehmen Sie das Geld und freuen Sie sich darüber. Genießen Sie es! Stefan Klein verweist in seinem Buch „Glück" auf „neureiche" Menschen, die überdurchschnittlich viel Spaß an ihrem Geld haben (Klein 2002). Die Definition von „neureich" ist, dass es diese Menschen schaffen, in weniger als einer Generation über vergleichsweise viel Geld zu verfügen. Das scheint sich also grundsätzlich toll anzufühlen!

2.5.3 Spaß am Leben

Machen Sie etwas draus! Mit 25 € pro Monat können Sie bei PLAN (www.plan.org) ein Kind fördern. Mit 1000 € im Monat könnten Sie eine ganze Schulklasse mit 40 Kindern unterstützen und diesen ein Leben ermöglichen, das sie sich gar nicht hätten vorstellen können. Sir John Templeton, der im Juni 2008 verstorbene Gründer eines der weltweit größten Investmentfonds, sagte einmal: „Alle Menschen, die ich kenne und die 10 % ihres Geldes für gute Zwecke spenden, kommen gut mit ihrem Geld aus." Als ich mit einem Geschäftsführer auf dieses Thema komme und Templeton zitiere, lacht er und sagt: „Wenn ich so viel Geld hätte wie Templeton, dann würde ich das wohl auch können." So ein Blödsinn! Ich habe ihm empfohlen, Templetons Biografie zu lesen, denn erstens sind bei einem Gehalt 10 % immer 10 % – ob Sie das im ersten Moment glauben wollen oder nicht –, und zweitens hat Templeton das auch in den Zeiten gemacht, in denen es auf den ersten, zweiten und dritten Blick ziemlich unmöglich aussah. Wissen Sie was? Er hatte sich einfach daran gewöhnt! Ich habe daraus die folgende Lehre gezogen: 10 % aller Honorare an gute Zwecke – das mache ich aus purem Eigennutz. Wenn ich lernen will, gut zu kochen, frage ich einen guten Koch. Wenn ich lernen will, wie ich gut mit Geld umgehe, höre ich gut zu, was ein Milliardär erzählt! Sie haben die Gelegenheit zu entscheiden, was aus Ihrem Geld werden soll. Indem Sie es in Ihren Machtbereich gebracht haben, können Sie etwas Gutes oder etwas weniger Gutes daraus machen. Entwickeln Sie ein gutes Verhältnis zum Geld, sonst wird es im Verkauf schwierig, den Erfolg auszudrücken und als Verkäufer anzunehmen.

Allerdings glaube nicht an die ausschließliche Motivation über das Einkommen, vor allem dann nicht, wenn es als Ziel das nicht hält, was es verspricht: Manchmal treffen wir Verkaufsleiter, die berichten, dass bei ihnen immerhin ein Zehntel des Gehaltes über einen variablen Anteil geregelt wird. Auf Nachfragen hört man dann oft, dass der Mitarbeiter mit dem geringsten variablen Anteil in der Vergangenheit zwischen 30 und 50 % erhalten hat, was bedeutet, dass niemand null Prozent erhält. Tatsächlich handelt es sich gar nicht um ein variables Zehntel, sondern dieser variable Anteil mach lediglich 5–7 % aus. Für diese Marge – Steuern gar nicht mitgerechnet – überdurchschnittliche Leistungen zu produzieren, muss nicht in jedem Fall funktionieren. Wenn das der einzige Grund ist, dann kann es sogar schlau sein, lieber nichts zu ändern, wenn nur „so wenig" mehr Lohn daraus resultiert. Dieser Mehrlohn ist es nicht wert, Verhalten zu ändern. Zum Glück gibt es aber noch ein paar andere Gründe, erfolgreich zu sein.

Weiterführende Literatur

Ackermann, Andreas. 2004. *Ziele erreichen – Probleme lösen.* CD mit dem Ackermann Mentaltraining. München.
Amzarakova, Irina P. 2002. *Bewertung im Sprachgebrauch von Grundschulkindern.* Bonn.
Balters, Antje. 2001. *Mut zum NEIN sagen.* Asslar.
Bandler, Richard, und Donner Paul. 1998. *Die Schatztruhe* (NLP im Verkauf). Paderborn.
Bandler, Richard, und MacDonald Will. 2009. *Der feine Unterschied.* 5. Aufl. Paderborn.
Behrens, Katja, und Helen Keller. 2001. Weinheim.
Berg, Art. 2002. *The impossible just takes a little longer.* New York.
Bettger, Frank. 2002. *Lebe begeistert und gewinne.* Zürich.
Birkenbihl, Vera. F. 1994. *Trotz Schule lernen!* München.
Birkenbihl, Vera. F. 2000a. *Kommunikationstraining.* München.
Birkenbihl, Vera. F. 2000b. *Stroh im Kopf.* München.
Birkenbihl, Vera. F. 2013a. *Fragetechnik schnell trainiert.* 14. Aufl. München.
Birkenbihl, Vera. F. 2013b. *Kommunikation für Könner.* 52. Aufl. München.
Blanchard, Kenneth, und Bowles Sheldon. 1998. *Raving fans.* New York.
Blanchard, Kenneth, und Bowles Sheldon. *Gung Ho.* Reinbek.
Blanchard, Kenneth, und Johnson Spencer. 2000. *Der Einminuten-Manager.* Reinbek.
Blanchard, Kenneth, Oncken William, und Burrows Hall. 2001. *Der Minuten Manager und der Klammer-Affe.* Reinbek.
Brown, W. Stephen. 1985. *Todsünden des Managers.* Zürich.
Burg, Bob. 1998. *Endless referrals.* New York.
Carr, Allen. 1998. Endlich *Nichtraucher!* München.
Carroll, Lewis. 1998. *Alice im Wunderland.* Frankfurt a. M.
Carse, James P. 1987. *Finite and infinite games.* Toronto.
Chernow, Ron. 2000. *John D. Rockefeller: Die Karriere des Wirtschaftstitanen.* Rosenheim.
Cialdini, Robert B. 1993a. *Influence, how and why people agree to things.* New York.

Weiterführende Literatur

Cialdini, Robert B. 1993b. *The psychology of persuasion*. New York.
Clason, George S. 2002. *Der reichste Mann von Babylon*. Zürich.
Coué, Emile. 1993. *Die Selbstbemeisterung durch bewusste Autosuggestion*. Basel.
Covey, Stephen R. 1998. *Die sieben Wege zur Effektivität*. München.
Crum, Thomas F. 1988. *The magic of conflict*. New York.
Csikszentmihalyi, Mihály. 2004. *Flow*. Stuttgart.
Dalai Lama. 2002. *Die Regeln des Glücks*. Bergisch Gladbach.
Dickens, Charles. 2002. *Eine Weihnachtsgeschichte*. Hamburg.
Dillmann, Bruce. 1992. *Ziel um Ziel*. Paderborn.
Dyer, Wayne W. 2000. *Der wunde Punkt*. Reinbek.
Dyer, Wayne W. 2001. *Wirkliche Wunder*. Reinbek.
Eker, Harv T. 2005. *Secrets of the millionaire mind*. New York.
Eliot, L. 2001. *Die Gehirnentwicklung in den ersten fünf Lebensjahren*. Berlin.
Fensterheim, Herbert, und Baer Jean. 1977. *Sag nicht JA, wenn Du NEIN sagen willst*. München.
Fischer, Joschka. 2001. *Mein langer Lauf zu mir selbst*. München.
Frankl, Viktor E. 2001. *Das Leiden am sinnlosen Leben*. Freiburg.
Franklin, Benjamin. 1997. *Autobiographie*. München.
Fridson, Martin S. 2001. *Milliardäre und ihre Erfolgsgeschichten*. Rosenheim.
Gallwey, T. Timothy. 2002. *Selbstcoaching*. Nürnberg.
Girard, Joe, und Robert L. Shook. 1998. *Abschlußsicher verkaufen*. Wiesbaden.
Goleman, Daniel. 2001. *EQ2 – Der Erfolgsquotient*. München.
Goleman, Daniel. 2002. *EQ – Emotionale Intelligenz*. München.
Hill, Napoleon. 2000. *Denke nach und werde reich*. Kreuzlingen.
Hill, Napoleon, und W. Clement, Stone. 2000. *Erfolg durch positives Denken*. Kreuzlingen.
James, Tad, Lorraine Flores, und Jack Schober. 2001. *Kompaktkurs Hypnose*. Paderborn.
Kiyosaki, Robert T., und Sharon L. Lechter. 2002. *Reichtum kann man lernen*. München.
Klein, Stefan. 2002. *Die Glücks-Formel*. Reinbek.
Kostolany, André. 1998. *Kostolanys großes Börsenseminar*. München.
Kotter, John P. 1997. *Matsushita*. Wien.
Lazarus, Arnold, und Fay Allen. 2002. *Ich kann, wenn ich will*. München.
Lelord, François. 2004. *Hectors Reise oder die Suche nach dem Glück*. München.
Lewis, C. S., Malcolm Muggeridge, und Dorothy L. Sayers. 1998. *Alles Übrige ist eine Sache des Fliegens*. Gießen.
Löhr, Jörg. 2004. *Lebe deine Stärken!* Berlin.
MacKenzie, Gordon. 1998. *Orbiting the Giant Hairball*. New York.
Maltz, Maxwell. 1990. *So können Sie werden, wie Sie sein möchten*. Genf.
McCormack, Mark H. 1997. *Die Schule des Verhandelns*. Frankfurt a. M.
Miller, R. B., und S. E. Heimann. 1985. *Strategie selling*. New York.
von Münchhausen, Marco. 2004. *So zähmen Sie Ihren inneren Schweinehund!* München.
Murdon, Rebecca. 2007. *The Pursuit of Happyness (Das Streben nach Glück)*.
Murphy, Joseph. 2000. *Werde reich und glücklich*. München.
Peale, Norman Vincent. 2011. *Die Kraft des positiven Denkens*. 4. Aufl. Zürich.
Popper, Karl R. 2004. *Alles Leben ist Problemlösen*. München.
Pryor, Karen. 1999. *Positiv bestärken – sanft erziehen*. Stuttgart.
Ratelband, Emile. 1998. *TSJAKKAA!* Düsseldorf.
Ratelband, Emile. 1999. *Der Feuerläufer*. München.

Rentsch, Hans-Peter. 2000. *Der Samurai-Verkäufer*. Wiesbaden.
Robbins, Anthony. 1998a. *Das Prinzip des geistigen Erfolgs*. München.
Robbins, Anthony. 1998b. *Grenzenlose Energie*. München.
Robbins, Anthony. 2003. Das *Robbins PowerPrinzip*. München
Rüegg, J. C. 2001. *Psychosomatik, Psychotherapie und Gehirn: Neuronale Plastizität als Grundlage einer biopsychosozialen Medizin*. Stuttgart.
Schucman, Helen. 1999. *Ein Kurs in Wundern*. Zürich.
Schwarz, Norbert. 1988. Judgements of relationship satisfaction. *Journal of Social Psychology* 18:485–496.
Schwarz, Norbert. 2002. Judgements of relationship satisfaction. *Journal of Social Psychology* 18:485–496 (zitiert nach Klein, Stefan: Die Glücks-Formel). Reinbek.
Schwarz, Tony, und Jim Loehr. 2003. *Die Disziplin des Erfolgs*. München.
Seiwert, Lothar J. 2003. *Das neue 1 × 1 des Zeitmanagements*. München.
Seligmann, Martin E. P. 1990. *Pessimisten küsst man nicht*. München.
Seligmann, Martin E. P. 1999. *Erlernte Hilflosigkeit*. Weinheim.
Stollreiter, Marc, und Johannes Völgyfy. 2001. *Selbstdisziplin*. Offenbach: GABAL.
Tepperwein, Kurt. 2001. *Die hohe Schule der Hypnose*. München: Moderne Verlagsges.
Trump, Donald, und Meredith McIver. 2004. *Wie man reich wird*. München: FinanzBuch Verlag.
Vengel, Alan, und Wright Greg. 2004. *Gardening*. Offenbach.
Walsch, Neale Donald. 1997. *Conversations with god* (Book One). London: Hampton Roads Pub Co.
Watzlawick, Paul. 1995. *Vom Unsinn des Sinns oder vom Sinn des Unsinns*. München: Piper.
Watzlawick, Paul. 2002. *Die erfundene Wirklichkeit*. München: Piper.
Watzlawick, Paul. 2004. *Anleitung zum Unglücklichsein*. München: Piper Taschenbuch.
Weimer, Wolfram. 1995. *Kapitäne des Kapitals*. Frankfurt a. M.
White, Michael, und John Gribbin. 1997. *Stephen Hawking*. Reinbek.
Williamson, Marianne. 1992. *A return to love*. New York: Harper Collins.
Zeig, Jeffrey K., Hrsg. 1999. *Meine Stimme begleitet Sie überallhin*. Donauwörth: Klett-Cotta.

Ihr Erfolgsrezept als Verkäufer 3

▶ Sie wissen jetzt, warum Sie da sind, wo Sie sind. Möglicherweise sind Bleipfeil und Kompassblech noch nicht in dieselbe Richtung ausgerichtet. Macht nichts: Sie haben erkannt, dass es jetzt, in diesem Moment, sehr leicht möglich ist, den Bleiklotz so zu justieren, dass er Ihnen ab jetzt hilft. Das erscheint Ihnen deshalb so einfach, weil Sie durchschaut haben, was wirklich dahintersteckt. Der Schlüssel zum erfolgreichen Verkaufen liegt in Ihnen. Nun sind Sie am Zug ... und fragen sich womöglich: Ist das der richtige Weg für mich? Bin ich wirklich bereit dafür? Was muss ich investieren? Ich verspreche Ihnen auf diese Fragen definitive Antworten. Hier und jetzt.

3.1 Ja, Sie sind gemeint!

Menschen sind nicht faul. Sie haben nur keine Ziele, die es sich zu verfolgen lohnt!
[Anthony Robbins]

Mein wichtigster Wunsch ist allen, die mit Verkaufen zu tun haben, zu helfen, so erfolgreich zu sein, wie sie es sich aus tiefstem Herzen wünschen. Ob auch Sie zur Zielgruppe gehören, können Sie leicht anhand der folgenden Fragen feststellen:

> **Fragen**

- An Verkäufer:
  - Gehören Sie zu den besten 20 % aller Verkäufer in Ihrem Unternehmen?
  - Sind Sie so erfolgreich, wie Sie das von sich selbst erwarten?
  - Erfüllen Sie die Erwartungen Ihres Chefs?
- An alle anderen (z. B. Unternehmer, Chefs):
  - Sind Sie sicher, dass noch genug Neugeschäft gemacht wird, falls Sie einmal neun Monate ausfallen?
  - Genügen Sie Ihren eigenen Ansprüchen in der Neukundenansprache?
  - Wissen Sie, dass möglicherweise mehr Umsatz gemacht werden könnte, wenn Sie ein bisschen mehr oder anders arbeiten würden?

Wenn Sie eine oder mehrere Fragen mit „Nein" beantworten, dann lesen Sie ruhig weiter. Hier folgen interessante und garantierte Lösungen für Sie! Es ist dabei hilfreich,

- wenn es in Ihrer Verkäuferlaufbahn schon Zeiten gegeben hat, in denen Sie erfolgreich waren, und/oder
- wenn es in Ihrer Verkaufsorganisation Menschen gibt, die wesentlich erfolgreicher sind als Sie, oder
- wenn Sie Menschen kennen, die im Verkauf erfolgreicher sind als Sie.

Das Wichtigste ist jedoch, dass Sie selbst meinen, nicht so viel zu verkaufen, wie Sie verkaufen könnten. Sie sind unzufrieden mit Ihren Erfolgen und sagen: „Da geht noch mehr." Wenn es diese Differenz zwischen „Soll" und „Ist" gibt, dann sollten Sie unbedingt weiterlesen.

Es ist für jeden (mit sich unzufriedenen) Verkäufer genauso einfach, erfolgreich zu sein, wie für die erfolgreichen. Leider ist es aber auch genauso einfach, nicht erfolgreich zu sein. Deshalb folgt hier eine sehr wichtige weitere Bedingung: Sie müssen Ihr Produkt oder Ihre Dienstleistung wirklich mögen. Sie müssen davon überzeugt sein, dass Ihr Unternehmen gemeinsam mit Ihnen unter dem Strich die beste Lösung für Ihre potenziellen Kunden ist. Ich erwarte von Ihnen selbstverständlich, dass Sie Ihre eigenen Produkte kaufen (oder kaufen würden, wenn Sie Zielgruppe des Produktes wären).

> **Anweisung 6**
>
> Bewerten Sie Ihre Leistung oder Ihr Produkt auf einer Skala von 1 (grottenschlecht) bis 10 (sensationell).

Das geht ja ganz schnell. Fertig? Wenn Ihre Bewertung auf eine 9 oder 10 lautet, dann ist alles gut (und Sie überschlagen die nächste Anweisung). Haben Sie eine 7 oder 8 vergeben, sind Sie gleich wieder gefordert:

Anweisung 7

Überlegen Sie jetzt, wie Sie innerhalb eines überschaubaren Zeitraumes die Punktzahl auf 9 oder 10 bringen können.

Das ist wirklich wichtig. Wenn Sie nicht von Ihrem Produkt/der Leistung überzeugt sind, dann gibt es kein Fundament, auf das wir bauen können. Zur Bearbeitung könnten Sie beispielsweise folgendermaßen vorgehen: Sie erstellen eine Tabelle und schreiben in Spalte 1 auf, was derzeit für den Zustand 7 oder 8 verantwortlich ist. In die nächste Spalte 2 notieren Sie, was zu tun ist, damit sich dieser Zustand ändert. Spalte 3 erhält den zeitlichen Hinweis, bis wann das zu erledigen ist. Und in Spalte 4 soll festgehalten werden, wie der nächste Schritt für diesen Punkt lautet, den Sie innerhalb von 24 h zu erledigen haben. Übrigens: Wenn Ihre Bewertung zwischen 1 und 6 lag, brauchen Sie wirklich nicht weiterzulesen. Ich meine das ganz im Ernst. Suchen Sie sich schnell etwas Neues.

3.1.1 Von unverkaufbaren Produkten ...

Solange es Verkäufer gibt, die Produkte oder Leistungen Ihres Unternehmens oder ähnliche Produkte oder Leistungen verkaufen, ist das der Beweis, dass Ihr Unternehmen marktfähige Produkte liefert. Einer meiner ersten Chefs – einer der wirklich guten – schaute sich bei Produkteinführungen immer die Absatzzahlen in den einzelnen Verkaufsgebieten an. Während der Besprechungen fingen einige Leute dann immer ungefragt an zu erklären, warum der Absatz dieses neuen Produktes nicht lief (am Markt vorbeikonstruiert, zu teuer ... und gern auch alle anderen Gründe aus dem Anhang). Der Chef warf dann nur einen kurzen Blick auf die Tabelle mit den Gebieten und sagte: „Ich sehe, dass der Absatz bei Ihnen schlecht läuft. Und ich sehe, dass der Absatz in den Verkaufsgebieten X, Y, und Z sehr gut läuft – sogar besser als im Plan. Solange das so ist, bin ich nicht bereit, darüber zu diskutieren, warum das Produkt bei Ihnen nicht läuft." Er hat nicht gesagt: „Gehen Sie da hin und fragen Sie nach." Aber glauben Sie mir, das hatten dann trotzdem alle verstanden. Gerne hätten einige das Funktionieren von bestimmten Verkaufsgebieten an geografischen, politischen oder kulturellen Unterschieden festgemacht. Das aber hat nicht ein einziges Mal funktioniert, weil es leider in ganz unterschiedlichen Gebieten sehr gut lief.

Wenn Sie jetzt ein Gegenbeispiel zur Hand haben, glaube ich Ihnen das. Aber es ist die Ausnahme, die die Regel bestätigt. Wenn Sie diesen Gedanken so nicht mitdenken können, wie ich ihn schildere, dann kann dieses Buch Ihnen nicht helfen: Denn dann haben Sie die Knöpfe, die den Erfolg oder Misserfolg steuern, abgegeben. Sie machen andere oder Umstände dafür verantwortlich und haben keinen Einfluss auf diese Umstände. Was Ihnen dann noch bleibt? Sie könnten sich an der Stelle auch noch umentscheiden und die Knöpfe wieder selbst bedienen. Oder Sie entscheiden sich konsequenterweise für ein anderes Unternehmen. Sie werden niemals langfristig erfolgreich sein können, wenn Sie nicht an Ihre Produkte und Ihr Unternehmen glauben. Verkäufer, die nicht an ihr Produkt glauben, sind eine echte Zumutung: für ihre Kunden, für die Welt und für sich selbst.

3.1.2 Ihr halbes Leben für den Beruf

Haben Sie einmal nachgerechnet, wie viel Prozent Ihres Lebens Sie bei der Arbeit verbringen? Ich mache mal eine Milchmädchenrechnung (ich mag Milchmädchenrechnungen, denn sie treffen den Nagel gern auf den Kopf und sind ganz einfach). Mal angenommen, Sie fangen mit 30 Jahren (Variante: 25 Jahre) im Verkauf an zu arbeiten. Weiter angenommen, Sie arbeiten bis zum 60. Lebensjahr. An 230 Tagen im Jahr arbeiten Sie neun, oder sagen wir 10 h, weil Sie auf dem Weg zur Arbeit und von der Arbeit auch noch über die Arbeit nachdenken.

▶ 30 Jahre x 230 Tage x 10 h = 69.000 h

Ich kann mir nicht besonders viel darunter vorstellen: Das sind 2875 Tage oder 7 Jahre, 10 Monate und 16 Tage reine Arbeit. Sagen wir der Einfachheit halber 8 Jahre (Variante: 9 Jahre). In diesem Fall beschreibt die Milchmädchenrechnung das Problem nicht vollständig. Sie verbringen in Wirklichkeit 30 oder 35 Jahre mit Ihrer Arbeit. Sie können das nicht abkoppeln. Ihre Leistung hat definitiv Einfluss auf alle anderen Bereich Ihres Lebens. Die Frage ist also eigentlich: Wollen Sie die Zeit, die Sie in Ihrem Beruf verbringen, dazu nutzen, auch die anderen Bereiche Ihres Lebens erfolgreich zu meistern, oder machen Sie stattdessen lieber Bremsübungen? Dann werden Sie sich an die Bremserei gewöhnen. Es bremst auch in anderen Bereichen. Alles hängt einfach mit allem zusammen.

3.1 Ja, Sie sind gemeint!

Beantworten Sie sich doch einmal die folgenden grundsätzlichen Fragen

- Was wollen Sie von Ihrem Beruf?
- Wie muss Ihr Beruf Sie unterstützen, damit Sie die anderen Bereiche Ihres Lebens leben können, wie Sie das gern möchten?
- Welche Geldsumme brauchen Sie, um das Leben zu führen, das Sie sich erträumen?
- Welche Zeit brauchen Sie davon für Ihren Beruf in Wochenstunden, und in welchem Alter wollen Sie aufhören zu arbeiten?
- Wie viel Zeit brauchen Sie für
  - Ihren Partner,
  - Ihre Familie,
  - Freunde,
  - sich selbst, Ihren Körper und Ihre Gesundheit?
- Falls Sie auf die eine oder andere Art und Weise etwas für Ihren Seelenfrieden tun möchten: Wie viel Zeit brauchen Sie dafür? Was kostet das?
- Was muss Ihr Arbeitsplatz Ihnen bieten (z. B. Entwicklungsmöglichkeiten, Weiterbildung, Auslandsaufenthalte etc.)?

Machen Sie es sich für die Bearbeitung der oben stehenden Fragen gemütlich. Stellen Sie Musik an, die Ihnen besonders gefällt. Lassen Sie Ihre Augen leuchten, wenn Sie von Ihrer Vision schreiben. Zeigen Sie den Spaß, den Ihnen Ihre Vision macht.

Ihr Leben findet *jetzt* statt, in diesem Moment, wo Sie das Buch lesen. Das Leben ist nicht die Vorübung auf irgendetwas, was wir dann beim nächsten Mal richtig machen können. Wenn wir es jetzt nicht machen, dann war es das. Es gibt keine zweite Chance. Wenn Sie gerade 25 Jahre alt sind, dann können Sie vielleicht noch sagen: „Der Erfolg kommt schon ... ich habe ja noch ein paar Tage/Wochen/Monate/Jahre Zeit ...". Fragen Sie Ihre älteren Kollegen, ob die Zeit seit deren 25. Lebensjahr schnell oder langsam vergangen ist.

Ich habe in meinem Berufsleben mit Tausenden von Verkäufern zusammengearbeitet. Wir haben oft das Gefühl, dass der Verkäufer Ähnlichkeit mit den Wanderpredigern aus alten Zeiten hat. Auch Verkäufer zeigen und erzählen Kunden und potenziellen Kunden, was passiert, wenn sie bestimmte Entscheidungen (nicht) treffen. Es stellt sich immer wieder die zentrale Frage: Was könnte sein, wenn sich *heute* nichts ändert?

3.2 Bereit für die Änderung?

Jeder ist ein Idiot, der meint, er könnte das tun, was er gestern getan hat, und damit morgen andere Ergebnisse erzielen als heute. Andere Ergebnisse erfordern verschiedene Tätigkeiten.
[unbekannt]

Ich kann inzwischen nicht mehr sagen, was mich schließlich zu dem gemacht hat, der ich heute bin. Was dazu geführt hat, dass mein Denken so ist, wie es ist. Ich habe Bücher gelesen, Hörbücher gehört, Seminare besucht und selbst gestaltete Rituale genutzt. Es waren unzählig viele Dinge, die ich ausprobiert habe, immer auf der Suche nach einem einfachen, nachhaltigen Weg zum Erfolg ... und schließlich habe ich ihn gefunden.

Dieses Buch und sein Programm sind das Ergebnis eines Prozesses, der insgesamt sechs Jahre gedauert hat. Aber es gab auch in meinen Seminaren zunächst mehrere Dinge, mit denen ich nicht ganz glücklich war:

- Ich merkte ziemlich schnell, dass es Dinge gab, die ich zwar trainierte, aber selbst nicht lebte. In Seminaren zu Abschlusstechniken predige ich zum Beispiel immer „wasserdichte Verträge", in denen das Kleingedruckte umfassend und perfekt verhandelt und unterzeichnet wird. Und doch ist es bis heute die Ausnahme, dass in meinem Unternehmen solche Vereinbarungen geschlossen werden. Einfache Ehrlichkeit ist eben doch eine gute Währung.
- Ich trainierte Formulierungen und Strukturen, die in dem einen oder anderen Fall ganz sicher sehr halfen. Wie etliche andere Trainer war ich sicher, dass gerade meine Seminare hilfreicher waren als die vieler anderer Anbieter. Aber unter dem Strich halfen sie aus meiner Sicht dann doch zu wenig:
  - Man konnte sehen, dass unsere Teilnehmer die „Lehren" schon in anderen Kommunikationstrainings gehört hatten ... und dennoch nicht anwendeten.
  - Und noch schlimmer, die Teilnehmer würden auch nach unserem Seminar nicht wirklich etwas verändern.
- Traurig zu sagen, aber dennoch wahr: Einige Teilnehmer in den Seminaren saßen dort, um ihrem durchschnittlichen bis schrecklichen Arbeitsalltag für ein paar Tage zu entgehen und stattdessen lieber ihre Zeit in einem schönen Hotel bei angenehmer Atmosphäre zu verbringen.
- Das Motiv, das eigene Tun zu verändern, war unter den Teilnehmern selten wirklich groß. Es machte für sie nicht wirklich einen Unterschied, ob sie die vorgestellten Techniken anwendeten oder nicht. Für die Unternehmen möglicherweise ... für die Teilnehmer persönlich meistens nicht.

3.2 Bereit für die Änderung? 65

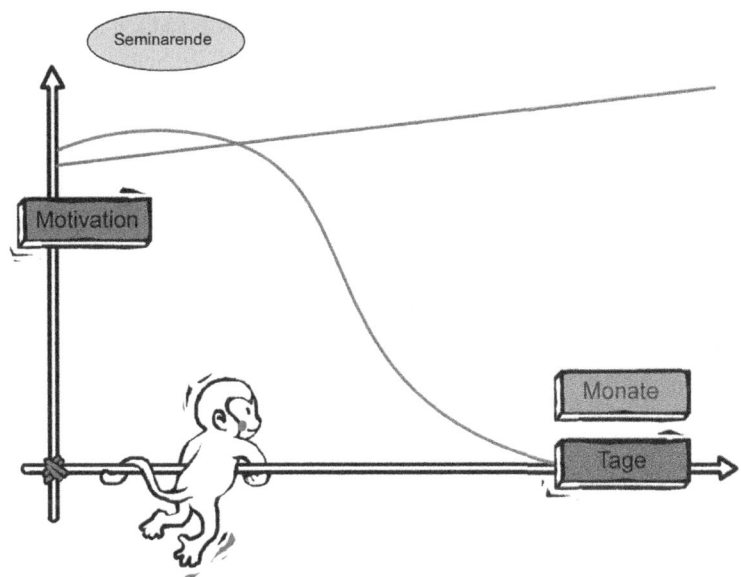

Abb. 3.1 Erfolgsverlauf von Seminaren

- Es klingt im Nachhinein dumm, aber ich machte es den Teilnehmern leicht, weil ich nie eine wirkliche Entscheidung von ihnen einforderte. Wer war ich, dass ich etwas einzufordern hatte? Ich fragte in der Abschlussrunde, was sich verändern würde, und die Antworten klangen dann etwa so:
  - „Irgendwas nimmt man immer mit …"
  - „Ich versuche mal … zu machen."
  - „Man müsste mal …"

Nach drei Seminartagen war ich es dann oft genug leid, auch zum Schluss noch ein weiteres Mal darauf hinzuweisen, dass diese Formulierungen für geplante Verhaltensänderungen zu weich sind. Also verzichtete ich darauf, nickte bedächtig und ließ alle in Frieden ziehen (vgl. Abb. 3.1) …

3.2.1 Manche machen es passend für sich …

Zahlreiche Menschen waren aber wirklich unglücklich mit ihrer beruflichen Situation. Dieses „Unglück" trugen diese Menschen schon sehr lange mit sich herum. Sie hatten sich daran gewöhnt. Verstehen Sie mich nicht falsch, sie waren unglücklich, aber sie hatten sich an dieses Unglück gewöhnt. Wir sind schon fast an der Ursache des Problems angelangt: Etliche Menschen lieben die Situationen nicht, in denen sie stecken, aber sie harren darin aus. Weil sie meinen, es wäre richtig oder „in Ordnung" oder es „müsste so sein". Und so gewöhnen sie sich daran. Keine Ahnung, wie lange es dauert: vielleicht sechs Monate oder ein Jahr oder fünf Jahre, aber dann sitzen sie in der Falle. Warum diese Falle bei Menschen vergleichsweise schnell zuschnappt, erfahren Sie gleich. Sie lernen auch, wie Sie wieder herauskommen.

Ich suchte also eine Methode, die nicht das ganze Leben umkrempelt, sondern nur einen Ausschnitt und dabei dann aber wirklich messbare Erfolge erzielt. Das war der Beginn der Suche. Zeitgleich entstand das Manuskript zu diesem Buch. Das hat mir im Nachhinein geholfen zu sehen, wie viele Steine ich umgedreht habe, um irgendwann die Lösung für mein Ziel der dauerhaften Verhaltensänderung beim Verkaufen zu finden. Die Lösung kam dann aus einer ganz unerwarteten Ecke: aus einem Nichtraucherseminar. Darin lernte man, dass Rauchen wohl eine echte Sucht darstellt, die Umstände der Sucht aber vergleichsweise klein sind. Das größere Problem besteht im Kopf. Im Jahr 2000 habe ich nach Absolvieren dieses Nichtraucherseminars mit dem Rauchen aufgehört. Zwei Jahre später merkte ich dann, dass ich als Folge daraus eine wirkliche Verhaltensänderung an mir beobachten konnte. Es ist für mich im Nachhinein immer noch unbegreiflich, warum ich so lange brauchte, um darauf zu kommen. Und da klingelte es dann, und es ergaben sich einige Fragen.

> **Fragen**
>
> 1. Gibt es in dieser Art der Verhaltensänderung ein Muster?
> 2. Wenn es ein Muster gibt, ist es übertragbar auf andere Arten der Verhaltensänderung?
> 3. Wäre es übertragbar auf Verkäufer, die nicht erfolgreich sind?

Die gute Nachricht: Ich konnte alle drei Fragen mit Ja beantworten.

3.2.2 Sie haben sich erkannt?

Es geht in diesem Buch ausschließlich um Sie. Sie brauchen sich nicht zu rechtfertigen und auch nichts zu glauben. Wenn Sie sich angegriffen fühlen, tut es mir leid. Vielleicht lesen Sie das Kapitel, von dem Sie sich angegriffen fühlen, einfach noch einmal. Lesen Sie es so, als wenn nicht Sie, sondern jemand anderes gemeint wäre. Es hat nichts mit mir (dem Autor) zu tun, wenn Sie sich angegriffen fühlen. Es hat

3.2 Bereit für die Änderung?

etwas mit Ihnen zu tun. Warum? Weil zu viele Leute mit diesem Programm vertraut gemacht wurden und sich nicht angegriffen fühlten, sondern froh waren, dass sie einmal den Spiegel vorgehalten bekamen. Und vielen Menschen, die diesen Text lesen, geht es genau so. Es hat also wirklich nichts mit den Buchstaben zu tun.

Als Coach habe ich Verkäufer in unterschiedlichsten Stadien der Verzweiflung kennen gelernt. Beim Schreiben haben mir die Fälle besonders geholfen, in denen sich der Erfolg nicht auf Anhieb einstellte. Ich habe alles getan, um für die zukünftigen, ähnlichen Fälle erfolgreiche Vorgehensweisen zu finden. Die meisten, bei denen es eine echte Herausforderung war und ist, werden von ihren Chefs geschickt, während Letztere schon deren Kündigung planen. Eine tolle Zeit, mich kennen zu lernen. Meistens haben diese Menschen schon Verkaufserfahrung, oft den vierzigsten Geburtstag lange hinter sich, manchmal auch den fünfzigsten. Man sieht schon an ihrem Gesichtsausdruck, dass Sie hoffen, an unserem Programm ganz kurz teilzunehmen, bis irgendwie ein Wunder geschieht. Praktisch funktionieren Wunder in diesen Fällen so:

- Es findet sich eine andere Verwendung für sie im Unternehmen, beispielsweise durch eine Organisationsänderung.
- Ein riesiger Auftrag kommt, der alles zum Besseren wendet (passiert wirklich, aber sehr selten).
- Es erfolgt ein Abbruch des Programms, weil irgendeine hochdringliche Angelegenheit dazwischenkommt.

Hauptsache, sie brauchen nicht dieses schmerzliche, vielleicht sogar peinliche Verfahren zu durchlaufen, das möglicherweise noch eine komplette Wesensänderung bewirkt. Sie glauben von sich selbst, dass sie durch die Wesensänderung unausstehlich werden. Und das alles, damit sie Ziele erreichen, die sich ein Chef ausgedacht hat und die alles andere als realistisch sind. Falls sie diese wider Erwarten doch erreichen oder übertreffen sollten, dann würden sie sich unwohl fühlen, weil sie gar nicht mehr sie selbst sind.

3.2.3 Hier geht's lang

Wenn Sie in der Wüste oder in einem Wald sitzen und zwar wissen, wo Sie sich gerade befinden (d. h. den Punkt auf der Karte kennen), die Karte aber nicht richtig an den Himmelsrichtungen ausrichten, dann erreichen Sie Ihr Ziel nie. Wenn Sie ein Schloss aufschließen wollen und den Schlüssel nicht genau waagerecht halten, dann passt der nicht ins Schloss. Jetzt hilft nur Exaktheit! Beim Aufschließen von

Türen haben wir uns glücklicherweise daran gewöhnt. Wenn Sie jemanden anrufen und Sie kennen die Ziffern, die für diese Telefonnummer notwendig sind, dann reicht es nicht, ungefähr zu wissen, wie diese Nummer zu wählen ist. Sie brauchen genau die richtigen Ziffern in genau der richtigen Reihenfolge. Ob Sie es glauben oder nicht, Sie können Ihre Einstellung beim Verkaufen genauso einfach justieren. Folgen Sie einfach exakt allen Anweisungen dieses Buches ...

Und noch ein weiterer wichtiger Hinweis: Verzichten Sie ab sofort auf die üblichen Fremdvergleiche. Ihr bisheriger, vermutlich aus einem unterbewussten Prozess hervorgegangener Maßstab war vermutlich der eine oder andere Kollege ... wobei die wenigsten zugeben können, keinen Erfolg zu haben. Sie finden immer eine Möglichkeit, in solchen Vergleichen „gut auszusehen", indem es zum Beispiel heißt: „Ja, ich habe Kollegen, die sind zwar den Zahlen nach erfolgreicher, aber bei denen ist die Beratung nicht so gut." Oder: „Die kümmern sich immer nur um die dicken Fische. Ich berate auch potenzielle Kunden, die nicht so aus dem Vollen schöpfen können." Wir tun uns selbst einen Gefallen, wenn wir uns lieber mit uns selbst vergleichen. Ich möchte mit Ihnen gern einen Zollstock finden, der für Sie selbst wirklich „wahr" ist. Und der mit der Zielrichtung Ihres Unternehmens und Ihres Chefs übereinstimmt.

3.3 Der richtige Zeitpunkt ist ... jetzt!

> Es gibt nur eine Zeit, die wesentlich ist, aufzuwachen. Diese Zeit ist jetzt.
> [Buddha]

Haben Sie schon begonnen? Wahrscheinlich nicht. Sie haben gedacht: „Stimmt, müsste man mal machen." Oder: „Ja, da haben wir schon mal in einem Zielfindungsworkshop drüber gesprochen ... fand ich damals schon ganz schlau." Oder aber: „So ein Quatsch, das funktioniert sowieso nicht." Für diejenigen, die „Quatsch" denken: Sie haben absolut Recht. Sie können jetzt zu lesen aufhören und das Buch wegpacken. Für die „Müsste man mal machen"-Leute: Das Problem ist, dass unsere Zeit in einem rasanten Tempo abläuft. Klingt komisch, stimmt aber. Wir können jede Information in affenartiger Geschwindigkeit beschaffen. Was fehlt, ist die Zeit, etwas zu tun, bevor wir uns mit der nächsten Information beschäftigen. Im Zweifel sind immer ein paar neue Informationen zu haben. In diesem Fall brauchen Sie nur umzublättern, dann können Sie wieder konsumieren. Konsumieren ist für die meisten Menschen einfacher als etwas zu tun. Deshalb haben wir alle oft einen guten Grund, nichts zu tun, sondern schon wieder mit der nächsten Information beschäftigt zu sein. Das ist ein Grund, warum ein Buch oder ein Seminar so oft keine Änderung bewirkt, sondern nur Wissen mehrt.

Deshalb werden wir zu einem späteren Zeitpunkt hierauf zurückkommen, und Sie werden sehr bewusst entscheiden, was Sie mit diesen Seiten machen. Ich möchte, dass Sie sich ein leeres Buch oder Fotoalbum kaufen oder einen großen Bogen Papier. Ich möchte, dass Sie sich dann überlegen, was wichtig ist: schnell auf die nächste Seite zu kommen oder anzuhalten ... und etwas zu tun. Das Gute ist, Sie können beim nächsten Mal exakt den Wert bestimmen, den es hat, wenn Sie *nicht* weiterlesen. Sie wissen, was es kostet. Das dauert aber noch einen Augenblick. Sie wissen jetzt, dass der Bleipfeil leicht und locker zu verdrehen ist, wenn man dies alles erst einmal durchschaut hat. Es reicht aber noch nicht, um anzufangen. Deshalb drehen wir den Pfeil jetzt in die richtige, hilfreiche, unterstützende Richtung ...

3.3.1 Der Blick in die Zukunft

Stellen Sie sich bitte vor, wir sitzen zusammen und ich frage Sie: „Wie sieht Ihr berufliches Ziel aus?" Stellen Sie sich weiter Ihre Antwort vor oder sprechen Sie sie auf ein Band. Hören Sie sich danach selbst zu. Oft beginnen die Antworten mit einem zweifelnden Tonfall à la „Ich weiß nicht so genau ..." und werden von „Ähms" unterbrochen. Danach folgen meistens ein paar Zahlen. Ziel dieses Kapitels ist es, den Motor zu Ihrem Tun zu starten. Das gelingt nicht mit solchen emotionslosen, nackten Zahlen. Das Ziel ist nicht der Zweck. Wichtiger als das Ziel ist es, die Richtung zu finden und den Motor zu starten – also endlich anzufangen. Denn es könnte passieren, dass Sie Ihr Ziel nicht in dem angestrebten Zeitraum erreichen. Das ist zumindest theoretisch denkbar und wäre vielleicht ärgerlich, aber keine Schande – und erst recht kein Grund zum Aufgeben. Wenn Sie Ihr Ziel so gewählt haben, dass Ihnen schon der Weg Spaß macht, wenn Sie die richtige Richtung gewählt haben und mit einem laufenden Motor und vollem Tank losfahren, wenn Sie sich noch eine Kreditkarte für Eventualitäten einpacken – was kann dann noch passieren? Ausschließlich positive Dinge! Im schlimmsten Fall erreichen Sie das Ziel eben ein bisschen später. Die Zielbestimmung ist in allen Details deshalb wichtig, damit wir uns den Zielzustand so gut wie irgend möglich vorstellen können. Wenn Sie das Ziel wirklich erreichen wollen, findet sich nicht nur ein Weg – es finden sich zahlreiche Möglichkeiten, um zu diesem Ziel zu gelangen.

Anweisung 8

Stellen Sie sich jetzt einmal vor, Sie hätten Ihr Ziel erreicht. Nehmen Sie sich dafür mindestens 15 min Zeit.

Ein gutes Gefühl dabei? Wenn es sich nicht um ein absolut perfektes Gefühl handelt, war das Ziel nicht gut gewählt. Machen Sie zum Beispiel die Augen zu und freuen Sie sich. Die meisten Menschen denken nicht ununterbrochen darüber nach, ob sie viel oder wenig verkaufen. Mir geht es an dieser Stelle nur darum, dass Sie, wenn Sie zufällig innerhalb der nächsten 30 min daran denken, so tun, als wäre es schon, wie Sie es sich wünschen. Es gibt Zeiten, in denen Sie und ich uns dabei erwischen, dass wir über eine unschöne Seite des Verkaufslebens nachdenken. Sie ändern Ihre Gedanken einfach bewusst, indem Sie so tun, als würden Sie schon zu den 20 % der Besten gehören. Dehnen Sie diese Übung schrittweise immer weiter aus. Starten Sie mit einem Zeitraum, von dem Sie glauben, dass Sie es auf jeden Fall schaffen (z. B. 10 min). Wenn Ihnen das Ziel zu anspruchsvoll ist, reduzieren Sie um die Hälfte … im schlimmsten Fall kommen Sie irgendwann bei ein paar Sekunden an. Und das schaffen Sie in jedem Fall. Und wenn Sie diese Übung geschafft haben, dann verdoppeln Sie. Wer einen Tag schafft, der schafft auch zwei etc. Aber kontrollieren Sie sich während dieser Zeit, und wenn Sie sich nicht wohlfühlen, weil Ihnen der Zeitraum zu lang vorkommt, dann machen Sie eine Pause (eine Stunde oder einen Tag) und starten Sie neu! Sie können immer sofort überprüfen, ob Sie wirklich daran glauben, wenn Sie sich die dazu passende Versicherung vorstellen.

Wann geht es nun los? Wenn Sie in dieser Woche der beste Verkäufer waren? Oder an diesem Tag? Oder in diesem Monat? Oder in diesem Jahr? Sie wissen es schon: Es geht exakt in dem Moment los, in dem Sie beschließen, dass das alte Leben vorbei ist und das neue Leben startet. Tun Sie es jetzt! Sie haben es wirklich verdient. Das „alte" Berufsleben bietet Ihnen keine Vorteile mehr, aber mit der neuen Einstellung können Sie alles erreichen, was Sie haben möchten. Überlegen Sie sich, wie gut Sie sich fühlen werden, wenn Sie auf einen breiteren Stammkundenstamm zugreifen. Wenn Sie wesentlich mehr verdienen. Wenn Sie dieses Gefühl der Sicherheit in sich fühlen, dass Sie wirklich nachhaltig erfolgreich sind. Ich bin überzeugt: In Ihnen ist das benötigte Wissen vorhanden. Sie wissen schon, wie Sie die für Sie wesentlichen Situationen handhaben können. Vielleicht kennen Sie noch nicht die vollständige Lösung – aber Sie wissen, wo Sie starten können. Oder von wem Sie Hilfe bekommen. Es sind vielleicht folgende altbekannte Situationen, mit denen Sie sich konfrontiert sehen, aber nun befinden Sie sich auf Ihrem Weg zum Ziel:

- Sie haben den Schreibtisch voll mit vielen Dingen: von Ihrer Hausratversicherung über einige Kundenanfragen bis zu einer Autoinspektion und einem Zahnarzttermin, die alle dringend zu erledigen sind.
- Sie bekommen keine Termine, obwohl Sie sich redlich abstrampeln.

3.3 Der richtige Zeitpunkt ist ... jetzt!

- Sie sitzen mit Kollegen oder mit Kunden zusammen und diskutieren, an welchen Stellen Ihre Wettbewerber besser sind und warum es schwierig ist, Ihre Produkte und Dienstleistungen an den Mann zu bringen.
- Sie erleiden einen vermeintlichen Rückschlag, weil der Superauftrag, mit dem Sie fest gerechnet hatten und der für Ihre Erfolgsgeschichte als ganz wesentlich geplant war, doch nicht kommt. (Die meisten Erfolgreichen gründen ihren Erfolg übrigens auf mehrere kleinere oder mittlere Erfolge. Es ist nicht der eine große Erfolg.)
- Sie fühlen sich insgesamt nicht gut – irgendwie war das so ein Tag, an dem man morgens besser nicht aufgestanden wäre – und wahrscheinlich ist diese blödsinnige neue Idee dafür verantwortlich.
- Sie haben sich versichert. Sie haben eine Reise gebucht, die Sie mit den Aufträgen der nächsten Monate bezahlen wollen. Und Sie fühlen diesen Druck ... und führen ihn und alles andere auf diese blöde neue Idee zurück.
- Sie sehen abends nicht mehr fern, weil Sie Ihre Tour für morgen planen und sich auf die Gespräche vorbereiten. Ihr Partner beschwert sich: „Seit du das Buch gelesen hast, hast du nie mehr Zeit."
- Sie haben Angst vor Druck, weil Sie sich gegenüber Ihrem Chef und auch gegenüber Ihrem Partner aus dem Fenster gelehnt haben.

Was ist nun das Schlimmste, das theoretisch passieren könnte? Dass Sie sich genau an der Stelle wiederfinden, an der Sie zurzeit sind. Merken Sie das? Denken Sie kurz daran, wie es wäre, wenn Sie es schaffen ... Es nicht zu versuchen, ist der einzige vorsätzliche Fehlschlag mit Garantieschein. Halten Sie das bitte mal eben fest. Es wäre wirklich idiotisch, nicht anzufangen. Das Einzige, was wirklich unangenehm ist – und Sie wissen das –, ist, es nicht zu schaffen. Und Sie wissen, dass Sie es mit Leichtigkeit schaffen können. Und Sie wissen, dass es langfristig besser ist. Alles andere sind kurzfristige Problemchen, für die sich immer eine Lösung findet und um die sich außer Ihnen innerhalb weniger Wochen kein Mensch mehr schert. Lassen Sie bitte die Kirche im Dorf!

3.3.2 Ziele der anderen

Es gibt Unternehmen, da läuft die Zielsetzung wie folgt: Am 1. Januar wird die Nachricht ausgegeben: „Leute, im kommenden Jahr machen wir den Vorjahresumsatz und zusätzlich zehn Prozent!" Das war's. Manchmal kommt die Zahl auch noch ein bisschen später. Vielleicht am 15. März. Das Beste daran: Selbst diese Unternehmen funktionieren – oft sogar ganz gut. Und das, obwohl sich viele Verkäufer in dem Ziel „zehn Prozent mehr" nicht wiederfinden. Ihre Gedanken sehen zum Beispiel so aus: „Wo sollen wir es denn hernehmen? Schon im letzten Jahr haben wir unser Ziel nicht erreicht. Die Umstände sind dieses Jahr eher schwieriger geworden. Das Geld sitzt nicht mehr so locker. Politisch haben sich die Rahmenbedingungen verschlechtert." Sie erkennen auch hier wieder den Denkmechanismus.

Es ist fast amüsant, sich die „Zielvereinbarungen" in vielen Unternehmen anzuschauen. Tatsächlich wird da gar nichts *vereinbart*, vielmehr werden die Ziele arbeitgeberseitig einfach verkündet. Das soll nicht zwangsläufig heißen, dass dieser Prozess sozusagen erpresserisch läuft, was man im ersten Moment denken könnte. Zur Erpressung gehört nämlich die Konsequenz, und nur in wenigen Unternehmen gibt es bei Nichterreichung der Ziele echte Konsequenzen. Vorher läuft es etwa so ab: Der Chef ruft ab und zu an, um nach den Gründen für das Nichtfunktionieren zu fragen. Falls Sie selbst beim nächsten Mal gerade keinen Grund zur Hand haben – ich helfe Ihnen gern mit dem Anhang in diesem Buch aus. Gelegentlich sind zusätzliche Berichte zu schreiben, die das Dilemma begründen. Wahrscheinlich gewöhnen sich die meisten unglaublich schnell an diese Anrufe und an die Berichte. Wir haben bereits gesehen, welche lähmenden Auswirkungen diese Rechtfertigungslitaneien haben. Vielleicht folgt auch ein ernstes Gespräch mit dem Vorgesetzten oder sogar eine schriftliche Verwarnung. Was aber in jedem Fall passiert: Verkaufsleiter und Verkäufer haben von Jahr zu Jahr weniger Spaß.

Diese Art von Zielen und Konsequenzen meine ich nicht. Wenn Sie während des Lesens dieses Buches Ziele festlegen – und ich werde alles dafür tun, dass Sie das machen –, sind das andere Ziele. Ziele, die Sie selbst wollen, nicht wegen des Unternehmers, der Zentrale oder des Chefs. Nur allein Sie für sich. Und diese werden Sie konsequent umsetzen. Hinter den Zielen steht das „Warum". „Warum" wollen Sie Ihre persönlichen Ziele erreichen? Das „Warum" ist der Motor, der Sie zu Ihrem Ziel bringt. Ein guter Grund für das Ziel schaltet Ihren Motor an.

3.4 15 min

Kontinuierliche Verbesserungen sind besser als hinausgezögerte Vervollkommnung.
[Mark Twain]

Im Sommer 2003 hat meine Familie einen Strandurlaub gemacht. An einem Tag saß neben uns ein Jongleur auf seinem Handtuch. Weil ich schon etliche Male versucht hatte, jonglieren zu lernen, und das nie geklappt hatte, wurde schnell ein Entschluss gefasst: „Wir fahren hier nicht weg, bevor ich jonglieren kann." Unsere Kinder haben sich gefreut: „Hurra, wir fahren hier nicht wieder weg." Eine Woche

3.4 15 min

später sind wir abgereist ... und ich konnte nicht jonglieren. Aber: In mir war über diese Zeit der ganz feste Wille entstanden, es wirklich zu lernen. Und der nächste Vorsatz war: Ich übe täglich 15 min. Bis ich es kann. Das habe ich gemacht. Jeden Tag. Ich bin dann tatsächlich nicht ins Bett gegangen, bevor ich geübt hatte. Mein Begleiter war ein kleines Buch, das sich ungefähr auf den ersten sieben Seiten mit den Techniken für drei Bälle beschäftigte und auf den nächsten 150 Seiten fortgeschrittene Übungen präsentierte. Ich kam nicht einmal bis Seite 7. Ich könnte Ihnen heute noch vormachen, wie weit die Kunst bei mir reichte (ein Ball hin, der zweite her und dann der dritte nochmal hin – fertig). Mit Jonglieren hatte das noch nichts zu tun. Nach 20 Tagen kam die erste tiefe Sinnkrise. Wozu sollte das gut sein? Könnte man nicht auch ein glücklicher Mensch sein, ohne jemals gelernt zu haben, wie man jongliert? Ich kämpfte mich durch das Tal. Die nächste Krise kam zwei Wochen später. Diesmal ein bisschen schlimmer. Aber ich machte mutig weiter ... ein Ball hin, ein Ball her und nochmal und Schluss. Nach 50 Tagen war meine Geduld verbraucht. Ich kam von einem Seminar nach Hause, nahm die Bälle aus dem Koffer und sagte meiner Frau: „Das Projekt Jonglieren ist gestorben. Ich habe wirklich etwas Besseres zu tun, als meine Zeit mit diesem Blödsinn zu verbringen." Während ich das sagte, warf ich die Bälle nochmal hoch und ... konnte jonglieren. Ich kann es zwar nicht besonders gut und auch nur mit drei Bällen ... aber mehr war auch gar nicht mein Ziel.

Inzwischen habe ich viele Jongleure gefragt, wie sie ihr Handwerk gelernt haben. Die meisten antworteten: „Ich hatte jemanden, der es mir das gezeigt hat ..." (Sie sehen, wie schlau es sein kann, einen Coach zu fragen.) Ich habe beim Jonglieren aber einige wichtige Dinge gelernt, die nichts mit dem Jonglieren an sich zu tun hatten, im Nachhinein jedoch eine viel größere Bedeutung gewannen:

- Insgesamt hat die Lernerei (nur) zwölfeinhalb Stunden gedauert (50 Tage x 15 min.). Das ist dann wieder viel weniger, als wenn man „50 Tage" hört. Und ich sage jetzt im Nachhinein: zwölfeinhalb Stunden war es in jedem Fall wert.
- Manchmal scheint es so, als würde man auf der Stelle treten oder sogar Rückschritte machen. Wenn man etwas wirklich will, hält man diese Zeiten einfach mal ein bisschen aus und macht einfach weiter. Und bewertet nicht die Ergebnisse, sondern versucht beharrlich, im nächsten Versuch ein bisschen besser zu sein als im letzten. Das ist alles. Das ist wirklich alles!
- 15 min am Tag sind etwas ganz anderes als zwölfeinhalb Stunden am Stück oder eindreiviertel Stunden pro Woche. Ich gehe darauf später nochmal ein. Aber ich weiß jetzt: Wer 15 min am Tag in etwas investiert, der hat die Macht.
- Wenn Sie sich 15 min am Tag Zeit für irgendetwas nehmen, dann können Sie alles erreichen, was Sie erreichen wollen. Ich meine das buchstäblich.

Ich betone das hier, weil ich Sie in einem der nächsten Schritte motivieren möchte, sich auf einen Vertrag einzulassen. Denn Sie kommen nur mit einer echten Entscheidung weiter. Ich möchte Ihnen über diese Verpflichtung dabei helfen, erfolgreicher zu verkaufen und noch erfolgreicher zu leben.

3.5 Einfach zur Lösung

> Wer nicht mit der Seele dabei ist, hat keinen Beruf, sondern nur eine Beschäftigung.
> [Charles Tschopp]

Ich hörte am 1. Mai 2000 von einem Tag auf den anderen mit dem Rauchen auf. Anders als bei den vielen anderen Gelegenheiten, in denen ich schon vor dem Aufhören etwas vermisste, und erst recht nachdem ich die letzte Zigarette ausgedrückt hatte, ging es diesmal ganz leicht. Ich wusste von der ersten Minute an, dass ich es schaffen würde, und ich vermisste nichts. Ich weiß nicht mehr, wie lange es dauerte, aber nach ein paar Tagen taten mir alle, die noch eine Zigarette brauchten, schon ein bisschen Leid ... es war wie ein Wunder. Bei meinen früheren Versuchen litt ich wochenlang. Ab und zu war ich relativ fröhlich, doch am nächsten Tag schlug die Depression wieder zu. Es war wie ein Versuch, aus einer schlüpfrigen Fallgrube zu klettern. Man ist fast oben, sieht schon die Sonne, doch dann rutscht man wieder runter. Den gleichen Eindruck hatte ich von vielen Verkäufern, die gerade bei einem Seminar gewesen waren: Die gehen inspiriert raus, kommen an den Arbeitsplatz zurück und werden wieder von der Alltäglichkeit in ihrer vollen Wucht erfasst. Manchmal überstehen sie diesen ersten Angriff des Alltags – aber die Zeit scheint nicht für die Leute zu arbeiten. Früher oder später sind die meisten in die alten Muster zurückgeworfen. Doch Sie können lernen, jene Kraft, die scheinbar gegen Sie arbeitet, für sich arbeiten zu lassen: Sie werden gezogen wie von einem Gummiband.

3.5.1 Der gute Kern in jedem Verkäufer

Warum gibt es so viele Verkäufer, die nicht verkaufen? Die meisten haben Angst vor drei Dingen:

- vor dem Veränderungsprozess an sich,
- dass sie sich total verändern müssten, also eine Persönlichkeitsänderung erleben, um ein erfolgreicher Verkäufer zu sein,
- dass ihr Umfeld sie nicht wiedererkennt.

3.5 Einfach zur Lösung

Betrachten wir dazu einmal einen typischen „Berater": Der berät den Kunden, indem er das Produkt von allen Seiten beleuchtet, weil er meint, dass er dem Kunden nicht ausschließlich Vorteile verkauft. Der Kunde soll selbst die Vor- und Nachteile des Produktes erkennen. Da hat er grundsätzlich Recht. Der Berater „verkauft" aber stetig mit dem Fokus auf die Nachteile seines Produktes, und zwar so, dass der Kunde nach der Beratung dann lieber doch nicht bei ihm kauft. Das ist der Grund, warum er keinen Erfolg im Verkauf hat. Anschließend kommt dann oft und schnell ein anderer Verkäufer daher, der sich um die Ethik unseres Freundes nicht besonders schert und genau diesem Kunden das nächstbeste Produkt verkauft.

Warum handelt der erste Berater, wie er handelt? Vermutlich weil er ein starkes Gerechtigkeitsempfinden hat und sich dem Kunden gegenüber verantwortlich fühlt. Er möchte auf keinen Fall, dass dem Kunden etwas Schlechtes passiert. Und ihm ist sehr wichtig, dass der Kunde wirklich alle Aspekte kennt. Ich glaube, das ist die wahre Natur oder Persönlichkeit dieses Verkäuferberaters. Seine Hauptangst ist nun folgende: „Wenn ich erfolgreich bin, dann muss ich dem Kunden etwas verkaufen, das nicht zu 110 % zu ihm passt. Und das ist unethisch und das will ich nicht." Was aber passiert mit den Kunden dieser Verkäufer? Einige kommen und kaufen bei ihm. Ein anderer Teil macht nichts. Das aber ist meistens unklug. Denn was passiert mit denen? Wenn der freundliche Berater zum Beispiel Altersvorsorgen angeboten hat, sorgen diese potenziellen Kunden nun gar nicht vor und sitzen im Alter auf dem Trockenen. Drei Viertel aller Deutschen fürchten sich (zu Recht) vor Altersarmut. Wenn das so wird, hat unser freundlicher Beraterverkäufer es mit zu verantworten. Die Alternative: Ein anderer Verkäufer, der es mit dem Bedarf nicht so genau nimmt, kommt vorbei und „rasiert" den Kunden. Damit hat sich der Berater nun zwar nicht direkt an dem Kunden vergangen, indirekt aber eindeutig doch. Ich glaube, ein Problem ist die Fristigkeit: Kurzfristig sieht der Berater vor sich selbst immer ein bisschen besser aus, aber langfristig arbeitet er vollkommen gegen seine Persönlichkeit. Denn er übergibt seine Verantwortung an andere, zum Teil an Menschen, die sich für Kunden viel weniger verantwortlich fühlen als er selbst.

Ein Grundsatz meiner Arbeit: In jedem Menschen steckt ein guter Kern. Menschen tun Dinge, um etwas Gutes zu tun. Das ist für Außenstehende manchmal schwierig nachzuvollziehen, weil wir die Motivation der Menschen nicht erkennen. Im Verkauf haben diejenigen mehr Erfolg, die sich wirklich um Menschen kümmern und die ihre Kunden aufrichtig mögen.

Ich weiß inzwischen, dass ich jedem meiner Seminarteilnehmer, der es leid ist, nicht so erfolgreich zu sein, wie er gern sein möchte, garantiert dabei helfen kann,

- einfach zu verkaufen,
- mehr Spaß und Freude im Beruf zu haben,

- sein Umfeld vorteilhaft zu beeinflussen,
- das Gefühl zu haben, die Zeit wirklich gut zu nutzen,
- auch in der Freizeit mehr Energie und Kraft zu haben.

Was ändert sich, während Sie dieses Buch durcharbeiten? Definitiv die Einstellung zum eigenen Beruf und zu einigen besonderen Tätigkeiten in diesem Beruf. Ändert sich dabei auch die Persönlichkeit? Ganz sicher nicht! Allerdings sind die positiven oder hilfreicheren Persönlichkeitsmerkmale, die in jedem Teilnehmer stecken, nach dem Programm ausgeprägter für ihn selbst und für andere zu erkennen. Ich glaube auch, dass man anschließend weniger Zeit mit negativen oder „nicht hilfreichen" Gedanken verplempert. Sie haben schon einen Eindruck davon bekommen, wie Profis Persönlichkeitsveränderungen vornehmen. Sie ahnen, wie viele Veränderungen Sie unbewusst durchlitten haben, und Sie haben nicht einmal danach gefragt. Ich unterstelle, dass alle Menschen erfolgreich sein wollen. Ich glaube, dass niemand etwas tut, weil er damit nicht in irgendeiner Form erfolgreich sein will – erfolgreich vielleicht ja im Sinne von Ralph Waldo Emerson: „Erfolg heißt oft und viel zu lachen, die Achtung intelligenter Menschen und die Zuneigung von Kindern gewinnen, die Anerkennung aufrichtiger Kritiker verdienen und den Verrat falscher Freunde ertragen, Schönheit bewundern, in anderen das Beste finden, die Welt ein wenig besser verlassen, ob durch ein gesundes Kind, ein Stückchen Garten oder einen kleinen Beitrag zur Verbesserung der Gesellschaft, wissen, dass wenigstens das Leben eines anderen Menschen leichter war, weil du gelebt hast. Das bedeutet, nicht umsonst gelebt zu haben."

3.6 Wie und wo beginnen?

Bevor du dich daran machst, die Welt zu verändern, gehe dreimal durch dein eigenes Haus.
[unbekannt]

Für unsere Coaching-Klienten nutze ich gleich zu Beginn ein Flipchart (vgl. Abb. 3.2). Auf dieses Chart male ich ein großes Rechteck. Innerhalb dieses Rechtecks spielt sich die ganze Welt ab. Mit Kunden, die nicht so funktionieren, wie sie sollen. Mit Wettbewerbern, die über Nacht die Preise halbieren. Mit Chefs, die immer wieder andere Prioritäten setzen. Mit Unannehmlichkeiten aller Art. Mit schlechtem Wetter und Gegenwind. In das Rechteck kommt ein großer Kreis, der den Bereich darstellt, der von Ihrem Unternehmen in dieser Welt kontrolliert wird: Zum Beispiel wie das Logo gestaltet wird, wie die Schreibtische aussehen, welche Kunden angesprochen werden, welche Produkte zu entwickeln sind. In den großen

3.6 Wie und wo beginnen?

Abb. 3.2 Flipchart und Kontrolle

Kreis wird ein kleinerer roter Kreis gezeichnet. Der stellt den Bereich dar, den Sie persönlich kontrollieren: beispielsweise was Sie auf Ihrem Schreibtisch abstellen, wie Sie Dinge ordnen, wie Sie Ihre Arbeitszeit gestalten usw.

Es kommt darauf an, dass wir unsere Energie auf den roten Punkt konzentrieren. Denn es macht nur Sinn, Dinge zu verändern, die wir kontrollieren können. Alles andere ist Jammern. Jammern erleichtert manchmal die Situation für die Jammernden, aber je länger es andauert, desto mehr gewöhnt man sich daran, und es nimmt möglicherweise den „Schmerz" weg, der Veränderung generieren könnte. Ich meine das ganz im Ernst: Veränderungen werden oft erst dann eingeleitet, weil der Leidensdruck oder „Schmerz" groß genug geworden ist.

3.6.1 Vor dem eigenen Schreibtisch kehren

Heißt das, dass Sie bei Dingen, die das Unternehmen betreffen, nicht mitreden sollen? Nein, heißt es nicht. Aber: Andere Menschen im Unternehmen nehmen Sie automatisch sehr viel ernster, wenn Sie Ihren roten Punkt in Ordnung haben. Ich kenne etliche, die wissen über den Rest des Unternehmens bestens Bescheid ... nur das kleine rote Feld ist an keiner Stelle so richtig in Ordnung. Thema dieses Buches ist der Bereich, den Sie kontrollieren. Die gute Nachricht ist, dass wir immer mehr verändern werden, wenn wir erst begonnen haben, unseren eigenen Bereich erfolgreich zu machen.

Verkaufen ohne Erfolg ist es wohl das Anstrengendste, was es gibt. Alle ahnen, dass es deutlich einfacher gehen könnte. Sie sehen, dass erfolgreiche Kollegen nicht länger arbeiten und schon gar nicht härter. Die meisten Verkäufer sind intelligente Menschen, die ahnen, dass es einfacher geht. Um aber nicht als totale Versager dazustehen, brauchen sie – und das eint alle – Gründe, die nicht im eigenen Verantwortungsbereich liegen (vgl. Anhang). Die wahren Gründe aber sind:

- Gehirnwäsche
- Unkenntnis
- Konzentration auf nicht hilfreiche Dinge
- Unglaube, weil man das Ziel nicht glauben kann
- Illoyalität gegenüber Firma, Kunden, Kollegen, Vorgesetzten
- kein Plan und kein Plan-Ist-Vergleich

Wir gehen im Laufe des Buches jeden Punkt einzeln durch. Sie werden beim Lesen alles finden, um genau den Erfolg zu haben, den Sie wirklich haben wollen.

Wir haben uns daran gewöhnt, dass Verkaufen schwirig ist. So ein Unsinn. „Gehirnwäsche" – das wäre ein anderes Wort dafür. Gegen die Gehirnwäsche müssen Sie immun werden, oder Sie fristen Ihr Leben unterdurchschnittlich – oder wechseln den Beruf.

3.6.2 Beharrliches Arbeiten gegen die „Gehirnwäsche"

Durch die Gehirnwäsche büßen Sie vieles ein:

- Gesundheit (weil Unzufriedenheit psychosomatisch krank macht)
- Energie (Sie wissen, dass Sie lieber und effektiver 15 min mit Spaß arbeiten als eine Stunde, die dahinkriecht)
- Wohlstand (gerade als Verkäufer)
- Ruhe (weil Sie immer mit einem schlechten Gewissen durch die Welt laufen)
- Mut, Selbstachtung und Glück

3.6 Wie und wo beginnen?

Motivation zielt in vielen Fällen darauf, mit „den ganzen schrecklichen Problemen" fertig zu werden. Aber: Diese Probleme gibt es gar nicht. Es gibt nur eine Gehirnwäsche, die von allen – leider auch von mir – mitgetragen wurde und wird … das war und ist keine Bösartigkeit, sondern die Sicht der Welt. Aber es ist nur eine Sicht der Welt. Und wir haben uns diese Sicht nicht ausgesucht. Die Sicht hat dazu geführt, dass wir uns an bestimmte Dinge gewöhnt haben. Und damit kommen wir zum zweiten Schritt: diese Gewohnheiten wieder in die für uns nützliche Richtung zu lenken.

Im täglichen Leben begegnet uns die Gehirnwäsche zum einen als Dringlichkeit und zum anderen als Angst, uns zu verpflichten. Wir haben Angst, uns etwas ans Bein zu binden, was wir auswählen. Wir haben „Auswählen" nicht gelernt. Wir rennen den Pflichten hinterher, die wir uns nicht wirklich ausgesucht haben. Wir machen das, was wir im Laufe unseres Lebens angenommen haben. Wir laufen wie die Hamster im Rad. Es geht nicht um eine Leistungsorientierung, es geht ganz im Gegenteil darum, Leistung und Muße und Langsamkeit in ein gutes Gleichgewicht zu bringen. Und beim Beruf, da geht es eben darum, gut zu sein. Bei Verkäufern heißt das, dass man Umsatz macht. Viel Umsatz. Dass man zu den Verkäufern gehört, die vorn dabei sind. Dieses Buch aber ist nur für Sie. Sie legen den Maßstab fest. Sie wählen. Ich helfe Ihnen nur, auf dem Weg zu Ihrer Vision bleiben.

Je weiter Sie die Vision in die Zukunft legen, desto besser. Die Vision zeigt die Richtung. Das ist das Wichtigste. Wenn Sie mehrere Ziele haben, setzen Sie einfach Prioritäten. Was ist am allerwichtigsten? Was würden Sie zum Beispiel machen, wenn Sie sich für ein einziges Ziel entscheiden müssten? So. Jetzt gehen Sie bitte noch einmal zurück zu den zentralen Ausgangsfragen: Was für ein Leben wollen Sie leben? Was muss Ihr Beruf leisten, damit das Leben so wird, wie Sie es sich wünschen?

3.6.3 Wer schreibt … der bleibt

Stehen Sie jetzt – wirklich jetzt in diesem Moment – auf, holen Sie sich einen Stift und ein Blatt Papier und schreiben Sie es auf. Ich garantiere Ihnen, dass Sie genau da hinkommen, wo Sie hinwollen. Aber schreiben Sie *jetzt*. Wenn Sie es jetzt nicht tun oder wenn Sie jetzt keinen Zeitraum festlegen, in dem Sie es ganz sicher tun, dann wird es in diesem Leben nichts mehr. In den meisten Fällen können Sie aus der Vision ein 90-Tages-Ziel ableiten. Was muss innerhalb der nächsten 13 Wochen geschehen, damit Sie Ihrer Vision ein gutes Stück näher kommen? Der Anspruch war und ist, ein Programm anzubieten, das messbare Ergebnisse liefert. Die

Messbarkeit ist wichtig, damit wir die Handlungen aus unserem Tun herausfiltern, die den Erfolg bringen.

Ich möchte Ihnen helfen, (An-)Gewohnheiten zu verändern. Und ich möchte weiter, dass Sie sich während der Veränderung gut fühlen. Wir alle sind zu einem großen Teil von Angewohnheiten bestimmt. Allerdings haben wir uns diese Angewohnheiten in den wenigsten Fällen bewusst zugelegt. Lassen Sie sich dabei helfen, diese Gewohnheiten mit Ihren wahren Werten deckungsgleich zu machen. Und dazu nutzen wir Ihren Beruf. Unser Ziel: dass es „von selbst" geht, dass Sie sich nicht abrackern und dabei auch noch schlecht fühlen, weil Sie etwas bremst. Sie erhalten ein Gummiband, das Sie wie von selbst durch Prozesse zieht, die Ihnen in der Vergangenheit immer und immer wieder langsam und schwierig vorgekommen sind. Sie brauchen Zeit, um

- Vision und Teilziele und die Pläne schriftlich festzuhalten (ca. 2 h bis 2 Tage),
- dieses Buches zu lesen,
- nachzumessen und gegebenenfalls eine neue Strategie für die nächste Woche festzulegen – und das im Regelfall ca. 13 Wochen nach Beendung dieses Buches. Das dauert mindestens 15 min am Tag oder in der Summe ca. 2 bis 3 h pro Woche.

Für die Zwischenschritte benötigen wir messbare Ergebnisse als Hilfsmittel. Zum Beispiel Terminanzahl, Terminquoten, Anrufe, Anrufquoten, Umsatz, Gewinn, Rohertrag, Deckungsbeitrag, Anzahl von Empfehlungen, Quoten von Empfehlungen, Gehalt, Provision, Gehaltserhöhung – alles, was für Sie persönlich Sinn macht.

3.6.4 Sie sind beim Kunden überzeugt und klar

Sie können aus jedem potenziellen Kunden einen wirklichen Kunden machen. Es gibt lediglich eine einzige Rahmenbedingung: Sie müssen an Ihr Produkt, sich selbst und Ihr Unternehmen wirklich tief und inständig glauben. Sie sind felsenfest davon überzeugt, dass Sie selbst in der Situation des Kunden genau Ihr Produkt kaufen würden. Unter diesen Voraussetzungen zeige ich Ihnen, was Sie noch brauchen, um zu den nachhaltig Erfolgreichen zu gehören. Weil ich Ihren individuellen Fall nicht kenne, hier noch zwei Tipps.

Bevor Sie zu Ihrem nächsten potenziellen Kunden fahren, überlegen Sie sich, welche drei Kunden als Referenzkunden für den neuen „Termin" in Frage kommen. Rufen Sie diese Kunden vor dem Termin an, und fragen Sie, ob diese immer

3.6 Wie und wo beginnen?

noch mit Ihrer Leistung zufrieden sind. Fragen Sie weiter, was den Kunden besonders an der Leistung gefällt. Fragen Sie, ob diese Kunden Ihnen helfen würden, indem diese als Referenz zur Verfügung stehen. Danach haben Sie im Verkaufsgespräch immer drei Helfer (zunächst gedanklich) an Ihrer Seite. In Fällen, in denen der potenzielle Kunde im Verkaufsgespräch unsicher ist, können Sie ihn immer fragen: „Meinen Sie, dass es helfen könnte, wenn Sie sich mit jemandem unterhalten, der vor sechs Monaten in der gleichen Situation gesteckt hat wie Sie und von den Erfahrungen mit uns berichtet? Dann brauchen Sie sich nicht auf mich zu verlassen, weil ich selbstverständlich von unserem Produkt überzeugt bin." Falls der potenzielle Kunde möchte, geben Sie die drei Telefonnummern weiter und erläutern, bei wem er welche besondere Information leicht erhalten kann.

Lösen Sie sich einfach einmal von Ihren ganzen Prospekten und Gesprächsleitfäden, wenn es nicht läuft: Versetzen Sie sich immer in Ihren Kunden. Fragen Sie immer, was für ihn am wichtigsten ist. Wenn Sie sich hierbei mit „Bordmitteln" behelfen wollen: Gehen Sie am besten mit Ihrem Chef, einem Kollegen oder einem Trainer gemeinsam in Verkaufsgespräche. Analysieren Sie Ihre Gespräche danach ausführlich. Die wichtigste Frage dabei: Was kann beim nächsten Mal besser gemacht werden? Sie wissen selbst, was Ihnen dabei helfen kann, sich gut vorzubereiten, wie etwa Bücher zum Verkauf, die Seminarunterlagen Ihres letzten Seminars oder Online-Recherchen im Internet. Sehen Sie zu, dass Sie sich weiterbilden. Ich bin inzwischen davon überzeugt, dass es deshalb so viele Bücher gibt, weil es sinnvoll ist, wenn wir ähnliche Inhalte immer wieder auf eine andere Art lesen oder hören. Lesen Sie. Hören Sie Hörbücher. Gewöhnen Sie sich an, regelmäßig etwas zu tun, um besser zu werden.

Ein Geschäftsführer sagte zu mir während einer Präsentation: „Ich finde das mit dem Videotraining sehr wichtig – wissen Sie, ich will ja gar nicht immer von alten Zeiten sprechen, aber als ich vor über 20 Jahren in den Verkauf ging, habe ich, bevor ich mit einem neuen Produkt losgefahren bin, immer mit der Videokamera geübt und mir meine Präsentation angesehen, bis ich damit zufrieden war." Weil ich weiß, wie viel Zeit so etwas kostet – dreimal dürfen Sie raten, warum ich das weiß –, habe ich ihn spontan gefragt: „Wie viele Abende haben Sie an Ihrem Video gearbeitet?" Und erst dann berichtete er, dass er mehrere lange Abende damit verbracht hat. Meine nächste Frage lautete: „Und wie viele von Ihren Kollegen und Mitarbeitern bereiten sich heute bei neuen Produkten in dieser Form vor?" Sie wissen, was er geantwortet hat … es sind genauso viele wie in Ihrem Unternehmen. Lassen Sie sich drei Fragen stellen.

Fragen

1. Meinen Sie, dass Ihre Präsentationen besser werden, wenn Sie sich von Zeit zu Zeit oder bei neuen Produkten per Video selbst überprüfen?
2. Besitzen Sie selbst eine Videokamera oder wäre es denkbar, dass Sie sich eine solche leihen könnten, beispielsweise von der Trainingsabteilung in Ihrem Unternehmen oder von Freunden?
3. Wann beginnen Sie?

Weiterführende Literatur

Ackermann, Andreas. 2004. *Ziele erreichen – Probleme lösen*. CD mit dem Ackermann Mentaltraining. München.
Amzarakova, Irina P. 2002. *Bewertung im Sprachgebrauch von Grundschulkindern*. Bonn.
Balters, Antje. 2001. *Mut zum NEIN sagen*. Asslar.
Bandler, Richard, und Donner Paul. 1998. *Die Schatztruhe* (NLP im Verkauf). Paderborn.
Bandler, Richard, und MacDonald Will. 2009. *Der feine Unterschied*. 5. Aufl. Paderborn.
Behrens, Katja, und Helen Keller. 2001. Weinheim.
Berg, Art. 2002. *The impossible just takes a little longer*. New York.
Bettger, Frank. 2002. *Lebe begeistert und gewinne*. Zürich.
Birkenbihl, Vera. F. 1994. *Trotz Schule lernen!* München.
Birkenbihl, Vera. F. 2000a. *Kommunikationstraining*. München.
Birkenbihl, Vera. F. 2000b. *Stroh im Kopf*. München.
Birkenbihl, Vera. F. 2013a. *Fragetechnik schnell trainiert*. 14. Aufl. München.
Birkenbihl, Vera. F. 2013b. *Kommunikation für Könner*. 52. Aufl. München.
Blanchard, Kenneth, und Bowles Sheldon. 1998. *Raving fans*. New York.
Blanchard, Kenneth, und Bowles Sheldon. *Gung Ho*. Reinbek.
Blanchard, Kenneth, und Johnson Spencer. 2000. *Der Einminuten-Manager*. Reinbek.
Blanchard, Kenneth, Oncken William, und Burrows Hall. 2001. *Der Minuten Manager und der Klammer-Affe*. Reinbek.
Brown, W. Stephen. 1985. *Todsünden des Managers*. Zürich.
Burg, Bob. 1998. *Endless referrals*. New York.
Carr, Allen. 1998. *Endlich Nichtraucher!* München.
Carroll, Lewis. 1998. *Alice im Wunderland*. Frankfurt a. M.
Carse, James P. 1987. *Finite and infinite games*. Toronto.
Chernow, Ron. 2000. *John D. Rockefeller: Die Karriere des Wirtschaftstitanen*. Rosenheim.
Cialdini, Robert B. 1993a. *Influence, how and why people agree to things*. New York.
Cialdini, Robert B. 1993b. *The psychology of persuasion*. New York.
Clason, George S. 2002. *Der reichste Mann von Babylon*. Zürich.
Coué, Emile. 1993. *Die Selbstbemeisterung durch bewusste Autosuggestion*. Basel.
Covey, Stephen R. 1998. *Die sieben Wege zur Effektivität*. München.
Crum, Thomas F. 1988. *The magic of conflict*. New York.
Csikszentmihalyi, Mihály. 2004. *Flow*. Stuttgart.
Dalai Lama. 2002. *Die Regeln des Glücks*. Bergisch Gladbach.

Weiterführende Literatur

Dickens, Charles. 2002. *Eine Weihnachtsgeschichte*. Hamburg.
Dillmann, Bruce. 1992. *Ziel um Ziel*. Paderborn.
Dyer, Wayne W. 2000. *Der wunde Punkt*. Reinbek.
Dyer, Wayne W. 2001. *Wirkliche Wunder*. Reinbek.
Eker, Harv T. 2005. *Secrets of the millionaire mind*. New York.
Eliot, L. 2001. *Die Gehirnentwicklung in den ersten fünf Lebensjahren*. Berlin.
Fensterheim, Herbert, und Baer Jean. 1977. *Sag nicht JA, wenn Du NEIN sagen willst*. München.
Fischer, Joschka. 2001. *Mein langer Lauf zu mir selbst*. München.
Frankl, Viktor E. 2001. *Das Leiden am sinnlosen Leben*. Freiburg.
Franklin, Benjamin. 1997. *Autobiographie*. München.
Fridson, Martin S. 2001. *Milliardäre und ihre Erfolgsgeschichten*. Rosenheim.
Gallwey, T. Timothy. 2002. *Selbstcoaching*. Nürnberg.
Girard, Joe, und Robert L. Shook. 1998. *Abschlußsicher verkaufen*. Wiesbaden.
Goleman, Daniel. 2001. *EQ2 – Der Erfolgsquotient*. München.
Goleman, Daniel. 2002. *EQ – Emotionale Intelligenz*. München.
Hill, Napoleon. 2000. *Denke nach und werde reich*. Kreuzlingen.
Hill, Napoleon, und W. Clement, Stone. 2000. *Erfolg durch positives Denken*. Kreuzlingen.
James, Tad, Lorraine Flores, und Jack Schober. 2001. *Kompaktkurs Hypnose*. Paderborn.
Kiyosaki, Robert T., und Sharon L. Lechter. 2002. *Reichtum kann man lernen*. München.
Klein, Stefan. 2002. *Die Glücks-Formel*. Reinbek.
Kostolany, André. 1998. *Kostolanys großes Börsenseminar*. München.
Kotter, John P. 1997. *Matsushita*. Wien.
Lazarus, Arnold, und Fay Allen. 2002. *Ich kann, wenn ich will*. München.
Lelord, François. 2004. *Hectors Reise oder die Suche nach dem Glück*. München.
Lewis, C. S., Malcolm Muggeridge, und Dorothy L. Sayers. 1998. *Alles Übrige ist eine Sache des Fliegens*. Gießen.
Löhr, Jörg. 2004. *Lebe deine Stärken!* Berlin.
MacKenzie, Gordon. 1998. *Orbiting the Giant Hairball*. New York.
Maltz, Maxwell. 1990. *So können Sie werden, wie Sie sein möchten*. Genf.
McCormack, Mark H. 1997. *Die Schule des Verhandelns*. Frankfurt a. M.
Miller, R. B., und S. E. Heimann. 1985. *Strategie selling*. New York.
von Münchhausen, Marco. 2004. *So zähmen Sie Ihren inneren Schweinehund!* München.
Murdon, Rebecca. 2007. *The Pursuit of Happyness (Das Streben nach Glück)*.
Murphy, Joseph. 2000. *Werde reich und glücklich*. München.
Peale, Norman Vincent. 2011. *Die Kraft des positiven Denkens*, 4. Aufl. Zürich.
Popper, Karl R. 2004. *Alles Leben ist Problemlösen*. München.
Pryor, Karen. 1999. *Positiv bestärken – sanft erziehen*. Stuttgart.
Ratelband, Emile. 1998. *TSJAKKAA!* Düsseldorf.
Ratelband, Emile. 1999. *Der Feuerläufer*. München.
Rentsch, Hans-Peter. 2000. *Der Samurai-Verkäufer*. Wiesbaden.
Robbins, Anthony. 1998a. *Das Prinzip des geistigen Erfolgs*. München.
Robbins, Anthony. 1998b. *Grenzenlose Energie*. München.
Robbins, Anthony. 2003. Das *Robbins PowerPrinzip*. München
Rüegg, J. C. 2001. *Psychosomatik, Psychotherapie und Gehirn: Neuronale Plastizität als Grundlage einer biopsychosozialen Medizin*. Stuttgart.
Schucman, Helen. 1999. *Ein Kurs in Wundern*. Zürich.

Schwarz, Norbert. 1988. Judgements of relationship satisfaction. *Journal of Social Psychology* 18:485–496.
Schwarz, Norbert. 2002. Judgements of relationship satisfaction. *Journal of Social Psychology* 18:485–496 (zitiert nach Klein, Stefan: Die Glücks-Formel). Reinbek.
Schwarz, Tony, und Jim Loehr. 2003. *Die Disziplin des Erfolgs*. München.
Seiwert, Lothar J. 2003. *Das neue 1 × 1 des Zeitmanagements*. München.
Seligmann, Martin E. P. 1990. *Pessimisten küsst man nicht*. München.
Seligmann, Martin E. P. 1999. *Erlernte Hilflosigkeit*. Weinheim.
Stollreiter, Marc, und Johannes Völgyfy. 2001. *Selbstdisziplin*. Offenbach: GABAL.
Tepperwein, Kurt. 2001. *Die hohe Schule der Hypnose*. München: Moderne Verlagsges.
Trump, Donald, und Meredith McIver. 2004. *Wie man reich wird*. München: FinanzBuch Verlag.
Vengel, Alan, und Wright Greg. 2004. *Gardening*. Offenbach.
Walsch, Neale Donald. 1997. *Conversations with god* (Book One). London: Hampton Roads Pub Co.
Watzlawick, Paul. 1995. *Vom Unsinn des Sinns oder vom Sinn des Unsinns*. München: Piper.
Watzlawick, Paul. 2002. *Die erfundene Wirklichkeit*. München: Piper.
Watzlawick, Paul. 2004. *Anleitung zum Unglücklichsein*. München: Piper Taschenbuch.
Weimer, Wolfram. 1995. *Kapitäne des Kapitals*. Frankfurt a. M.
White, Michael, und John Gribbin. 1997. *Stephen Hawking*. Reinbek.
Williamson, Marianne. 1992. *A return to love*. New York: Harper Collins.
Zeig, Jeffrey K., Hrsg. 1999. *Meine Stimme begleitet Sie überallhin*. Donauwörth: Klett-Cotta.

Ihr Ziel

4

▶ Was ist Ihr Ziel, Ihre Vision? Sicher haben Sie sich im Vorfeld dieser Überlegung auch schon einmal folgende Fragen gestellt: Wie haben sich die Absatzzahlen in meinem Unternehmen entwickelt? Wie vielen Menschen wurde in den letzten 5 Jahren gekündigt – und wie viele werden es wahrscheinlich innerhalb der nächsten Jahre sein? Wie lange arbeite ich im Mittelfeld? Wird die Wahrscheinlichkeit größer oder kleiner, dass sich daran etwas ändert, wenn ich so weitermache wie bisher? Wie war das, als ich mich entschlossen habe, in den Verkauf zu gehen? Warum habe ich mich für diesen Weg entscheiden? Um durchschnittlich zu sein?

Jetzt wird es konkret! Denn Sie verschreiben sich ab nun einem Ziel, Ihrem Ziel. Was und wer Ihnen dabei hilft und wie Sie dabei vorgehen, lesen Sie in diesem Kapitel.

4.1 Motivation von außen und innen

Vision ist die Kunst, Unsichtbares zu sehen.
[Jonathan Swift]

1953 wurden die Absolventen der Universität in Yale nach ihren konkreten Lebenszielen und der diesbezüglichen Planung befragt. Drei Prozent hatten einen Plan. 20 Jahre später wurden alle Absolventen des Jahrgangs '53 wieder aufgesucht und befragt: Die 3 % mit dem Plan machten den Eindruck, als wären sie glücklicher und besser im Gleichgewicht. Weiter schien es so, als hätten sie mehr Spaß im Leben. Das sind allerdings ziemlich subjektive Kriterien. Objektiv messbar war dagegen ihr Vermögen (d. h. Geld und andere Vermögenswerte): Die 3 % hatten ein größeres Vermögen als die anderen 97 % zusammen. Das klingt unglaublich? Nun, ich habe einmal in einem Spiel erlebt, dass es im Leben möglicherweise sehr viel einfacher ist, als wir immer meinen.

4.1.1 Simon says

In einem Seminar saß ich mit ungefähr 10.000 anderen Teilnehmern zusammen. Das Spiel, um das es jetzt geht, heißt „Simon says". Es ist ein amerikanisches Kinderspiel, bei dem ein Spielleiter den Teilnehmern Anweisungen gibt, wie beispielsweise „Spring hoch" oder „Berühre deine Zehen". Diese Anweisungen sind zu befolgen, allerdings – und das ist das zentrale Element des Spiels – dann und nur dann, wenn er seinen Satz mit „Simon sagt" beginnt. Befolgt ein Spieler eine Anweisung ohne „Simon sagt" oder aber eine mit „Simon sagt" *nicht*, lässt er sich zu viel Zeit oder folgt den Ansagen nicht, dann scheidet er aus. Ich war nach vier Spielzügen raus. Ganz praktisch ist an diesem Spiel, dass alle es sehen können, wenn jemand einen Fehler macht. Schummeln geht nicht. Nach 30 oder 40 Spielzügen hatte einer aus der Gruppe gewonnen und durfte als Belohnung einen Witz erzählen. Aber darum ging es gar nicht: Alle 10.000 Teilnehmer wurden anschließend gefragt, wer von ihnen das Spiel unbedingt hatte gewinnen wollen. Was schätzen Sie, wie viele sich gemeldet haben? Ich weiß es nicht mehr ganz genau – es waren zwischen 7 und 15. In der Halle kämpfte man also gar nicht gegen 10.000, nicht einmal gegen 20. Lassen Sie sich das kurz auf der Zunge zergehen: Es sind im schlimmsten Fall anderthalb Promille, gegen die man zu kämpfen hat!

4.1.2 Der Bauch als wahrer Motor

Fühlt sich das nicht anders an? Für mich war diese Erfahrung ziemlich wichtig. Auch Sie denken, dass Sie mit ganz vielen da draußen um den nächsten Kunden konkurrieren. Stimmt aber gar nicht! Wirklich „richtig wollen" wollen längst nicht alle, vielleicht sogar die wenigsten. Sie gehören ab jetzt zu Letzteren! Machen Sie sich vorher bewusst, wie sehr Sie wollen und wie sehr Sie es verdient haben. Wie fühlt sich das an, wenn Sie gar nicht mehr zehn Konkurrenten haben, sondern vielleicht nur einen? Beim Ziel sind nicht ausschließlich Zahlen wichtig, sondern vor allem auch, was für ein Bauchgefühl Sie haben. Den Kopf brauchen wir für die Umsetzung und um uns zu orientieren – aber der Bauch, Ihr Gefühl, das ist der wahre Motor! Deshalb ist es so wichtig, dass Sie sich Ihr Ziel mit allen Sinnen vorstellen. Schmücken Sie es aus. Lassen Sie es sich gut gehen. Sie brauchen ein verlockendes Ziel! Sie wissen, wofür Sie morgens gerne früh aufstehen. Sie kennen dieses Gefühl! Sie können sich genau an Tage erinnern, an denen Sie wussten, was Sie erreichen wollten, was Ihnen wichtig war. Dass es ein guter Tag sein würde. Formulieren Sie Ihr Ziel also so, dass Ihnen immer klar ist, wofür Sie morgens früh und voller Energie aufstehen.

4.1.3 Glaube und Intuition

Die Magie von Zielsetzungen habe ich das erste Mal – wissentlich – im Studium kennen gelernt. Mein Ziel stand fest: Ich wollte das Studium schnell abschließen. Alles andere war für mich nebensächlich. Ich hörte von einem Absolventen, der uns Grünschnäbeln noch ein paar Erfahrungen mitgeben sollte, und von einem Professor, dass das Wichtigste für erfolgreiches Lernen eine funktionierende Arbeitsgruppe sei: „Am besten finden Sie schnell einen, der im gleichen Tempo mit Ihnen durch dieses Studium geht." Ich kannte aber keinen. Also sperrte ich die Augen auf und fand Stefan, über den Sie ein bisschen mehr in der Danksagung lesen können. Wir hatten beide das gleiche Ziel. Von den erfahrenen Studenten wurde uns dann erklärt, wie schwierig und vor allem langwierig unser Studium sei, aber wir scherten uns nicht darum, weil wir meinten, gar keine acht Jahre Zeit zum Studieren zu haben. Wir machten also in der ersten Woche einen Plan A für neun Semester bis zum Abschluss (Plan B hatte zehn Semester). Unsere „Ist-Situation" zeigte bereits nach dem ersten halben Semester eine ordentliche Abweichung vom ursprünglichen Plan. Allerdings wussten wir im Gegensatz zu vielen anderen Kommilitonen immer, welche Wegstrecke noch vor uns lag und wie viel wir schon geschafft hatten. Wir beide gehörten zu den ersten Absolventen unseres Semesters, die den Abschluss in der Tasche hatten – und waren sogar ein bisschen schneller, als unser Plan das vorgesehen hatte (wobei wir beide uns übrigens für ziemlich durchschnittlich intelligent halten).

Das war der erste bewusste Plan, den ich umgesetzt habe. Seitdem sind für mich Pläne ständige Begleiter. Egal, woran Sie spirituell glauben – alle Glaubensrichtungen sagen in einer Beziehung sinngemäß das Gleiche: Wenn Sie so viel Glauben haben wie ein Senfkorn (wer mag, lese zu dieser Metapher bei Lukas 17, 5–6 nach), ist alles möglich. Darauf kommt es letztlich an. Dass man ein Ziel *glaubt*. Wenn man es glauben kann, dann wird es ganz sicher realisierbar. Nehmen Sie eine handwerkliche Arbeit, die Sie durchgeführt haben, als Beispiel, wie etwa das Obergeschoss Ihres Hauses ausbauen oder zum ersten Mal ein Zimmer tapezieren… Ich habe vor Jahren eine Kinderküche aus Holz für unsere Tochter als Weihnachtsgeschenk gebaut. Zu Beginn wusste ich dabei noch nicht, welche Schritte notwendig sind. Und doch sah ich die Küche von Beginn an sehr klar vor mir, und während des Bauens wurde das Bild immer klarer. Zuallererst habe ich Carolina (das ist die beste Tochter der Welt) ausgemessen, damit die Küche für eine Vierjährige „passt". Ein vielleicht kurioses Beispiel, aber genau so verwandeln sich Ihre Gedanken beim Verkaufen im Berufsalltag. Was ist Ihr Ziel? Was möchten Sie gerne haben? Wenn Sie das Ziel kennen, dann werden Sie den Weg dahin intuitiv finden. Zurück zur Küche: Der Termin stand fest – Weihnachten, da war nichts zu verschieben. Ich wusste und kannte im ersten Schritt noch nicht alle Einzelheiten, aber ich wusste genau, wie *gut* ich mich fühlen würde, wenn das Geschenk fertig wäre. Ich wusste weiter, dass ich es in jedem Fall zu diesem Zeitpunkt schaffen würde. Ich wusste nicht, ob ich mit den geplanten Materialien auskommen würde oder ein weiteres Mal in den Baumarkt fahren müsste, um noch ein paar passende Schrauben zu kaufen. Aber derlei Dinge halten ein Projekt nicht auf. Ein bisschen Verzug stört nicht. Es ist nicht so, dass man hofft oder glaubt, rechtzeitig fertig zu werden. Es ist absolute, felsenfeste Gewissheit. Und genauso sicher sind Sie sich spätestens am Ende dieses Buches bezüglich Ihrer beruflichen Ziele. Seien Sie nicht als Erstes realistisch, seien Sie „intelligent zu sich selbst". Denken Sie an Menschen, die „unglaubliche" Dinge getan haben: Wenn Sie zum Beispiel durch den Sankt-Gotthard-Tunnel fahren … wie müssen Menschen einst denjenigen angesehen haben, der die Idee hatte, durch den Sankt Gotthard einen Tunnel zu graben?

4.1.4 Erfüllte (Berufs-)Lebensplanung

Wählen Sie Ziele, die Sie inspirieren. Denken Sie an Ihre Kindheit zurück oder an den Anfang Ihrer Karriere. Damals haben Sie noch daran geglaubt, dass Sie alles erreichen können. Und damals wie heute kommt es am meisten auf das *Warum* an. Darum geht es: um das *Warum*. Deshalb ist es Ihre Aufgabe, ein gutes, tragfähiges Warum zu formulieren, einen schönen Grund. Wenn uns die Möglichkeit gegeben wird, etwas wirklich ganz stark zu wollen und zu wünschen, wenn wir uns wirklich schon vorstellen können, diesen angestrebten Zustand erreicht zu haben, haben wir auch die Möglichkeit zu einer Lösung – und dahin gibt es etliche Wege. Sie und ich kommen im Ziel an! Ihre jetzige Situation ist der Beweis dafür. Denken Sie darüber bitte kurz nach! Das gilt allerdings nicht für Lösungen, die wir kurz andenken oder die wir uns beiläufig wünschen.

4.1 Motivation von außen und innen

Es liest sich vielleicht merkwürdig, aber ich kann es nicht besser ausdrücken: Wir werden das Ziel mit einer Art „lockerer Besessenheit" erreichen. Wir haben alles erhalten, was wir zwingend dazu brauchen. Wir haben es mit genau dem Schwierigkeitsgrad erhalten, den wir dem Ergebnis beigemessen haben. Und der Motor ist das Warum. Es geht nicht um das Verkaufen. Es geht um Sie. Es geht darum, wie Sie Ihr Leben hier leben. Wie Sie einen erheblichen Teil der Zeit hier nutzen. Ob Sie wirklich glücklich leben und dabei Spaß haben oder ob Sie die Zeit totschlagen. Die Zeit ist definitiv tot für Sie, wenn Sie von diesem Planeten abtreten. Und es bleibt nur die Zeit bis zu diesem Ereignis. Was möchten Sie bis dahin noch alles erreichen? Was soll passieren? Wie möchten Sie leben? Meinen Sie im Ernst, Sie schaffen das, wenn Sie beim Verkaufen unterdurchschnittlich bis durchschnittlich sind? Sie schaffen es nicht. Zugegeben, es gäbe dafür einen Weg: Sie trennen Ihre berufliche Zeit von der Freizeit und haben in der Freizeit den maximalen Spaß. Das hat aber zwei Pferdefüße:

- Sie können das nicht zufrieden machende Berufsleben mit Sicherheit in Ihrer Freizeit verdrängen. Natürlich. Aber dann verbringen Sie Ihre Freizeit, während Sie gleichzeitig stetig Unzulänglichkeiten verdrängen. Stellen Sie sich diese Zeit hingegen ohne das dauernde Verdrängen vor ... nichts Störendes im Hinterkopf. Sie verbrauchen sonst immer einen kleinen Teil Ihrer Energie mit „Verdrängen". Sie können sich nie zu hundertprozentig auf das konzentrieren, was Sie gerade tun – weil ein Teil der Energie anderweitig beschäftigt ist.
- Ihre Zeit ist leider begrenzt: von heute bis zu Ihrem Todestag. Nur mal angenommen, dass die vollständige Arbeitszeit mit mehr Spaß und/oder intensiver gelebt werden könnte, dann haben Sie in der Summe sehr viel mehr daraus gemacht. Wenn es bei der Arbeit systematisch schlecht bleibt, dann beschneiden Sie Ihr Leben insgesamt systematisch. Sie können diese Zeit nicht wieder zurückholen.

Es geht nicht um Ihren Beruf. Es geht nicht um Geld. Es geht nicht um Dinge. Es geht auch nicht um andere. Es geht um Sie. Es geht darum, wie Sie aussehen, wenn Sie 30, 50, 70 oder 95 Jahre alt sind. Was Sie denken, wenn Sie dieses Alter haben. Wie Sie sind, darum geht es. Ihr Beruf ist ein Feld, auf dem Sie es üben und zeigen können. Wenn Sie die Ziele nicht mit wirklich allen Fasern Ihres Körpers wollen, wenn Sie sich nicht vorstellen können, wie Sie schon im Ziel angekommen sind, dann ist das ungefähr so, als wenn Sie Ihr Auto mit abgeschaltetem Motor bewegen. Das Auto bewegt sich zwar auch so – aber dafür war es nie gedacht. Ich weiß, dass Menschen auch nicht dazu bestimmt sind, sich bis zur Erschöpfung abzurackern. Und es gibt sehr viel schönere Wege, um ein Auto zu bewegen. Einige

Menschen werden von anderen als „faul" bezeichnet. Ich glaube etwas ganz anderes: Die sind nicht faul. Die haben es nur nicht geschafft, sich Ziele zu setzen, die sie motivieren. So, dass Sie morgens vor Begeisterung aus dem Bett springen und es gar nicht abwarten können, weiter daran zu arbeiten. Diese Ziele brauchen wir. Diese Ziele brauchen Sie, um Erfolg zu haben.

4.1.5 Druck als Motor

Sie brauchen den besten Grund der Welt, um das Ziel zu erreichen. Je mehr Sie sich mit dem Grund beschäftigen, desto einfacher kommen Sie ans Ziel. Schwierig erscheinen uns Dinge, die wir nicht gern tun. Wenn Sie wissen, warum Sie es tun, dann wird es leicht. Viele Erfolgreiche sind erst so erfolgreich geworden, nachdem es ihnen schlecht gegangen ist. Das musste offensichtlich so sein, damit sie die Wichtigkeit des Ziels wirklich erkannten. Manchmal ist der Grund kein Zug-, sondern ein Druckmittel. Es gibt zwei Motivatoren, die uns zur Verfügung stehen:

- Dinge, die uns Freude oder Spaß oder Glück versprechen und
- Dinge, die uns Schmerzen zufügen können – der Motivator ist hier der Beschützer vor diesem Schmerz.

Wenn wir uns zum Beispiel vorstellen, dass wir übermorgen im Gefängnis sitzen könnten, weil wir die Steuern nicht bezahlt haben, dann kann das so unangenehm für uns sein, dass wir alles tun, um diesen Zustand nicht wirklich erleben zu müssen. Wenn es uns aber gut geht, gibt es keinen Grund, sich zu verändern. Manche Erfolgreiche haben einen großen Feind – den Erfolg. Sie haben ihr Ziel erreicht, fühlen sich wohl und dann geht es, meist erstmal unbemerkt, bergab. Für diese Menschen gilt: ohne Druck keine Motivation. Den meisten geht es allerdings schon schlecht, wenn sie nur an Druck denken.

Sehen Sie es bitte einmal von der anderen Seite: Der Druck ist Ihr Freund, er bringt sie genau dahin, wo Sie hinwollen. Wenn Sie jeden Tag unter einem Druck stehen, den Sie gut aushalten, ist das hervorragend. Das stellt nämlich sicher, dass Sie sich bewegen. Wenn Sie auch noch wissen, dass dieser Druck praktisch von selbst in die Richtung schiebt, in der Ihr Ziel liegt: wie schön!

Als ich diese Theorie kennen lernte, fing ich an, mir schöne Dinge vorzustellen. Mein „Wunschbuch" entstand. Ich freute mich schon auf die nächste Prämie, die ich für gutes Verkaufen bekommen würde. In den meisten Fällen ist bei unseren Handlungen nicht ausschließlich einer dieser Antriebe ausschlaggebend. Mit einem guten Ziel haben wir gleichzeitig den Zustand definiert, den wir gefühlsmäßig anstreben. Wir fühlen uns wohl, wenn wir das Ziel erreichen. Ein gutes Beispiel für die Seite der Schmerzvermeidung ist die „Weihnachtsgeschichte" von Charles Dickens: Ebenezer Scrooge, so heißt dort der Kaufmann, bekommt von unterschiedlichen Geistern Besuch, die ihm sehr drastisch vor Augen führen, welche Auswirkungen sein Tun auf andere Menschen hat. Das ist für ihn Grund genug, ein neues Ziel zu suchen und anzustreben.

4.1.6 Beharrliche Beharrlichkeit

Kennen Sie den Witz: Kommt der Wehrpflichtige, der gar nicht zur Bundeswehr gehen will, zur Musterung. Der Stabsarzt stellt ein paar Fragen. Das Einzige, was der Wehrpflichtige antwortet, ist: „Wo ist er denn?" Die Dialoge hören sich demnach durchgehend folgendermaßen an: „Wie heißen Sie?" Der Wehrpflichtige: „Wo ist er denn?" Der Stabsarzt: „Sie heißen doch nicht ‚Wo-ist-er-denn'! Also wie heißen Sie?" Der Wehrpflichtige: „Wo ist er denn?"… und so geht das weiter. Der junge Mann wird also zum Psychologen geschickt – und antwortet diesem ebenfalls ausschließlich mit diesem Satz. Irgendwann entschließt man sich dazu, den Wehrpflichtigen auszumustern. Der Stabsarzt gibt ihm den Ausmusterungsschein, und der Wehrpflichtige daraufhin: „Ach – da ist er ja!"

Verstehen Sie? Da müssen Sie hin und da kommen Sie hin. Das ist Gewissheit in ihrer besten Art. Die anfängliche Idee und die Skizze Ihres Zieles werden Gewissheit. Sie fragen sich nur noch, *wie* Sie den Erfolg erreichen können. Sie zweifeln nicht mehr. Es ist für Sie sonnenklar, dass Sie dort ankommen, wo Sie gerne hinmöchten.

4.1.7 Von-weg- und Hin-zu-Ziele

Die Erfolgreichen sind nicht intelligenter – Sie haben nur bessere Gründe als die anderen. Sie haben Gründe, die sie immer wieder anspornen, neue oder andere Gedanken zu denken! Beispiele erwünscht?

Udo ist selbstständiger Finanzdienstleister, der „ohne Stress" 45.000 € verdient. Seine Frau ist im öffentlichen Dienst und stockt das gemeinsame Gehalt auf. Udo schwamm immer auf den hinteren Plätzen der Rangliste seiner Geschäftsstelle. Er war für seinen Verkaufsleiter gerade noch tragbar. Udo kam zu mir, weil er seine Position satt hatte. Hätte er seine ursprünglichen Ziele erreicht, würde er im laufenden Kalenderjahr 30.000 € mehr verdienen (Udo war einer der typischen Verkäufer, die die Ziele schon in der Sekunde nicht mehr glauben, in der sie sie schriftlich auf einem Blatt Papier fixieren). Eine meiner ersten Fragen an ihn war, was er mit dem Geld machen würde. „Weiß nicht ...", war seine Antwort – eine Antwort, die ich übrigens ganz oft höre. Es gibt etliche Lottospieler, die Millionär werden wollen, aber genauso viele Menschen haben für 30.000 € erst mal gar keine richtige Verwendung. Nach längerem Nachfragen sagte Udo: „Ein bisschen Liquidität schaffen ..." Aha. Meinen Sie im Ernst, dass „ein bisschen geschaffene Liquidität" wirklich motiviert und auch in Zeiten, in denen Herausforderungen kommen, zum Durchhalten anspornt? Tut es nicht. Udo war im ersten Schritt nicht zu emotionsgeladeneren Zielen zu bewegen. Aber genau solche brauchen wir. Sonst geht es gar nicht erst los. Auf die Frage, was seine Frau mit 30.000 € machen würde, wurde es dann schon ein bisschen lebendiger: „Skiurlaub und ein neues Auto." Aber dann besann er sich wieder und sagte: „Meine Frau fährt gar nicht gut Auto – wir hätten bestimmt schnell ein paar Beulen in dem neuen Wagen ..." So geht das: Man findet sofort wieder Gründe, warum es nicht geht, warum es keinen Sinn macht. Warum es besser ist, wie es gerade ist. In seinem Kopf war es richtig, dass er mit einem alten, verbeulten Auto herumfährt. „Richtig" klingt so durchdacht. Darüber hat er natürlich überhaupt nicht nachgedacht. Das ist „so gekommen"... nach und nach. Wissen Sie, was ich meine?

Udo ist dann selbst darauf gekommen, dass es mehr mit seinem Denken zu tun hat als mit der „Wirklichkeit". Udos wahrer Motor war aber nicht das Auto oder der Urlaub, sondern das Leiden unter seinem letzten Platz innerhalb der Geschäftsstellenhierarchie. Er hatte es satt, dass ganz junge Kollegen im ersten Jahr an ihm vorbeizogen. Er litt wirklich unter seiner Stellung innerhalb seines Teams. Tatsächlich veränderte er seinen Arbeitsstil und wurde erfolgreich. Er arbeitete dabei übrigens nicht zeitlich länger. Bei Udo war der Motor ein „Von-weg" – er hatte schlicht keine Lust mehr, „schlecht" dazustehen. Bei jemandem wie Udo hat es nicht viel Sinn, den Auslöser bei den „Hin-zu-Zielen" zu finden, sondern bei den „Weg-zu-Zielen". Am Ende des Jahres hatte er sein Ziel geschafft.

Ein anderes Beispiel: Jürgen, selbstständig, ist allein für den Verkauf in seinem Unternehmen verantwortlich. Wahrscheinlich bezeichnen ihn andere als erfolgreich, aber das spielt für Jürgen und für meine Arbeit mit ihm keine Rolle. Es geht darum, was jeder Teilnehmer von sich selbst denkt. Jürgen hat im Vorjahr 125.000 € verdient und will in diesem Jahr 200.000 € verdienen. Er hatte das Ziel selbst gesetzt. Warum? „Weil die meisten meiner Freunde ein hohes Einkommen haben. Weil ich Dinge gesehen habe, die ich schön finde und die ich gern haben möchte. Weil ich im letzten Jahr schöne Reisen gemacht habe und noch mehr davon möchte. Weil das der Weg zur finanziellen Unabhängigkeit ist. Weil in meinem Plan vorgesehen ist, dass ich mein Geld zu einem großen Teil spare und investiere, damit ich zu meinem 55. Geburtstag finanziell absolut unabhängig und frei bin und mich ausschließlich den Dingen widmen kann, die ich gerne tun möchte." Jürgen hatte sehr genaue Vorstellungen von seinem Leben. Er stellt einen Teil seiner Zeit und seines Geldes für gemeinnützige Zwecke zur Verfügung ... im Grunde lebt er sein Leben schon so wie der 200.000 €-Verdiener, der er sein will. Was in diesen Zeilen nicht durchscheint, ist, *wie* er meine Fragen beantwortete! Ein Leuchten ging über sein Gesicht. Er war wirklich begeistert von den Plänen und den Zielen. Er wusste ganz genau, wie diese Ziele aussehen sollten. Das ging von der Einrichtung seines neuen Hauses bis zu der Ausstattung des Autos, das er fahren wollte. Übrigens ist er auf dem besten Weg, die 200.000 € in diesem Jahr zu schaffen.

Wenn ich Menschen erzähle, woran ich ein gutes Ziel erkenne, dann sage ich immer: „Wenn ich ein Video von denjenigen mache, die mir gerade erzählen, was sie planen, dann kann jeder sofort sehen, ob sie es gerade ernst meinen oder ob sie nur etwas sagen, was vielleicht irgendwelche Menschen von ihnen erwarten." Weil wir alle wissen, wie Menschen aussehen, die wirklich begeistert von einer Idee sind. Sie wissen das, ich weiß das. Und genauso sehen auch Sie aus, wenn Sie von Ihrem wirklichen Ziel, von Ihrer Vision sprechen. Sie können sich auch selbst aufzeichnen, wenn Sie Ihre eigene Vision verlesen. Sie werden schon merken, ob Ihre Vision stimmt oder ob noch ein bisschen Weitersinnen notwendig ist.

4.2 Ihr Ziel

Ich war arm, und ich war reich. Glaub mir, mein Kind, reich ist besser.
[Sophie Tucker]

Sie wissen nun, warum Sie unbedingt ein Ziel brauchen. Beginnen Sie, Ihre Vision zu gestalten. Stellen Sie sich die Frage: Was möchte ich in diesem Leben noch erreichen? Gehen Sie dann zum Zehn-Jahres-Ziel. Ich weiß, dass ein Zehn-Jahres-Ziel in jedem Fall funktioniert! Der wirklich einzige Grund, dass es nicht funktioniert, wäre, dass Sie sich kein Bild Ihres Lebens in zehn Jahren machen können, das Sie motiviert. Wenn Sie zehn Jahre lang 15 min pro Tag investieren, haben Sie 10 Jahre x 365 Tage x 0.25 h investiert. Das sind über 900 h oder mehr als 22 Arbeitswochen à 40 h. Ich weiß, dass Sie in dieser Zeit Ihr Leben entscheidend verändern werden. Sie gehen jetzt bitte zurück zum Anfang und beschreiben Ihr Ziel. Schreiben Sie. Malen Sie. Kleben Sie. Nehmen Sie ein Video von sich auf. Schreiben Sie es auf Post-its und bekleben Sie Ihren Spiegel. Machen Sie, was Sie wollen. Aber tun Sie es *jetzt*!

Malen Sie das große Bild. Bitte seien Sie nicht bescheiden. Wenn Sie meinen, dass Sie Abstriche machen möchten, dann können Sie das gern später tun. Jetzt ist dafür keine Zeit. Sie werden noch sehen, dass Sie keine Abstriche zu machen brauchen. Im Gegenteil: Wenn Sie erst einmal in der für Sie passenden Richtung unterwegs sind und der Motor läuft, werden Sie Ziele erreichen, die Sie sich noch gar nicht vorstellen können.

Spüren Sie den Spaß, den Ihnen Ihre Vision macht. Wahrscheinlich kennen das einige Leser bereits aus Zielsetzungs-Workshops, ich bestärke Sie trotzdem noch einmal: Nutzen Sie positive Formulierungen! Also nicht: „Ich will nicht mehr am Ende der Rennliste stehen …", sondern besser: „Ab dem 1. Oktober bin ich immer unter den ersten zehn auf der Rennliste!" Warum? Weil Sie sich sonst ständig mit dem Ende der Rennliste beschäftigen – und Ihr Gehirn denkt Sie genau dahin. Das Gehirn denkt nicht „nicht". Das Gehirn hängt immer weiter an der Formulierung „Ende der Rennliste", und da bleiben Sie dann auch.

4.2.1 Zeit mit Zinseszins

Um alle Anweisungen durchzuführen, brauchen Sie durchschnittlich mindestens 2 h bis zu mehreren Tagen. Aber bevor Sie jetzt entnervt zu lesen aufhören, warten Sie bitte ab, was Sie dafür zurückbekommen: Sie erreichen alle beruflichen Ziele im Verkauf, die Sie erreichen wollen. Wenn ich von mehreren Tagen spreche, meine ich allerdings den kompletten Planungsprozess bis zu Ihrem Ziel. Wenn Sie meinen, das ist zu lang, dann werfen Sie dieses Buch *jetzt* bitte weg. Weil Sie nicht zur Zielgruppe gehören. Dieses Buch braucht Leser und Teilnehmer, die wirklich bereit sind, etwas für ihren Erfolg zu tun. Ich bin fest davon überzeugt: Ich habe das einfachste Programm dazu. Sie werden diese Zeit mit einem unglaublich hohen Zins zurückerhalten – in Geld oder in Zeit. In unserem Unternehmen haben wir so vielen Menschen geholfen, neue Kunden zu gewinnen und damit sehr viel mehr zu verdienen. Einige Klienten haben ihr Jahreseinkommen um 250 % erhöht. Wenn drei oder fünf Tage zusätzlicher Arbeit dafür nicht lächerlich wenig sind, kann ich Ihnen nicht helfen, und ich bezweifele auch, dass andere Menschen Ihnen helfen können. Meinen Sie wirklich, dass Sie alles so weitermachen können, wie Sie es bis gestern getan haben, und damit im Ernst morgen neue Ergebnisse generieren?

Anweisung 9

Halten Sie Ihre Vision fest! Formulieren Sie Ihre Ziele positiv! Seien Sie dabei positiv und haben Sie Spaß! Tun Sie es jetzt!

4.2 Ihr Ziel

Fragenkatalog

Der nachstehende Fragenkatalog hilft Ihnen, ein schönes Ziel zu formulieren. Wenn Sie mit einem negativen Ziel oder Problem starten, ist das in Ordnung. Fragen Sie sich aber: Was will ich stattdessen?

- Was habe ich erreicht, wenn ich nicht mehr in Problemen denke?
- Was werde ich haben, was ich vorher nicht hatte?
- Wie sieht das Bild zu diesem Ziel aus?
- Wie kann ich es selbst, aus eigener Kraft erreichen?
- Was werde ich tun, um es zu bekommen?
- Was brauche ich noch, um es zu erreichen?
- Wie ist mein erster Schritt zur Zielerreichung?
- Wie werde ich wissen, dass ich mein Ziel erreicht habe?
- Woran erkenne ich, dass ich mein Ziel erreicht habe?
- Ich tue so, als hätte ich mein Ziel erreicht: Was fühle ich? Was sehe ich? Was höre ich? Was rieche ich? Was schmecke ich?
- Wann möchte ich das Ziel erreicht haben?
- Mit wem möchte ich das Ziel erreichen?
- Wo werde ich das Ziel erreichen?
- Wann, wo und mit wem möchte ich es nicht erreichen?
- Was wird passieren, wenn ich bekomme, was ich will?
- Was wird passieren, wenn ich es nicht bekomme?
- Würde ich es annehmen, wenn es schon da wäre?
- Was ist das Schlimmste, was passieren kann, wenn ich mein Ziel erreiche?
- Was sind die möglichen Risiken?
- Welche Auswirkungen hat die Erreichung meines Zieles auf andere Lebensbereiche, auf andere Beziehungen?
- Was gebe ich auf?
- Was sind die Vor- und Nachteile? Wiegen die Vorteile die Nachteile auf?
- Ist das Ziel in Übereinstimmung mit meinen Werten und meinem Selbstverständnis?
- Was ist an diesem Ziel wichtig für mich?
- Was ist das Beste daran?
- Was hat sich mit der Erreichung dieses Ziels für mich erfüllt?
- Was ist nun sichergestellt, nachdem ich mein Ziel erreicht habe?
- Ich welcher Hinsicht bringt mich die Erreichung dieses Ziels weiter?

Wenn es bei der Beantwortung der Fragen an einigen Stellen Zweifel gibt – im Sinne von „ja, aber..." –, respektieren Sie sie, und gehen Sie diesen Gefühlen so lange auf den Grund, bis die Antworten eindeutig sind.

4.3 Ihr Zeitplan

Die meisten Menschen überschätzen, was sie selbst in einem Jahr erreichen können, und unterschätzen, was sie selbst in zehn Jahren erreichen können.
[unbekannt]

Silvester fassen die meisten Menschen gute Vorsätze ... und wann schauen sie in der Regel, ob sie diese Vorsätze eingehalten haben? Ein Jahr später! Das ist das Problem: Wenn Sie nur einmal im Jahr nachmessen, ändern Sie zwangsläufig auch nur einmal im Jahr den Kurs. Ob das oft genug ist? Es kommt darauf an, was Sie in diesem Leben noch erleben wollen und wie geduldig Ihr Chef mit Ihnen ist. Ich stecke gerade in einem großen Beratungsprojekt, das seit einem halben Jahr läuft und das in ungefähr 12 Monaten endet. Aus der Vergangenheit konnte ich mit diesem Kunden Folgendes lernen: Es wird ein Jahresziel abgesteckt, und nach 3 oder 4 Monaten ist in der Regel sonnenklar, dass dieses Ziel nicht mehr geschafft werden kann. Und es passiert ... nichts! Alle arbeiten weiter nach bestem Wissen und Gewissen – allerdings unter diesem vermeintlichen Druck. Was fehlt, ist ein Ersatzplan, ein „Plan B", mit dem wir das Ziel trotzdem erreichen. Wenn Plan B nicht schon unmittelbar beim Zielerfassungsprozess gemacht wird, gelingt er unter zeitlichem Druck nur in den wenigsten Fällen. Oder es wird ein neues Ziel gesetzt, an das alle glauben können – solange Sie Ihre Hauptrichtung kennen, ist das einfach zu erfassen.

Die Arbeit am Plan dauert ein bisschen: ein paar Abende oder Tage oder Wochenenden. Am besten, Sie versetzen sich in einen Zustand, in dem Sie Spaß am Planen empfinden. Wann war das zum letzten Mal der Fall? Vor dem Urlaub oder einem Fest? Beim Hausbau oder Umbau? Am besten, Sie machen es sich jetzt so angenehm wie irgend möglich. Denn Sie schreiben nun das Drehbuch zu Ihrem Berufsleben. Lassen Sie es sich dabei gut gehen. Es braucht seine Zeit. Und Sie können hier Stetigkeit üben. Nichts hat so viel Macht, wie wenn man stetig bei der Arbeit bleibt.

Stellen Sie sich vor, Sie wollen ein Haus bauen. Sie wissen, dass der Architekt einen Plan entworfen hat, auf dem verzeichnet ist, wie das Haus aussehen soll, welche Maße es hat, welche Materialien verwendet werden, Kosten, Termine usw. Wie seriös fänden Sie einen Architekten, der Ihnen ohne einen Plan verspricht: „Machen Sie sich keine Sorgen, wir bauen los und sind rechtzeitig fertig." Ihr Plan wird in ein paar „Unterpläne" gegliedert, damit es einerseits übersichtlicher wird und andererseits Ihr Zielerfolg – die plangemäße Baufertigstellung – während der Arbeit überwacht werden kann.

4.3.1 Ihr 90-Tages-Ziel

Damit Sie ein schönes 90-Tages-Ziel entwickeln, brauchen Sie zu dem Zehn-Jahres-Ziel noch ein Fünf-Jahres-Ziel. Teilen Sie dazu zunächst das Zehn-Jahres-Ziel in zwei gleich große Teile und überlegen Sie einen Augenblick, ob Sie sich selbst zutrauen, in fünf Jahren die Hälfte geschafft zu haben. Wie fühlt sich das an? Möglich oder ein bisschen zu groß? Wenn Sie das Ziel in fünf Jahren noch nicht glauben können, dann passen Sie es an. Machen Sie es ein bisschen kleiner, bis Sie daran glauben. Sie können davon ausgehen, dass es auf dem zehnjährigen Weg noch einen Zinseszinseffekt gibt. Der hilft Ihnen dabei, die eine oder andere Lücke zu schließen. Wenn Sie ein gutes Ziel für die nächsten fünf Jahre haben, gehen Sie einen Schritt weiter: zum Ein-Jahres-Ziel.

Die Festlegung dafür läuft entsprechend wie beim Fünf-Jahres-Ziel. Sie teilen das Fünf-Jahres-Ziel in fünf gleich große Teile und überlegen, ob Sie sich mit einem Fünftel in einem Jahr anfreunden können. Passt das? Oder ist es zu groß? Wenn es noch zu groß scheint, machen Sie es so klein, wie Sie es brauchen. Sie haben jetzt Ihr Jahresziel.

Das Jahresziel teilen Sie durch vier – im ersten Jahr gibt es keine Zinseszinsen und außerdem weiß ich, dass Sie ein Viertel schaffen können. Das ist Ihr Ziel für die nächsten 90 Tage oder 13 Wochen. Sie haben jetzt Ihre Vision und Ihr 90-Tages-Ziel. Arbeiten Sie bitte gar nicht weiter, bevor Sie nicht Ihre Vision und Ihr 90-Tages-Ziel entwickelt haben. Das wäre ungefähr so, als wenn Sie ein Haus bauen wollten, aber keinen Plan haben. Das wird nicht klappen...

4.3.2 Das Drehbuch Ihres Berufslebens

In Abb. 4.1 ist Ihre Lebenszeitleiste dargestellt. Schraffieren Sie bitte die Zeit, die schon abgelaufen ist. Entscheiden Sie sich, wann Sie voraussichtlich zu arbeiten aufhören. Die Zeit danach können Sie auch schraffieren. Wie viel Prozent der abgelaufenen Zeit haben Sie geplant, ablaufen lassen?

Nach den nächsten Sätzen höre ich von Coachees schreckliche Einwände: „Alles zu planen... das macht ja dann alles gar keinen Spaß mehr, da ist ja nichts mehr spontan!" Erstens: Wann waren Sie denn das letzte Mal spontan? Vielleicht kenne

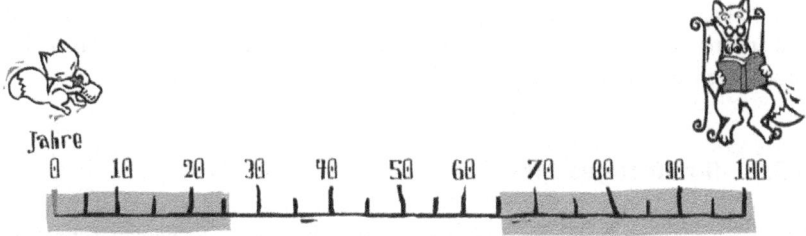

Abb. 4.1 Unsere Lebenszeitleiste

ich ja auch die falschen Leute, aber wann kommt mal einer „spontan" vorbei? Der Einzige, der das macht, bin ich... Wissen Sie, ich glaube, das ist eine weitere Geschichte, die eine Art Fortsetzung der Gehirnwäsche ist. Außerdem muss die Frage gestellt werden: Wie glücklich sind Sie denn mit Ihrer beruflichen Spontaneität bis jetzt geworden? Die meisten, die mir diesen Einwand geliefert haben, sind bei näherem Hingucken Treibholz des Schicksals. Die legen nichts fest – und deshalb haben andere, zum Beispiel (schlechte) Kunden, Chefs, Kollegen, Ehepartner, immer einen ziemlich guten Zugriff auf sie. Und das nennt mancher dann Spontaneität.

4.3.3 Hinderliche Erfahrungen

Dann gibt es aber auch die Planungssüchtigen. Wir alle kennen To-do-Listen in Zeitplanbüchern, Kalendern und Organizern. Der Begriff kann allerdings ein bisschen in die Irre führen. Die meisten Menschen neigen dazu, diese To-do-Listen, die in der Planungszeit entwickelt werden, Stück für Stück umzusetzen. Aber es geht ja gar nicht um die To-dos selbst. Es geht um das, was durch die To-dos bewegt werden soll. Zum Beispiel sollen nicht 20 potenzielle Kunden angerufen werden (das könnte z. B. ein To-do sein), sondern es sollen Abschlüsse getätigt werden. Und das führt in einigen Fällen zu veränderten Handlungen: Zum Beispiel schreibt man diese Kunden zunächst an und stellt fest, dass sich die Terminquote und danach die Abschlussquote verbessert ...

Die meisten Zeitmanagementsysteme, die wir heute nutzen, sind in der Zeit zwischen 1930 und 1950 entwickelt worden. Und wir finden die To-dos heute auch in Palms und Outlook-Oberflächen wieder. Wenn Sie sich an die PC-Generation erinnern, die vor 15 Jahren auf dem neuesten Stand war: Da konnte man nicht ganze Dokumente oder Dateien auf einmal bearbeiten, es mussten immer wieder fünf oder zehn Seiten „hochgeladen" werden. Können Sie sich vorstellen, dass Sie Ihre Arbeit mit diesen Computern heute erledigen könnten? Nein? Warum meinen

Sie dann, dass Sie mit Zeitmanagementsystemen, die 50 Jahre alt sind, heute gut zurechtkommen? Ich glaube, ich weiß warum: Weil Sie sich daran gewöhnt haben, dass es Spaß macht, die einzelnen Zeilen oder Stichworte auf den To-do-Listen durchzustreichen. Wie beim Einkaufszettel.

Weiterführende Literatur

Ackermann, Andreas. 2004. *Ziele erreichen – Probleme lösen.* CD mit dem Ackermann Mentaltraining. München.
Amzarakova, Irina P. 2002. *Bewertung im Sprachgebrauch von Grundschulkindern.* Bonn.
Balters, Antje. 2001. *Mut zum NEIN sagen.* Asslar.
Bandler, Richard, und Donner Paul. 1998. *Die Schatztruhe* (NLP im Verkauf). Paderborn.
Bandler, Richard, und MacDonald Will. 2009. *Der feine Unterschied.* 5. Aufl. Paderborn.
Behrens, Katja, und Helen Keller. 2001. Weinheim.
Berg, Art. 2002. *The impossible just takes a little longer.* New York.
Bettger, Frank. 2002. *Lebe begeistert und gewinne.* Zürich.
Birkenbihl, Vera. F. 1994. *Trotz Schule lernen!* München.
Birkenbihl, Vera. F. 2000a. *Kommunikationstraining.* München.
Birkenbihl, Vera. F. 2000b. *Stroh im Kopf.* München.
Birkenbihl, Vera. F. 2013a. *Fragetechnik schnell trainiert.* 14. Aufl. München.
Birkenbihl, Vera. F. 2013b. *Kommunikation für Könner.* 52. Aufl. München.
Blanchard, Kenneth, und Bowles Sheldon. 1998. *Raving fans.* New York.
Blanchard, Kenneth, und Bowles Sheldon. *Gung Ho.* Reinbek.
Blanchard, Kenneth, und Johnson Spencer. 2000. *Der Einminuten-Manager.* Reinbek.
Blanchard, Kenneth, Oncken William, und Burrows Hall. 2001. *Der Minuten Manager und der Klammer-Affe.* Reinbek.
Brown, W. Stephen. 1985. *Todsünden des Managers.* Zürich.
Burg, Bob. 1998. *Endless referrals.* New York.
Carr, Allen. 1998. *Endlich Nichtraucher!* München.
Carroll, Lewis. 1998. *Alice im Wunderland.* Frankfurt a. M.
Carse, James P. 1987. *Finite and infinite games.* Toronto.
Chernow, Ron. 2000. *John D. Rockefeller: Die Karriere des Wirtschaftstitanen.* Rosenheim.
Cialdini, Robert B. 1993a. *Influence, how and why people agree to things.* New York.
Cialdini, Robert B. 1993b. *The psychology of persuasion.* New York.
Clason, George S. 2002. *Der reichste Mann von Babylon.* Zürich.
Coué, Emile. 1993. *Die Selbstbemeisterung durch bewusste Autosuggestion.* Basel.
Covey, Stephen R. 1998. *Die sieben Wege zur Effektivität.* München.
Crum, Thomas F. 1988. *The magic of conflict.* New York.
Csikszentmihalyi, Mihály. 2004. *Flow.* Stuttgart.
Dalai Lama. 2002. *Die Regeln des Glücks.* Bergisch Gladbach.
Dickens, Charles. 2002. *Eine Weihnachtsgeschichte.* Hamburg.
Dillmann, Bruce. 1992. *Ziel um Ziel.* Paderborn.
Dyer, Wayne W. 2000. *Der wunde Punkt.* Reinbek.
Dyer, Wayne W. 2001. *Wirkliche Wunder.* Reinbek.

Eker, Harv T. 2005. *Secrets of the millionaire mind.* New York.
Eliot, L. 2001. *Die Gehirnentwicklung in den ersten fünf Lebensjahren.* Berlin.
Fensterheim, Herbert, und Baer Jean. 1977. *Sag nicht JA, wenn Du NEIN sagen willst.* München.
Fischer, Joschka. 2001. *Mein langer Lauf zu mir selbst.* München.
Frankl, Viktor E. 2001. *Das Leiden am sinnlosen Leben.* Freiburg.
Franklin, Benjamin. 1997. *Autobiographie.* München.
Fridson, Martin S. 2001. *Milliardäre und ihre Erfolgsgeschichten.* Rosenheim.
Gallwey, T. Timothy. 2002. *Selbstcoaching.* Nürnberg.
Girard, Joe, und Robert L. Shook. 1998. *Abschlußsicher verkaufen.* Wiesbaden.
Goleman, Daniel. 2001. *EQ2 – Der Erfolgsquotient.* München.
Goleman, Daniel. 2002. *EQ – Emotionale Intelligenz.* München.
Hill, Napoleon. 2000. *Denke nach und werde reich.* Kreuzlingen.
Hill, Napoleon, und W. Clement, Stone. 2000. *Erfolg durch positives Denken.* Kreuzlingen.
James, Tad, Lorraine Flores, und Jack Schober. 2001. *Kompaktkurs Hypnose.* Paderborn.
Kiyosaki, Robert T., und Sharon L. Lechter. 2002. *Reichtum kann man lernen.* München.
Klein, Stefan. 2002. *Die Glücks-Formel.* Reinbek.
Kostolany, André. 1998. *Kostolanys großes Börsenseminar.* München.
Kotter, John P. 1997. *Matsushita.* Wien.
Lazarus, Arnold, und Fay Allen. 2002. *Ich kann, wenn ich will.* München.
Lelord, François. 2004. *Hectors Reise oder die Suche nach dem Glück.* München.
Lewis, C. S., Malcolm Muggeridge, und Dorothy L. Sayers. 1998. *Alles Übrige ist eine Sache des Fliegens.* Gießen.
Löhr, Jörg. 2004. *Lebe deine Stärken!* Berlin.
MacKenzie, Gordon. 1998. *Orbiting the Giant Hairball.* New York.
Maltz, Maxwell. 1990. *So können Sie werden, wie Sie sein möchten.* Genf.
McCormack, Mark H. 1997. *Die Schule des Verhandelns.* Frankfurt a. M.
Miller, R. B., und S. E. Heimann. 1985. *Strategie selling.* New York.
von Münchhausen, Marco. 2004. *So zähmen Sie Ihren inneren Schweinehund!* München.
Murdon, Rebecca. 2007. *The Pursuit of Happyness (Das Streben nach Glück).*
Murphy, Joseph. 2000. *Werde reich und glücklich.* München.
Peale, Norman Vincent. 2011. *Die Kraft des positiven Denkens.* 4. Aufl. Zürich.
Popper, Karl R. 2004. *Alles Leben ist Problemlösen.* München.
Pryor, Karen. 1999. *Positiv bestärken – sanft erziehen.* Stuttgart.
Ratelband, Emile. 1998. *TSJAKKAA!* Düsseldorf.
Ratelband, Emile. 1999. *Der Feuerläufer.* München.
Rentsch, Hans-Peter. 2000. *Der Samurai-Verkäufer.* Wiesbaden.
Robbins, Anthony. 1998a. *Das Prinzip des geistigen Erfolgs.* München.
Robbins, Anthony. 1998b. *Grenzenlose Energie.* München.
Robbins, Anthony. 2003. Das *Robbins PowerPrinzip.* München
Rüegg, J. C. 2001. *Psychosomatik, Psychotherapie und Gehirn: Neuronale Plastizität als Grundlage einer biopsychosozialen Medizin.* Stuttgart.
Schucman, Helen. 1999. *Ein Kurs in Wundern.* Zürich.
Schwarz, Norbert. 1988. Judgements of relationship satisfaction. *Journal of Social Psychology* 18:485–496.
Schwarz, Norbert. 2002. Judgements of relationship satisfaction. *Journal of Social Psychology* 18:485–496 (zitiert nach Klein, Stefan: Die Glücks-Formel). Reinbek.

Weiterführende Literatur

Schwarz, Tony, und Jim Loehr. 2003. *Die Disziplin des Erfolgs*. München.
Seiwert, Lothar J. 2003. *Das neue 1 × 1 des Zeitmanagements*. München.
Seligmann, Martin E. P. 1990. *Pessimisten küsst man nicht*. München.
Seligmann, Martin E. P. 1999. *Erlernte Hilflosigkeit*. Weinheim.
Stollreiter, Marc, und Johannes Völgyfy. 2001. *Selbstdisziplin*. Offenbach: GABAL.
Tepperwein, Kurt. 2001. *Die hohe Schule der Hypnose*. München: Moderne Verlagsges.
Trump, Donald, und Meredith McIver. 2004. *Wie man reich wird*. München: FinanzBuch Verlag.
Vengel, Alan, und Wright Greg. 2004. *Gardening*. Offenbach.
Walsch, Neale Donald. 1997. *Conversations with god* (Book One). London: Hampton Roads Pub Co.
Watzlawick, Paul. 1995. *Vom Unsinn des Sinns oder vom Sinn des Unsinns*. München: Piper.
Watzlawick, Paul. 2002. *Die erfundene Wirklichkeit*. München: Piper.
Watzlawick, Paul. 2004. *Anleitung zum Unglücklichsein*. München: Piper Taschenbuch.
Weimer, Wolfram. 1995. *Kapitäne des Kapitals*. Frankfurt a. M.
White, Michael, und John Gribbin. 1997. *Stephen Hawking*. Reinbek.
Williamson, Marianne. 1992. *A return to love*. New York: Harper Collins.
Zeig, Jeffrey K., Hrsg. 1999. *Meine Stimme begleitet Sie überallhin*. Donauwörth: Klett-Cotta.

Ihr Plan 5

▶ Im vorangegangenen Kapitel haben Sie ein Ziel für sich formuliert – das ist die Idee, das „Warum". Sie wissen jetzt wirklich alles Grundlegende, jetzt folgt nur noch die praktische Umsetzung. Nicht schwer. Wirklich leicht. Kostet allerdings wieder ein bisschen Zeit. Und es geht jetzt um das Tun. Für Ihre Planung liefern wir Beispiele und die Hilfe zur Selbsthilfe: Wie muss ich planen, was ist schriftlich zu fixieren? Wie gehe ich mit Misserfolg um und wie überprüfe ich mich?

5.1 Zeitmanagement und Stetigkeit

Sage nie, du hättest nicht genügend Zeit … Jeder deiner Tage hat genauso viele Stunden wie der von Mutter Theresa, Albert Schweitzer, Werner v. Siemens, Franziska von Almsick, Elton John, Mahatma Gandhi und Madonna. Niemand – außer dir – kann dich davon abhalten, deine Fähigkeiten zu nutzen und deine Träume zu leben. [unbekannt]

Ihre Zeit ist Ihr individuelles Kapital. Verfügen Sie selbst darüber. Die andere Option ist, dass Sie lediglich Teil eines Planes sind, der von anderen entwickelt wurde. Sie spielen darin keine aktive Rolle, Sie sind ein Spielball. Sie werden von anderen benutzt. Möchten Sie, dass es ein bisschen schöner klingt? Ihre Arbeits- und Schaffenskraft wird von anderen genutzt. Der Plan beschreibt die Schritte auf dem Weg zum Ziel. Der Plan stellt sicher, dass Sie über genügend Ressourcen – zum Beispiel Zeit und Geld – verfügen, damit Sie das Ziel realisierbar machen. Es gibt ein paar grundsätzliche Wahrheiten, schauen Sie dazu erst einmal in Ihre Unterlagen aus

Abb. 5.1 Verkaufstrichter nach Miller-Heimann

der Vergangenheit – meistens genügt Ihr Kalender. Wenn Sie die nachfolgenden Zahlen nicht genau bestimmen können, schätzen Sie einfach: Es ist besser, mit ein paar geschätzten Zahlen zu arbeiten, als nichts zu tun. Möglicherweise können Sie den im Folgenden skizzierten Trichter nicht eins zu eins übernehmen, es wird Ihnen aber leichtfallen, Ihren persönlichen Trichter anzupassen. Nach Miller-Heimann (Miller-Heimann 1985) sieht der „Verkaufstrichter" wie in Abb. 5.1 skizziert aus.

Sie kennen das: Wie viele Angebote haben Sie in der Vergangenheit geschrieben, um einen Abschluss zu machen? Wie viele erste und zweite Termine haben Sie gemacht, und wie viele Telefonate haben Sie geführt, um diese Termine zu vereinbaren? Sie können die Tabelle mit Hilfe Ihres Terminkalenders und mit ein bisschen Erinnerungsvermögen für das letzte Jahr ausfüllen ….

5.1 Zeitmanagement und Stetigkeit

Normalerweise bin ich ein Motivator. An dieser Stelle aber bin ich bei fast allen Teilnehmenden der Bremser. Klingt komisch, ist aber notwendig: Meistens spare ich mir das Gerede und lasse die Leute einfach eine Woche ihre Wochenziele verfolgen. Mindestens 95 % aller Verkäufer überschätzen, was sie in einer Woche in der EPZ (Einkommen produzierenden Zeit) bewegen können. Unglaubliche Zahlen von Erstanrufen inklusive Vor- und Nachbereitung, acht Termine am Tag – alles kein Problem. Ich sage Ihnen was: Die Lösung ist nicht, dass Sie sich den Tag so vollpacken, dass Sie nach 3 Tagen nicht mehr hochkommen und keine Lust mehr haben. Die Lösung ist Stetigkeit. 15 min. Immer wieder. Keine Ausreden. Kein schlechtes Wetter. Nichts kann Sie aufhalten. Sie fahren einfach genau den Kurs, den Sie sich vorgenommen haben. 90 Tage lang. Zunächst sieben Tage lang. Aber jetzt denken Sie erst einmal nur bis heute Abend. Wenn Sie heute Abend dort ankommen, wo Sie hinwollen – dann kommen Sie morgen Abend auch dort an, wo Sie morgen Abend sein wollen. Und in dieser Woche. Sie ahnen es? Passen Sie ein bisschen auf sich auf. Passen Sie auf, dass Sie die Ziele realisieren können. Weniger ist an dieser Stelle ganz sicher mehr.

5.1.1 Weniger ist mehr ...

Jetzt nochmal schnell andersherum: das „Aber!" Natürlich will ich Sie auch nicht zum Bummeln verleiten. Kürzlich habe ich mit zwei Verkäufern zusammengesessen, die keine Termine hatten (ehrlich wahr: gar keine). Ich wollte wissen, wie viele Telefonate die beiden denn täglich führen. Nach langem Herumdrucksen (macht mich natürlich immer schon misstrauisch) sagte der eine „fünfzig" und der andere „dreißig". Ich sagte: „Gut, wir telefonieren mal los und schauen, wie lange ein Gespräch dauert. Keine Hetzerei. Einfach mal fleißig sein." Nach 57 min hatten wir 26 Anrufe gemacht. Wenn man nur 20 Anrufe pro Stunde rechnet, kommt man in 8 h bei 160 an. Wissen Sie, was ich meine? Verstehen Sie mich bitte richtig. Die hatten vorher auch gearbeitet und vor dem Anruf erst einmal das anzurufende Unternehmen gegoogelt. Während sie sich durch die Seiten arbeiteten, überlegen sie schon die ganze Zeit, warum man gerade in diesem Unternehmen lieber doch nicht anrufen sollte ... Raten Sie mal, wann man abends mehr kaputt ist? Wenn man 30 Anrufe macht und 130 Adressen lieber nicht anruft, weil man weiß, dass die 130 das eigene Produkt nicht haben wollen und keinen Termin macht? Oder wenn man 160 Leute anruft und zwei Termine macht? (So machen die beiden das jetzt). Meinen Sie, dass die Telefonate täglich besser werden, wenn man 160 Mal mit Leuten gesprochen hat? Was soll ich noch fragen?

Zusammenfassung: Ich weiß, dass Sie mit stetiger (15 min-Prinzip) angemessener Schlagzahl (fleißiges Tun), die Sie jeden Tag gut erreichen können (weniger ist mehr), alles schaffen, was Sie schaffen wollen.

5.1.2 Wo bleibt die Zeit?

Sie haben an einem dieser Tage wieder nicht getan, was getan werden musste. Sie wissen das. Das kommt in erster Linie daher, weil Sie von morgens an dem Syndrom hinterhergelaufen sind, das alle Menschen kennen: „Ich räume nur mal eben meinen Schreibtisch auf, kümmere mich um E-Mails usw." Als Sie endlich hätten anfangen können, sich um die wirklich wichtigen Dinge zu kümmern – tja, da war der Tag vorbei. Ich höre Sie sagen: „Aber diese ‚normalen' Tätigkeiten müssen doch auch erledigt werden ..." Lassen Sie uns gemeinsam überlegen, welchen Preis Sie dafür zahlen. Wenn Sie Ihren Schreibtisch aufräumen, dann haben Sie als „Plus":

- Ihr Schreibtisch ist aufgeräumt,
- Sie haben ein gutes Gefühl, weil alles in Ordnung ist,
- Sie sind sich sicher, dass alles in einigermaßen geregelten Bahnen verläuft.

Allerdings:

- Sie haben Ihre Einkommen produzierenden Tätigkeiten nicht wahrgenommen,
- Sie laufen wieder mit einem schlechten Gewissen herum,
- Sie haben sich einen Tag mehr daran gewöhnt, dass dieses Vorgehen „normal" ist, und es schleift sich noch ein bisschen mehr ein (das ist für mich das Schlimmste).

Man kann sich die Zeitverteilung auch anhand des Pareto-Prinzips verdeutlichen: In 20 % Ihrer Zeit haben Sie 80 % Ihres Erfolgs getätigt. Ich habe mal in einem Vortrag gesessen, in dem das noch weitergetrieben wurde: Innerhalb der 20 % Ihrer Zeit, in denen Sie die 80 % erreichen, gilt das Pareto-Prinzip wieder!

▶ 20 % Zeit → 80 % Erfolg

Das heißt zum Beispiel: An einem 8 h-Tag (480 min) sind das 96 min oder eineinhalb Stunden, an einem 10 h-Tag (600 min) 120 min oder 2 h. Das war der „erste" Pareto. Wenn das aber innerhalb der 20 % nochmal gilt, heißt das:

▶ 20 von 20 % sind 4 % → 80 von 80 sind 64 % Erfolg

5.1 Zeitmanagement und Stetigkeit

Das heißt folglich: An einem 8 h-Tag sind 20 % (der 96 min) 19 min und bei einem 10 h-Tag (120 min) 24 min., die 64 % des Erfolges bringen. Damit ist der wichtigste Plan oder sind die wichtigsten Anrufe gemeint. Ich liebe solche Rechnungen, obwohl sie natürlich nicht stimmen können. Aber Sie machen den Punkt ganz gut klar. Es gibt ein paar Tätigkeiten, die bringen Sie sehr viel weiter. Und ich weiß, dass Sie ein anderes Berufsleben führen werden, wenn Sie sich ab heute konsequent um diese wichtigsten Minuten kümmern. Sie wissen das auch. Sie haben in der Vergangenheit nicht danach gehandelt. Sie ändern das jetzt einfach.

5.1.3 Durchschlagskraft

Hier kommt es jetzt darauf an, sich zu konzentrieren. Nehmen Sie bitte einen frisch gespitzten Bleistift in die Hand, legen ihn mit der langen Seite auf Ihren linken Arm und drücken Sie so stark Sie können. Tut es weh? Ein bisschen vielleicht, aber nicht wirklich. Setzen Sie bitte die Spitze des Bleistiftes auf Ihren Armrücken ... und drücken Sie. Merken Sie den Unterschied? Wenn Sie die Kraft auf einen Punkt konzentrieren, bewirken Sie damit sehr viel mehr. Es ist der gleiche Unterschied wie zwischen einem Schrot- und einem Kugelschuss. Die Durchschlagskraft ist bei der Kugel sehr viel höher. Soll heißen: Es kommt während Ihrer Verkaufszeit darauf an, sich wirklich auf das Verkaufen zu konzentrieren. Sie und ich wissen, dass die Möglichkeiten, abgelenkt zu werden, vielfältig sind. Es gibt in meinen Seminaren immer einige Teilnehmer, die dem Multitasking-Gedanken verfallen und sagen: „Es müssen immer mehrere Dinge gleichzeitig geschehen." Sie haben immer mindestens vier Anwendungen auf ihrem Computer gleichzeitig geöffnet. Sie schauen immer mit einem Auge, ob gerade eine E-Mail hereinkommt. Natürlich sind Sie per Handy und Telefon jederzeit erreichbar. Ich möchte, dass Ihre Arbeit Ihnen leicht von der Hand geht.

Ich möchte, dass Sie einmal etwas ausprobieren. Sie wissen, dass irgendetwas zu ändern ist, wenn Sie andere Ergebnisse erzielen wollen. Am einfachsten ist das, wenn Sie sich dazu im so genannten „Flow-Zustand" befinden. Mehr dazu finden Sie im Buch von Mihály Csikszentmihalyi (siehe Literaturverzeichnis). Sie brauchen dazu aber auch nicht unbedingt ein Buch zu lesen, Sie kennen Flow schon. Hier eine schnelle Kurzbeschreibung: Am einfachsten kann ich diesen Flow-Zustand sehen, wenn ich mir Faber, unseren Sohn, anschaue. Ich glaube, die Flow-Zustände sind ein natürlicher Zustand bei allen Kindern, Faber nutzt das aber mehr als jeder andere Mensch, den ich kenne: Er ist nahezu immer mit allen Sinnen, mit allen Fasern seines Körpers vollständig in der Gegenwart, er ist vollständig mit dem beschäftigt, was er in diesem Moment tut. Er gibt 150 % von sich und er nimmt 150 % aus der Situation. Er macht das fast perfekt. Und das ist immer so: ob er mit seiner Carrera-Bahn spielt oder mit einem Ball, ob ich ihm etwas vorlese oder er einen Turm baut. Oder ob er einschläft. Selbst wenn er schläft. Obwohl es hier auf die Konzentration im Verkauf ankommt, brauchen Sie die Konzentration nicht auf den Verkauf zu beschränken. Wichtig ist, dass Sie sich überhaupt konzentrieren können. Sensationell, dass Sie „Konzentration" nahezu immer und überall üben können. Ob Sie auf den Bus warten, Zwiebeln schneiden, telefonieren, einen Brief schreiben ... Üben Sie, wo Sie können.

Ich komme jetzt wieder zu Ihnen und Ihrem Zustand: Sie kennen ihn. Sie tun etwas, haben dabei Freude und sind vollständig konzentriert. Was immer Sie in diesem Zustand tun, es wird sehr gut. Sie merken nicht, wie die Zeit vergeht. Genauso werden Sie ab jetzt arbeiten. Sie brauchen wirklich keine weiteren Anleitungen dazu. Sie machen das jetzt einfach. Alles abschalten, was Sie von EPZ (Einkommen produzierender Zeit) abhält, und los. Hängen Sie ein Schild an Ihre Tür, dass Sie die Kollegen gern ab 17 Uhr zurückrufen, nehmen Sie Anrufe nicht an, sondern rufen Sie zurück, wenn Sie im Auto sitzen. Leiten Sie die Anrufe auf einen Kollegen um. Der erzählt allen Anrufern, wann Sie zurückrufen. Schalten Sie Outlook oder Notes ab. Für die nächste Zeit gibt es keine Erreichbarkeit. Keine E-Mail. Wenn Sie das noch nie gemacht haben: Sie werden sich wundern, was Sie alles schaffen. Nun einfach tun ....

5.2 Fehlschläge

> Was würden Sie tun, wenn Sie wüssten, dass es nicht schiefgehen kann? Wie sehr würden Sie sich anstrengen?
> [Anthony Robbins]

Manche Zeitmanagementmethoden und Erfolgsrezepte zielen darauf, dass man immer abwechselnde Tätigkeiten vornimmt: „Machen Sie eine Stunde die ungeliebte Kaltakquise, und danach belohnen Sie sich mit einer halben Stunde Ablage." Ich hasse das, weil es wieder die alte Gehirnwäsche aktiviert: Kaltakquise scheint nicht „gut", nicht einfach, und dafür ist „Ablage" eine „gute" Tätigkeit. Das ist wirklich völliger Unsinn. Was natürlich nicht heißen soll, dass Sie sich nicht eine halbe Stunde besser auf die Telefonate konzentrieren können, als wenn Sie sich drei Wochen Kaltakquisition in Ihren Plan schreiben. Wenn Sie sich zusätzlich an Ergebnissen statt an To-dos orientieren, ist garantiert, dass Sie in kurzen Zeiteinheiten sehr viel bewegen können und einen abwechslungsreichen Tag erleben.

Ab und zu werden Sie Dinge erleben, die Ihnen früher wie Fehlschläge vorgekommen sind. Das ist ganz normal. (Es gibt übrigens nur einen einzigen Platz,

5.2 Fehlschläge

auf dem sich Hunderte von Menschen versammeln, die keinen einzigen Fehlschlag mehr erleben. Dieser Platz ist der Friedhof.) Kurz: Diese „Fehlschläge" sind ein Zeichen dafür, dass Sie lebendig sind. Sie gehören noch dazu. Und hören Sie endlich auf, die immer wieder als „schlecht" zu bewerten. Denken Sie an das „Laufen lernen". Manchmal ist gar nicht ersichtlich, warum wir diese Fehlschläge erleben. Es lassen sich allerdings unglaubliche Dinge aus den Fehlschlägen lernen. „Fehlschläge" sind manchmal Wegweiser für Abkürzungen zum Ziel. (Zuweilen müssen Sie sich allerdings auch einfach nur durchbeißen. In jedem Fall können Sie danach aber besser verkaufen – weil Sie besser geworden sind.)

Ein Beispiel von Tim, einem Versicherungsverkaufs-Coachee: Tim und ich planten seine Umsätze für 90 Tage, und Tim hatte sich ein sehr ehrgeiziges Ziel gesetzt: eine 250-prozentige Steigerung der Umsätze im Vorjahresvergleich. Nach 30 Tagen wussten wir, dass wir den Plan mit den vorgesehenen Maßnahmen nicht schaffen würden. Das hieß, Tim musste etwas verändern – und das tat er in drei Bereichen:

- Er bearbeitete weitere neue Adressen und selektierte nach dem ersten Besuch die Kunden, die wirklich das Potenzial für definierten, willkürlichen Mindestumsatz mit ihm besaßen. Dazu stellte er einfach ein paar Fragen, die er vorher noch nicht gestellt hatte. Für die „anderen" Kunden hatte er in den verbleibenden sechs Wochen buchstäblich keine Zeit mehr. Sie verbrauchten einen großen Teil seiner EPZ. Er konnte das Ziel nicht mehr schaffen, wenn er sich weiter mit ihnen beschäftigte. Die Lösung: Diese Kunden bekamen im Anschluss an das Erstgespräch alle Unterlagen zugesandt, die sie für einen Vertragsabschluss brauchten. An den entsprechenden Stellen waren mit kommentierenden Post-it-Klebern und Textmarker die Stellen markiert, an denen noch Eintragungen erfolgen mussten. Dazu wurde ein Telefontermin für Fragen vereinbart. Im Zweifel würde Tim diese Kunden bei einem späteren Termin im Laufe des nächsten Jahres versorgen.
- Es gibt bei vollen Terminkalendern immer wieder die Situation, dass ein Kunde kurzfristig absagt. Für die „Absager" gab es im „zweiten Anlauf" keine Termine zu den wirklich begehrten Zeiten (im Falle von Tim mittags und abends) mehr. Für sie wurden vormittags und nachmittags Zeiten gefunden. Das heißt, die „guten" Zeiten wurden für die „guten" Kunden reserviert.
- Der zweite Follow-up-Termin, also der dritte Termin insgesamt, wurde gar nicht mehr wahrgenommen. Die Kunden, die nach dem zweiten Termin nicht kauften, kauften in den meisten Fällen auch nach dem dritten Termin nicht. Wir hatten das anhand des Kalenders des letzten Jahres gesehen. Die Abschlussquote war einfach zu schlecht – es war leicht zu erkennen, dass in der Zeit der

„dritten Termine" besser ein Termin mit einem ganz neuen potenziellen Kunden vereinbart werden sollte. Nur die Gewohnheit hatte Tim dreimal zu den Kunden laufen lassen ... er kannte die eben schon ein bisschen besser als einen neuen Kunden.

Im Nachhinein können wir sagen, dass Tim und ich aus diesem vermeintlichen Fehlschlag gelernt haben, wie man dieses Ziel und zukünftige Ziele mit einem erheblich kleineren Aufwand erreicht. Es war kein Fehlschlag. Es war ein Wegweiser.

5.2.1 Ich bin gerade nicht so gut drauf

Manchmal befinden Sie sich in der Situation, nicht positiv sein zu können, wenn Sie an Ihre Arbeit, an Ihr Ziel denken. Weil Sie einfach „nicht gut drauf sind". Falls das ein grundsätzliches Problem ist, steht Ihr Ziel nicht in Übereinstimmung mit Ihren Werten. Dann wäre es an der Zeit, die Kompassnadel neu auszurichten – also wirklich über Ihre Arbeit nachzudenken. Aber meistens handelt es sich nur um eine momentane „Laune" des Schicksals. Und deshalb: Planen Sie für diesen Fall. Sie werden dann etwas tun, etwas, was Sie schnell in einen besseren Zustand versetzt. Hier einige Vorschläge:

- Joggen gehen: Sie denken „So viel Zeit habe ich nicht." Weiter unten lesen Sie, dass Bill Clinton als Präsident und Joschka Fischer auch die Zeit gefunden haben. Bei mir persönlich wirkt Joggen immer, es ist so eine Art Garantieschein. Falls Sie Joggen nicht mögen oder es in Ihren Tagesablauf nicht hineinpasst: Versuchen Sie irgendwie, Ihren Körper in Bewegung zu bekommen, denn wenn Sie Ihren Körper bewegen, verändert sich Ihr Gefühl. Deshalb ist es zum Beispiel schwierig, bei ausgelassenem, fröhlichem Tanzen depressiv zu sein. Machen Sie etwas, was Ihrem Körper erlaubt, in einen anderen Modus zu gelangen. Manchmal tut es schon ein Gang zum Kopierer, oder Sie spazieren einmal um den Block.
- Lesen: Greifen Sie sich irgendetwas, was mit Ihrem derzeitigen Problem nichts zu tun hat. Nehmen Sie lieber ein Buch als Zeitungen, und zwar aus folgendem Grund: Zeitungen schreiben mehr negative als positive Nachrichten. Sie brauchen in diesem Zustand aber keine negativen Nachrichten! Aus den gleichen Gründen ist TV-Zapping problematisch. Wenn Sie sich dagegen gezielt etwas Lustiges ansehen, kann das helfen.

- Musik: Für mich gibt es immer ein paar CDs oder MP3s, die zu meinen absoluten Lieblingen gehören und deshalb meine Laune innerhalb von kürzester Zeit wieder auf die Höhe bringen.
- Lachen (ein Tipp von Vera F. Birkenbihl): Spannen Sie alle Muskeln in Ihrem Gesicht so an, als würden Sie lachen. Wenn Sie das konsequent für mindestens 45 Sekunden durchhalten, wird sich Ihre Stimmung ändern. Es gibt Menschen, die dazu während Ihrer Arbeitszeit auf die Toilette gehen, um von Ihren Kollegen nicht komisch angesehen zu werden.

5.3 Prioritäten setzen

Was man nicht zu machen braucht, braucht man nicht auch noch gut zu machen.
[William Oncken Jr.]

In Zukunft werden Sie in der Zeit, die Ihnen zur Verfügung steht, mehr Umsatz machen. Das scheint zunächst deshalb unerfreulich, weil Sie auch jetzt schon genug zu tun haben. Dennoch wollen und werden Sie 20 % mehr Umsatz machen. Wie? Ganz tief in Ihnen steckt das Wissen, dass Sie Ihre Zeitherausforderungen mit Leichtigkeit lösen können, deshalb reichen kurze Anstöße, damit Sie das Beschriebene auf Ihren Arbeitsplatz übertragen. Ich schildere Ihnen das Grundgerüst, wie Sie Ihr persönliches Zeitmanagement anschließend durchführen – ob mit Metaplan, Outlook, Filofax oder PalmPilot, ist nur noch eine Geschmacksfrage.

Einer meiner ersten Kollegen war ein Mensch, bei dem alle anderen Mitarbeiter und sein Vorgesetzter das Gefühl hatten, dass er gut mit seiner Zeit auskommt. Sein sehr aufgeräumter Schreibtisch stand an einer Wand, an der ein großes Poster hing, das so aussah, wie in Abb. 5.2 dargestellt.

Möglicherweise würde sich der alte Ike im Grab umdrehen, wenn er wüsste, dass wir heute mit seinem Namen Zeitmanagementsysteme benennen. Aber so finden Sie es in der Literatur: als „Eisenhower-Prinzip". Wir starten mit der Benennung der Achsen: Nach oben wird die „Wichtigkeit" abgetragen, nach rechts die „Dringlichkeit". Für viele ist das schon nicht ganz leicht. Die Mischung von „Wichtigkeit" und „Dringlichkeit" bringt wahrscheinlich eine Menge Unordnung in unser aller Zeitmanagement. „Wichtigkeit" können Sie in Ihrem Berufsleben zum Beispiel in der Einheit Geld (oder Euro) erfassen. Das heißt ganz einfach, ein potenzieller Kunde mit einem Auftrag über 1000 € ist wichtiger als ein Kunde mit einem Auftrag über zehn Euro. Mit der Dringlichkeit ist es ein bisschen schwieri-

Abb. 5.2 Das „Eisenhower-Prinzip"

ger. Es hat etwas mit „Zeit" zu tun, und zwar in der Form, dass je „dringlicher" eine Angelegenheit ist, desto weniger Zeit vorhanden ist.

5.3.1 Wegwerfen

Wir starten im Diagramm unten links. Lassen Sie mich kurz zeigen, wie ich dieses Feld kennen gelernt habe. Bei meinem ersten Arbeitgeber wurde ich von meinem Vorgänger namens Ulrich vier Wochen eingearbeitet. Wir erledigten die wichtigsten Dinge, was für mich sehr hilfreich war. Wir schafften es allerdings nicht, einen Stapel näher zu betrachten, der auf der rechten vorderen Ecke des Schreibtisches in einem Ablagekorb lag. Der Stapel war zu der Zeit ungefähr 15 cm hoch. Ulrich sagte zu mir: „Das sind ein paar Dinge, um die kannst du dich kümmern, wenn du ein bisschen Zeit hast …". Sprach's und verschwand, weil die vier Wochen der Einarbeitungszeit abgelaufen waren. So weit, so gut. Ein paar Wochen später saß ich abends an meinem Schreibtisch und hatte ein bisschen Zeit. Der Stapel im

Ablagekorb war inzwischen auf die doppelte Höhe angewachsen – ein paar Fachzeitschriften, Memos aus anderen Abteilungen usw. waren dazugekommen. Ich schaute den Stapel an und fragte ihn: „Was machen wir jetzt miteinander?" Und nach einigem Nachdenken nahm ich ihn in die Hände, hob ihn auf und ließ ihn wieder los – direkt über dem Papierkorb. Der Stapel war weg. Und das ist das, was Eisenhower nachgesagt wird: Wirf es weg. Tue es gleich. Was mir anschließend passiert ist? Nichts, gar nichts.

Natürlich zahle ich ein- oder zweimal im Jahr den Preis für das schnelle Wegwerfen. An diesen Tagen können Sie mit einem Anruf von mir rechnen, und ich frage nach irgendetwas, was ich leider zwischendurch vernichtet habe und was bei Ihnen hoffentlich noch liegt ... Und obwohl es an diesen Tagen Mühe macht, lache ich ein bisschen in mich hinein und freue mich, weil ich weiß, dass ich mir auf diese Weise regelmäßig einen aufgeräumten Schreibtisch verschaffe. Werfen Sie es einfach weg! Wir kommen auf dieses Feld beim „Neuen Eisenhower-Prinzip" noch einmal zurück. Jetzt das Feld oben rechts. Das ist wichtig und dringlich, und Eisenhower kannte dafür nur eine Möglichkeit: sofort erledigen! Mehr gibt es dazu nicht zu sagen. Verschieben würde es noch dringlicher machen. Sie haben keine Wahl. Sie müssen es tun und Sie werden es tun.

5.3.2 Eisenhower – neu

Das nächste Feld unten rechts bedeutet: nicht wichtig, allerdings dringlich. Was machen Sie damit? Bei Verkäufern macht man sich an dieser Stelle meistens nicht besonders beliebt mit der Empfehlung aus dem Eisenhower-Prinzip. Ike hat an der Stelle gesagt, dass man Aufgaben aus diesem Feld am besten delegiert: etwa an den Praktikanten, einen Assistenten, einen Diplomanden, die Teilzeitkraft, seine Kinder ... irgendwen, Hauptsache, Sie machen es nicht selbst. „Delegieren" schreibt sich viel einfacher, als es wirklich ist. Weil ich dazu mindestens ein Buch oder ein Seminar empfehlen müsste, löse ich dieses Feld lieber schnell auf, es ist für die meisten Verkäufer viel unwichtiger, als sie denken. Nur weil etwas sehr dringlich ist, wird es dadurch nicht wichtiger. Wenn Sie also nichtdringliche Aufgaben wegwerfen, warum sollten Sie die dringlichen, aber genauso unwichtigen Aufgaben nicht wegwerfen? Sie entscheiden, wie Sie dieses Feld „wegverteilen". Ich habe das Prinzip wie in Abb. 5.3 dargestellt modifiziert.

Seinerzeit bin ich auf dieses Thema noch einmal durch den amerikanischen Präsidenten Clinton aufmerksam geworden. Bill Clinton ließ sich in den Park des Weißen Hauses eine Aschenbahn legen, damit er mittags joggen gehen konnte. Ungefähr zeitgleich erschien Joschka Fischers Buch „Mein langer Lauf zu mir

Abb. 5.3 Das „Neue Eisenhower-Prinzip"

selbst". Fischer fand so viel Zeit, dass er Marathon laufen konnte. Und Bill Clinton joggte auch. Ich denke, die beiden hatten zu der Zeit auch etwas anderes zu tun. Das hat bei mir die Frage ausgelöst: Wenn die beiden die Zeit finden, laufen zu gehen, wieso kann ich das dann nicht? Und es blieb nur eine Antwort: dass sie ihr Zeitmanagement deutlich besser im Griff hatten.

Bleibt das Feld oben links: sehr wichtig, aber nicht dringlich. Was machen Sie mit dem Feld? Ich falle mal mit der Tür ins Haus: Einfach damit anfangen. Da liegt zum Beispiel ein großes Projekt, das erst in acht Monaten zu realisieren ist. Sie terminieren diesen Vorgang und bestimmen, was wann zu tun ist, damit das Projekt an einem bestimmten Tag fertig gestellt ist. Das heißt, Sie skizzieren einen Projektplan für diesen Vorgang.

Dazu ein kurzer gedanklicher Ausflug: Wann haben Sie das letzte Mal ein neues Auto bekommen? Wie viele Autos dieses Typs haben Sie auf der Straße gesehen, nachdem Sie sich für Ihr Auto und die Farbe entschieden hatten? Wissen Sie, was ich meine? Vor Ihrer Entscheidung sind auf der Straße genauso viele Autos von diesem Typ und mit dieser Farbe herumgefahren wie nach Ihrer Entscheidung.

Und dennoch bemerkt man deutlich mehr Autos, nachdem man sich entschieden hat. Eltern können vielleicht das folgende Phänomen bestätigen (hier aus Sicht der Männer): In dem Moment, in dem der Bauch Ihrer Partnerin zu erkennen war, liefen mindestens 100-mal so viele Frauen mit Babybäuchen herum. Das geht sogar noch weiter. Wenn Sie nachher mit einem Kinderwagen unterwegs sind, fährt scheinbar jede zweite Frau mit einem Kinderwagen durch die Gegend. (Die Bäuche sind weg.) Woran liegt das? Es ist ein spezieller Wahrnehmungsprozess, dass wir – nachdem sich unser Bewusstsein durch Beschäftigung mit einer bestimmten Thematik erweitert hat – Dinge, die wir vorher nur im Augenwinkel an uns vorbeilaufen sehen, plötzlich besser wahrnehmen und noch ein zweites Mal richtig hinsehen.

5.3.3 Achten Sie auf Ihre Zeit

Das heißt für das linke obere Feld des Eisenhower-Prinzips, dass wir zum Beispiel beim Mittagessen hören, wie Herr Meyer zu Herrn Schulze etwas sagt und wir denken: „Moment, das betrifft doch das große Projekt, das ich gerade terminiert habe." Wichtig ist, dass Sie sich mit dem Grundgedanken des Projekts und des Projektplanes vertraut machen! Oder Sie blättern in der Zeitung und erwischen sich dabei, wie Sie scheinbar ohne Grund plötzlich zurückblättern: Denn irgendwas stand dort, was für Ihr Projekt interessant ist. Das heißt, Sie nutzen Kapazitäten Ihres Unterbewusstseins, die nun „heimlich" an einer Aufgabe mitarbeiten. Das alles hat natürlich mit dem 15-min-Kapitel zu tun. Deshalb ist eine Stunde Projektarbeit an jedem Tag entscheidend mehr, als wenn Sie 5 h am Stück daran arbeiten.

Jetzt kommt die 100.000 €-Frage: Welches dieser drei oder vier Felder ist das wichtigste? Welches ist das wichtigste für Ihre Arbeit oder für Sie persönlich in Ihrer Gesamtzeitplanung? Manche entscheiden sich für den Papierkorb. Der scheidet allerdings per Definition aus, weil sich hier nur „unwichtige" Aufgaben befinden. Die meisten schwenken danach nach oben rechts – „sofort tun". 2001 habe ich in einem Seminar gesessen, wo eine Studie präsentiert wurde, in der Verkäufer befragt wurden, die mit ihrer Zeit offensichtlich hervorragend umgehen. Wie muss man sich einen solchen Verkäufer vorstellen? Sie erfüllen oder übererfüllen ihre beruflichen Ziele, sind aber auch in anderen Bereichen sehr erfolgreich und beliebt. Bei den Kollegen sind sie gern gesehen, weil sie immer ein offenes Ohr haben. Partner wie auch Kinder bestätigen, dass genug Zeit für sie bleibt. Erfolgreiche Verkäufer, die gut mit ihrer Zeit umzugehen verstehen, sind darüber hinaus noch in der Lage, einem oder mehreren Hobbys nachzugehen und sich für das Gemeinwohl zu engagieren! Ich dachte bei solchen Typen immer: „Wie machen die das wohl?" Jedenfalls meinten diese Verkäufer, dass sie 40 bis 70 % ihrer Zeit im oberen linken Feld verbringen.

Wenn ich es in einem Satz sagen müsste: In dem oberen rechten Feld sind Sie ausschließlich mit Reaktionen beschäftigt, während Sie in dem oberen linken Feld agieren. Das ist der Unterschied. Deshalb bleibt die Frage, wie Sie einen Großteil Ihrer Zeit in die linke obere Ecke schieben. Natürlich gibt es immer ein paar Einwände. Ich habe mal ein Seminar mit einer Gruppe von Geschäftsführern geleitet. Es handelte sich um eine größere Holding, und diese Geschäftsführer waren für 20 bis 140 Mitarbeiter in GmbHs in ganz Deutschland verantwortlich. Außer den Geschäftsführern kümmerte sich niemand in diesen GmbHs um die Neukundenakquisition. Wir befanden uns im Seminarablauf genau an dieser Stelle, da gab es von mehreren den folgenden Kommentar: „Das ist ja alles gut und schön, aber ich befinde mich nicht nur in diesem oberen linken Feld, ich bin auch für einige nicht wichtige Aufgaben verantwortlich." Ich beschreibe diese Situation nicht, damit Sie darüber lachen. Denken Sie bitte über Ihren eigenen Arbeitsalltag nach. Kommt Ihnen das vielleicht bekannt vor: „Wenn ich bei uns nicht das Kopierpapier kaufe, dann kauft es nun mal keiner." Meine Idee: Wenn Sie etwas nicht delegieren können, lassen Sie die Bestellungen für das Kopierpapier einfach ausfallen – probeweise. Das ist übrigens generell ein sehr gutes Mittel, um zu testen, wie wichtig Dinge auf Ihrer Prioritätenliste für andere sind. Ich habe in etlichen Unternehmen festgestellt, dass absolut nichts passiert, wenn bestimmte Tabellen, Berichte oder Listen nicht abgegeben oder versandt werden. Inzwischen habe ich auch keine Lust mehr, über dieses Thema lange zu diskutieren. Wenn Sie sicherstellen, dass abends, wenn Sie nach Hause gehen, die wichtigen Prioritäten erledigt sind, dann ist alles gut. Wenn Sie zwar den ganzen Tag beschäftigt waren, aber dennoch ein paar Dinge liegen geblieben sind, die wirklich wichtig waren, dann machen Sie etwas falsch. Darüber könnten wir zwar diskutieren. Aber das nützt nichts.

5.3.4 Mut zur Lücke

Wenn Sie bei den Prioritäten nicht ganz sicher sind, kann die Frage helfen: „Wer würde es machen, wenn ich es nicht tue?" Was heißt das für Verkäufer? Natürlich können Sie abends in allen Gebäuden Ihres Unternehmens das Licht ausmachen. Natürlich können Sie das Kopierpapier bestellen. Aber dafür finden sich auch andere. Allerdings werden die Nachtwächter, Sachbearbeiter oder Einkäufer Ihren persönlichen Verkauf wahrscheinlich nicht übernehmen. Das ist das, was für Sie wichtig ist. Was Sie wichtig macht. Und deswegen verschwenden Sie Ihre Zeit nicht für andere Dinge. Sie haben immer noch keine Zeit für die obere linke Ecke?

5.3 Prioritäten setzen

Gut, dann machen wir jetzt zusammen ein Gedankenexperiment: Was würde passieren, wenn Sie in diesem Moment, in dem Sie diese Seite lesen, tot umfielen? Ich meine das nicht privat, sondern ausschließlich geschäftlich. Was würde passieren? Wie viele Artikel würden weniger verkauft? Würde das den Lauf Ihres Unternehmens wirklich verändern? Die Antwort ist für den einen oder anderen nicht besonders angenehm, aber es ist wirklich so. Ein Toter mehr interessiert langfristig niemanden. Sie würden sicher irgendwann gefunden und jemand holt ab, was von Ihnen übrig bleibt. Heute Abend geht die Sonne unter und morgen geht die Sonne auf. Wir werden früher oder später ersetzt. Und die Bestellungen laufen weiter, und natürlich gibt es ein paar Querelen, und natürlich muss ein Kollege ein bisschen länger arbeiten, aber im Großen und im Ganzen passiert … gar nichts. Sie wissen, was ich meine: Es geht nicht darum, dass Sie tot umfallen oder dass Sie sich ein Bein brechen. Es geht nur um die Viertelstunde morgens, die Sie sich nehmen – oder 24 min am Tag oder sogar 2 h pro Woche. Diese Zeit nehmen Sie sich ab jetzt für sich selbst, nicht für andere Menschen, nur Sie für sich, damit Sie über die restlichen 23¾ h, die Sie an diesem Tag zu tun haben, nachdenken können und im Vorweg schon die richtigen Weichen stellen. Für wie viele Menschen haben Sie täglich Zeit – weil Sie Arbeiten für diese erledigen, weil Sie mit denen telefonieren oder Termine machen? Machen Sie einen Termin mit sich selbst. Um mehr geht es gar nicht.

Dann gibt es auch noch diese Verkäufer: „… Ja, das macht alles Sinn, allerdings brauche ich schon 25 h für die obere rechte Ecke (= sofort tun) …". Meine Empfehlung: Teilen Sie neu ein! Denn falls es wirklich so ist, haben Sie tatsächlich ein Problem mit der Menge, die Sie bewältigen wollen. Dann brauchen Sie einen oder zwei Assistenten, ich kann das von hier aus nicht beurteilen. (Allerdings verwunderlich, dass Sie das in der Vergangenheit in der Summe immer irgendwie geschafft haben.) Mir ist es wirklich egal, wie lange Sie täglich oder wöchentlich arbeiten wollen. Das entscheiden Sie im Verkauf im Wesentlichen selbst. Die große Zielrichtung ist und bleibt die linke obere Ecke. Auch für Ike Eisenhower gilt: Es gibt nur zwei Zustände: „An" oder „Aus"; „Wunschehe" – was immer Sie darunter verstehen – oder „Koffer packen"; „Lieblingsberuf" oder „Jobsuche" … und jetzt schnell zurück zum Trichter. Und konkret werden. In Tab. 5.1 sind die einzelnen Schritte systematisch dargestellt.

Bei einem Coachee sah das vergangene Jahr zum Beispiel so aus: In 44 Arbeitswochen tätigte er insgesamt 89 Abschlüsse. Dafür wurden 165 neue Kunden besucht, es konnte anhand des Kalenders leider nicht festgestellt werden, wie viele Follow-up-Termine stattgefunden haben. Wir schätzten für drei „Ersttermine" zwei Follow-up-Termine.

Tab. 5.1 Felder eines Verkaufstrichters

	Für 12 Monate	Für einen Abschluss
Anrufe		
Termine		
Follow-up-Termine		
Angebote		
Abschlüsse		

Tab. 5.2 Zahlenbeispiel zu einem Verkaufstrichter

	Für 12 Monate	Für einen Abschluss	Zeitbedarf (gesamt in h)	Zeitbedarf
Anrufe	Ca. 330	3,7	33	6 min
Ersttermine	165	1,8	330	2 h
Follow-up-Termine	Ca. 110		220	2 h
Angebote	134	1,5	134	1 h
Abschlüsse	89	1,0		

In der zweiten Spalte von rechts in Tab. 5.2 ist festgehalten, welche Zeitdauer für die Produktion des Umsatzes verbraucht wurde. Erfahrungsgemäß ist die Situation bei vielen Verkäufern ähnlich: Für den eigentlichen Umsatz, die wahre „Einkommen produzierende Zeit", wird längst nicht der meiste Teil der Zeit verbraucht – die Zeit wird mit anderen Dingen angefüllt, etwa mit administrativen Tätigkeiten oder Reklamationen. Sie werden Ihre Zeit in Zukunft wahrscheinlich anders einteilen. Zu einem späteren Zeitpunkt können Sie Ihre Zahlen mit Kollegen vergleichen und sehen, an welchen Stellen es besonders gut läuft. Vielleicht brauchen Sie eine überdurchschnittliche Anzahl von Anrufen, um einen Termin zu vereinbaren, oder Ihre Abschlussquote ist nicht perfekt. Mit diesen Zahlen gehen Sie in Ihren Plan. Wie viele Anrufe müssen Sie führen, um wie viele Termine zu machen? Wie viele Erstbesuche und Follow-ups sind notwendig? Nehmen Sie Ihren Kalender und tragen Sie sich ein, wann Sie wie weit gekommen sein wollen. Es bieten sich Quartals-, Monats- und Wochenberichte an. Nehmen Sie ein Messwerkzeug, das bei Ihnen im Unternehmen vorhanden ist, ein Excel-Sheet, ein Blatt Papier oder ein Whiteboard – welches, ist nicht wichtig. Wichtig ist nur, dass Sie es *jetzt tun*. Wenn Ihr Verkaufsplan angepasst werden muss und oder Sie sich selbst überfordert fühlen: Holen Sie sich Hilfe! Das ist einfacher, als Sie im ersten Moment denken.

5.4 Schwarz auf Weiß

> Planen heißt, die Zukunft in die Gegenwart zu bringen, damit man jetzt noch etwas an ihr ändern kann.
> [Alan Lakein]

Im Leben läuft es oft nicht genau so, wie man das im Vorfeld plant. Ich hätte jetzt fast ein „Leider ..." zur Satzeinleitung verwendet, aber es macht natürlich keinen Sinn, dass ich diese Beobachtung bewerte. Es ist so. Und es hat gute Gründe, dass es so ist. Diese sind uns meistens nicht bewusst. Vor Kurzem sagte eine Kollegin zu mir: „Stell dir mal vor, wie es hier aussähe, wenn alles, was du dir wünscht, sich immer sofort in der Realität niederschlägt ..." Ich glaube, es ist ganz gut, dass uns immer ein bisschen Zeit gegeben wird bei der Umsetzung. Oder anders gesagt: Wir können uns im Moment der Planung den Realisierungsweg noch nicht vollständig vorstellen. Das Leben ist komplexer, als wir es auf einem Blatt Papier abbilden können. Vielleicht ist es ja sogar ein Zweck des Lebens, sich mit ungeplanten Dingen vertraut zu machen. Deshalb ist der Plan mit dem Ergebnis trotzdem unverzichtbar, allerdings – und darüber sollte man sich immer wieder klar werden – kommt es auf dem Weg ständig zu Abweichungen zwischen dem Plan (Soll) und der Realität (Ist). Da hilft es denn manchmal, wenn man sich mit jemandem austauscht, der einem den Spiegel vorhält und der den Weg, den man selbst gerade geht, schon gegangen und auch am Ziel angekommen ist. Um diesen Soll-Ist-Vergleich vorzunehmen, benötigen wir ein Messsystem, und zwar ein sehr, sehr kurzfristiges. Sonst kommen die Soll-Ist-Vergleiche zu spät. Wenn Sie einmal im Jahr hinschauen, können Sie auch nur einmal im Jahr eine Soll-Ist-Abweichung korrigieren, bei monatlicher Prüfung hätten Sie schon zwölfmal so viele Gelegenheiten für Verbesserungen. Sie nehmen sich mit dem Plan vor, sich auf das Wichtige und Richtige zu konzentrieren. Und genau das messen wir. Ein Ziel ist es, Sie als Verkäufer von solchen Arbeiten zu entlasten, die andere besser, schneller oder günstiger erledigen können. Oder Tätigkeiten nicht mehr zu erledigen, die nicht getan werden müssen. Jetzt ganz einfach: Zettel und Bleistift in die Hand nehmen und loslegen.

5.4.1 Nachmessen

Sie selbst können ein sehr schnelles Werkzeug entwickeln, das auf einer mit Bleistift beschriebenen DIN-A4-Seite Platz hat. Das kann bei den 13-Wochen-Zielen zum Beispiel wie folgt aussehen:

Tab. 5.3 Das schnelle Werkzeug

	Mo	Di	Mi	usw.
Telefonate				
Vereinbarte Termine				
Termine				
Follow-up-Termine				
Abschlüsse [€]				

- Jahresziel, Ziel [€] bis zum [Datum]
- Wochenziel [€]
- Wochenziel = Jahresziel: Anzahl der Arbeitswochen
- Arbeitswochen = 52 Wochen/Jahr – Urlaub – freie Tage – Krankheit – Fortbildung – usw.

Als Nächstes tragen Sie Ihre nicht unmittelbar zum Ziel führenden Tätigkeiten in den Kalender ein und schauen, wie viel „Nettozeit" übrig bleibt.

Sie wissen, welchen Umsatz Sie pro Woche brauchen. Was muss passieren, damit der Wochenumsatz erreicht wird? Wie viele Termine müssen beispielsweise stattfinden? Wie viele Anrufe müssen gemacht werden, damit diese Termine stattfinden können? (Tab. 5.3)

Ich habe inzwischen etliche Systeme gesehen und dabei zwei Dinge gelernt:

- Manche Vertriebmitarbeiter haben perfekte Verkaufssteuerungssysteme. In vielen Fällen ist die Pflege nicht ganz einfach, weil es sich bei den Systemen mehr oder weniger um Insellösungen handelt. Es gibt zwischendurch immer wieder Pflegeschritte, die eine „händische" Eingabe erfordern. In den meisten Fällen ist die praktische Lösung damit mausetot, weil Verkäufer im Allgemeinen IT-Systeme nicht sehr lieben und weil die doppelte Bedienung dieser Systeme die Verkäufer so demotiviert, dass sie lieber gar nichts tun.
- Wenn schon mangelhafte Verkaufszahlen nicht sanktioniert werden, dann mangelnde Systempflege erst recht nicht. Was passiert, wenn nicht gepflegt wird? Nichts.

Ich schreibe das nicht, damit Sie zukünftig alles so ausfüllen, wie Ihr Chef das gerne haben möchte. Ich will Ihnen helfen, ein Messsystem zu finden, das Sie unterstützt, bis sich bei Ihnen die gewünschte Gewohnheit ausgebildet hat. Benutzen Sie ein System, das Ihnen gefällt und das einfach zu pflegen ist: ein Flipchart, ein

Whiteboard, ein Excel-Sheet oder einfach ein Blatt Papier mit der oben dargestellten Tabelle. Was auch immer. Es ist mehr wert, ein „kleines" System durchgängig zu pflegen, als eine riesige Datenbank zur Verfügung zu haben, die leer bleibt. Es geht also nicht darum, dass Sie sich rechtfertigen oder erklären. Es geht nicht darum, dass Ihre Tabellen ausgefüllt sind. Es geht ausschließlich darum, dass Sie die Ziellinie schaffen. Alle Messwerkzeuge dienen dazu, dass Sie sich selbst messen können und nach der Messung feststellen, was verändert werden muss. Es geht darum, wie Sie mit sich selbst umgehen. Es geht darum, wie ehrlich Sie vor sich selbst sind. Und an welchen Standard Sie sich dabei gewöhnen. Schreiben Sie das, was Sie erfolgreich macht. Lassen Sie den Rest einfach weg. Wenn „Löcher" in Ihrer Terminplanung zu finden sind, belassen Sie sie an ihrer Stelle. Das zeigt Ihnen umso deutlicher, worum es geht (vgl. Abb. 5.4).

5.5 Zwischenziele

Wenn du weißt, wie du hinkommen kannst, ist es kein weitgestecktes Ziel.
[Jack Welch]

Wir versetzen uns kurz rund 100 Jahre zurück: Zu dieser Zeit fuhr der Schotte Andrew Carnegie (nach ihm wurde die Carnegie Hall in New York benannt) als Tellerwäscher nach Amerika. Innerhalb relativ kurzer Zeit machte er ein wirklich großes Vermögen – einige $ 100 Mio.! Das Geld verdiente er mit Stahl und allem, was damit zusammenhängt, zum Beispiel Hochöfen und Walzwerke. Dennoch wusste Andrew Carnegie, dass etwas in seinem Leben nicht richtig lief, denn er war morgens der Erste, der das Licht einschaltete, und abends der Letzte, der es ausmachte. Bei seinem wirtschaftlichen Erfolg musste es aber doch möglich sein, die Zeit besser einzuteilen, sie erfolgreicher zu nutzen. So fragte Carnegie also einen Berater namens Charles Schwab, der ihm ein Hilfsmittel besorgen sollte, das ebenso effektiv wie einfach zu bedienen wäre. Der entwickelte folgendes, für Sie hier leicht aktualisiertes System:

▶ (1) Schreiben Sie abends eine To-do-Liste für den nächsten Tag.

Wichtig: Wenn Sie diese Liste einen Abend vorher schreiben, hat Ihr Unterbewusstsein schon eine Nacht lang Zeit, die To-dos vorzubereiten. Die meisten Ver-

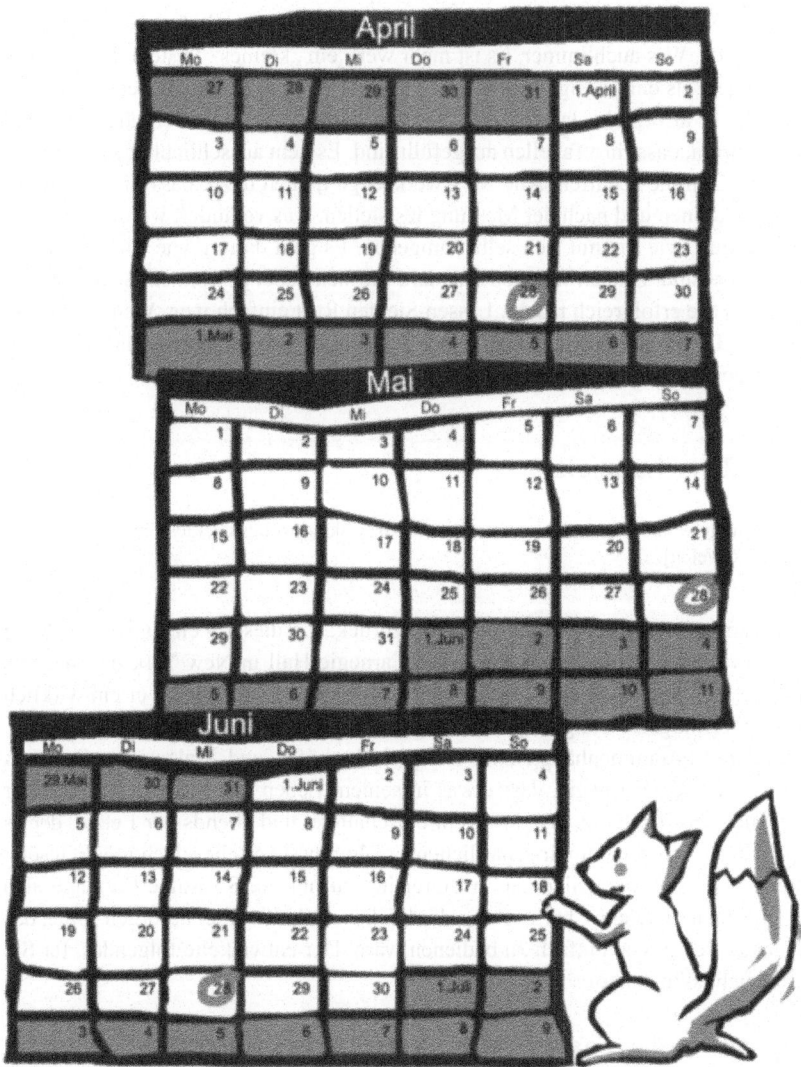

Abb. 5.4 Pflegen Sie Ihr individuelles System

5.5 Zwischenziele

käufer arbeiten schon mit To-do-Listen. Holen Sie die To-dos aus Ihrem Kopf heraus und bringen Sie sie zu Papier, denn dort sind sie einfacher lösbar.

▶ (2) Gehen Sie am nächsten Morgen kurz die E-Mails durch: Ist etwas dazugekommen? Gibt es eine Nachricht auf der Mailbox, ein Fax oder Post?

Der nächste Schritt ist die Priorisierung dieser Punkte. Die erste Möglichkeit ist, den Wert eines To-dos in Euro festzustellen. (Übrigens: Wenn Sie den Wert Ihrer eigenen Zeit kennen wollen, nehmen Sie Ihr Jahresgehalt, teilen es durch die Zahl der Arbeitstage und teilen es nochmal durch die Zahl der Arbeitsstunden. Beispiel: Max hat einen Bruttoverdienst von 55.200 €/Jahr, arbeitet 230 Tage 8 h am Tag. Daraus folgt, dass Max pro Stunde 30 € kostet, ein „Max-Tag" demnach 240 €. Natürlich ist das wieder eine meiner beliebten Milchmädchenrechnungen.)

Eine weitere Möglichkeit der Priorisierung ist, dass Sie sich fragen, warum das einzelne To-do überhaupt durchzuführen ist. Das bringt Sie zu Ergebnissen. Und Ergebnisse haben den Vorteil, dass Sie mehr mit Ihrem Ziel verknüpft sind als To-dos. Aufgaben sind meistens lästig und machen vielen erst dann Spaß, wenn sie sie als erledigt abhaken können. Das ist zwar an sich schön, spricht aber nicht für die wahre Freude bei der Arbeit. Mit Ergebnissen ist das schon besser. In den weit überwiegenden Fällen können die Prioritäten nach den Ergebnissen schon sehr klar bestimmt werden. Falls nicht, können Sie noch einen Schritt weiter gehen. Sie fragen noch einmal: Warum will ich dieses Ergebnis/Ziel erreichen? Dann kommen Sie zu dem Sinn – das ist die Ausrichtung Ihrer Kompassnadel. In vielen Fällen beschreiben Sie an dieser Stelle ein Gefühl. Ein Beispiel finden Sie in Tab. 5.4.

Die Bestimmung des „voraussichtlichen Zeitbedarfs" soll Sie davor schützen, zu viele Tätigkeiten in einen Zeitraum zu packen. Denn hier merken Sie schon vorher, dass Sie sich zu viel aufladen. Außerdem: Jeder Vorgang ist unendlich lang ausdehnbar – denken Sie an das Pareto-Prinzip: 20 % der Zeit bringen 80 % des Erfolgs. Ein praktisches Beispiel ist in Tab. 5.5 dargestellt.

▶ (3) Sie widmen sich der Tätigkeit mit der wichtigsten Priorität und erledigen diese, bis Sie wirklich abgearbeitet ist. Sie lassen sich nicht ablenken. Sie haben Ihr Telefon umgestellt, die E-Mail-Verbindung deaktiviert oder wenigstens den Lautsprecher ausgeschaltet, damit Sie nicht verführt sind, doch schnell zwischendurch E-Mails zu beantworten.

Tab. 5.4 To-dos, Ergebnisse und Prioritäten

Prio	Zeitbedarf	To-Do	Ergebnis	Sinn
		(1)		
			(2)	
				(3)
(4)				
	(5)			
(1)	Diese Spalte füllen Sie zuerst aus			
(2)	Fragen Sie danach: „Warum ist dieses To-do zu tun?"			
(3)	Fragen Sie sich noch einmal: „Warum wirklich?", falls die Prioritäten nicht klar sind			
(4)	Stellen Sie danach die Prioritäten für dieses Jahr, diesen Monat oder heute fest			
(5)	Legen Sie fest, wie lange welcher Schritt voraussichtlich dauern wird			

Tab. 5.5 Beispiel zu To-dos, Ergebnissen und Prioritäten

	Prio (4)	Zeitbedarf (5)	To-do (1)	Ergebnis (2)	Sinn (3)
	2	2½ h	20 potenzielle neue Kunden anrufen	5 Termine	Ich möchte garantiert einem weiteren Kunden helfen (Auftrag).
	1	1 h	20 Postkarten schreiben		
(2)	„Warum?" „Weil ich 5 Termine vereinbaren möchte"				
(3)	„Warum wirklich?" „Weil ich einem neuen Kunden helfen will und dort einen Auftrag machen möchte"[a]				
(4)	Stellen Sie danach die Prioritäten für dieses Jahr, diesen Monat oder heute fest				
(5)	Legen Sie fest, wie lange welcher Schritt voraussichtlich dauert				

[a] Hier kommt Ihnen möglicherweise eine neue Frage in den Sinn: „Gibt es bessere Möglichkeiten?" Bekomme ich beispielsweise einen besseren Erstkontakt, einen freundlicheren Gesprächseinstieg, eine bessere Terminquote, wenn ich vor dem ersten Telefonat eine Postkarte oder eine E-Mail schreibe?

Sie haben eine Mission zu erfüllen, und diese Mission ist die Umsetzung Ihres Zieles. Sie haben keine Zeit für Dinge, die Sie von Ihrer Mission abhalten. Nach Erledigung der Aufgabe sehen Sie sich Ihre E-Mails an, hören die Mailbox ab etc.

▶ (4) Anschließend ordnen Sie gegebenenfalls die Prioritäten neu, wählen danach den nächstwichtigsten Punkt und arbeiten diesen genauso konsequent ab.

5.5 Zwischenziele

Selbst wenn Sie nur wenige Punkte auf Ihrer Liste schaffen, ist sichergestellt, dass Sie das Maximum aus der zur Verfügung stehenden Zeit herausgeholt haben. In der Literatur zum Zeitmanagement finden Sie Teile dieser Methode übrigens unter dem Begriff „25.000-Dollar-Methode", der auf die eben geschilderte Episode zurückgeht: Als Schwab sein System erklärt hatte, fragt Carnegie: „Was kostet mich die Beratung?" Schwab antwortete: „Arbeiten Sie vier Wochen konsequent nach diesem Prinzip und überweisen Sie mir den Betrag, den Sie für angemessen halten …"

Falls Sie die Prioritäten immer noch nicht genau kennen, stellen Sie sich folgende Fragen.

Fragen
- Wenn es nur eine Sache gäbe, die ich heute tun kann: Was wäre zu tun? Was hat den größten Einfluss auf mein Leben und meine Karriere?
- Was hält mich davon ab, es zu tun?

Und los! Wenn Sie im Moment noch meinen, dass Sie schon mal intensiv geplant haben und es bei der Umsetzung dann doch nicht geklappt hat, entspannen Sie sich. Diesmal klappt es garantiert. Spätestens im nächsten Kapitel versichern Sie sich gegen Fehlschläge. Wenn Sie jetzt mit mir diskutieren wollen, dann haben Sie mich nicht verstanden. Lesen Sie in diesem Fall die letzten Absätze bitte einfach noch einmal.

5.5.1 Reservieren Sie den Mittwochabend!

Als Coach gibt es für mich einen wichtigen Termin: Mittwochabend. An jedem Mittwochabend erfolgt der Soll-Ist-Vergleich der Wochenplanungen. Dieser Termin hat den Vorteil, dass bei der Nichtübereinstimmung von „Soll" und „Ist" noch in der laufenden Woche die Weichen gestellt werden können, dass spätestens in der folgenden Woche die gewünschten Ergebnisse erreicht werden. Das ist das Prinzip: Sie messen nicht erst am 31. Dezember, ob Sie angekommen sind, sondern immer bereits auf dem halben Weg, bei den Tageszielen zum Beispiel mittags. Planen Sie die wichtige Zeit des Tages auf den Vormittag – dann hätten Sie nachmittags noch die Zeit, Fehler des Vormittags zu korrigieren. Sie wissen, was im Soll-Ist-Vergleich zu messen ist: Anrufe, Terminvereinbarungen, wahrgenommene Termine, Follow-up-Termine, Abschlüsse … Am Mittwochabend muss in Ihrem Plan ein

Meilenstein stehen, und Sie überprüfen, ob Sie dort wirklich angekommen sind. Falls nicht, ist das überhaupt keine Schande, und Sie entwickeln noch an diesem Mittwochabend eine Strategie, die sicherstellt, dass am nächsten Mittwochabend alles wie erwartet läuft. Es geht darum, nicht dauernd den gleichen Fehler zu wiederholen oder jede Woche wieder in die alte Gewohnheit zu verfallen. Das heißt natürlich für Sie, dass Sie in den nächsten Tagen Veränderungen vornehmen. Niemand kann glauben, dass man in der nächsten Woche mit den gleichen Handlungen andere Ergebnisse erzielt. Ich weiß, dass ich das schon geschrieben habe, aber ich kenne so viele Menschen, die trotzdem immer weiter das alte Muster bedienen wollen.

Sie haben das Ziel. Sie kennen den Plan. Was kann Sie jetzt noch aufhalten? Einige könnten denken: Mein innerer Schweinehund ... aber *Sie* wissen jetzt, dass es den gar nicht gibt. Er ist ein Hirngespinst, entstanden aus der Gehirnwäsche, die seit Generationen auf alle Verkäufer einwirkt. Ein Monster, das die Verkäufer selbst füttern. Was hält Sie also auf? Der dicke bleierne Pfeil, der nicht in die richtige, also die gleiche Richtung zeigt wie Ihre Kompassnadel? Das ist allerdings eine sehr theoretische Betrachtung. Denn Sie versichern sich im nächsten Kapitel gegen alle Arten von Pfeilverdrehungen. Denken Sie daran: Sie stehen unmittelbar vor der Verwirklichung Ihrer beruflichen Träume. Wenn Sie Ihre Ziele in jedem Fall erreichen wollen, lernen Sie im nächsten Kapitel, wie Sie sich zu 100% versichern können.

Weiterführende Literatur

Ackermann, Andreas. 2004. *Ziele erreichen – Probleme lösen*. CD mit dem Ackermann Mentaltraining. München.
Amzarakova, Irina P. 2002. *Bewertung im Sprachgebrauch von Grundschulkindern*. Bonn.
Balters, Antje. 2001. *Mut zum NEIN sagen*. Asslar.
Bandler, Richard, und Donner Paul. 1998. *Die Schatztruhe* (NLP im Verkauf). Paderborn.
Bandler, Richard, und MacDonald Will. 2009. *Der feine Unterschied*. 5. Aufl. Paderborn.
Behrens, Katja, und Helen Keller. 2001. Weinheim.
Berg, Art. 2002. *The impossible just takes a little longer*. New York.
Bettger, Frank. 2002. *Lebe begeistert und gewinne*. Zürich.
Birkenbihl, Vera. F. 1994. *Trotz Schule lernen!* München.
Birkenbihl, Vera. F. 2000a. *Kommunikationstraining*. München.
Birkenbihl, Vera. F. 2000b. *Stroh im Kopf*. München.
Birkenbihl, Vera. F. 2013a. *Fragetechnik schnell trainiert*. 14. Aufl. München.
Birkenbihl, Vera. F. 2013b. *Kommunikation für Könner*. 52. Aufl. München.
Blanchard, Kenneth, und Bowles Sheldon. 1998. *Raving fans*. New York.
Blanchard, Kenneth, und Bowles Sheldon. *Gung Ho*. Reinbek.
Blanchard, Kenneth, und Johnson Spencer. 2000. *Der Einminuten-Manager*. Reinbek.

Weiterführende Literatur

Blanchard, Kenneth, Oncken William, und Burrows Hall. 2001. *Der Minuten Manager und der Klammer-Affe.* Reinbek.
Brown, W. Stephen. 1985. *Todsünden des Managers.* Zürich.
Burg, Bob. 1998. *Endless referrals.* New York.
Carr, Allen. 1998. Endlich *Nichtraucher*! München.
Carroll, Lewis. 1998. *Alice im Wunderland.* Frankfurt a. M.
Carse, James P. 1987. *Finite and infinite games.* Toronto.
Chernow, Ron. 2000. *John D. Rockefeller: Die Karriere des Wirtschaftstitanen.* Rosenheim.
Cialdini, Robert B. 1993a. *Influence, how and why people agree to things.* New York.
Cialdini, Robert B. 1993b. *The psychology of persuasion.* New York.
Clason, George S. 2002. *Der reichste Mann von Babylon.* Zürich.
Coué, Emile. 1993. *Die Selbstbemeisterung durch bewusste Autosuggestion.* Basel.
Covey, Stephen R. 1998. *Die sieben Wege zur Effektivität.* München.
Crum, Thomas F. 1988. *The magic of conflict.* New York.
Csikszentmihalyi, Mihály. 2004. *Flow.* Stuttgart.
Dalai Lama. 2002. *Die Regeln des Glücks.* Bergisch Gladbach.
Dickens, Charles. 2002. *Eine Weihnachtsgeschichte.* Hamburg.
Dillmann, Bruce. 1992. *Ziel um Ziel.* Paderborn.
Dyer, Wayne W. 2000. *Der wunde Punkt.* Reinbek.
Dyer, Wayne W. 2001. *Wirkliche Wunder.* Reinbek.
Eker, Harv T. 2005. *Secrets of the millionaire mind.* New York.
Eliot, L. 2001. *Die Gehirnentwicklung in den ersten fünf Lebensjahren.* Berlin.
Fensterheim, Herbert, und Baer Jean. 1977. *Sag nicht JA, wenn Du NEIN sagen willst.* München.
Fischer, Joschka. 2001. *Mein langer Lauf zu mir selbst.* München.
Frankl, Viktor E. 2001. *Das Leiden am sinnlosen Leben.* Freiburg.
Franklin, Benjamin. 1997. *Autobiographie.* München.
Fridson, Martin S. 2001. *Milliardäre und ihre Erfolgsgeschichten.* Rosenheim.
Gallwey, T. Timothy. 2002. *Selbstcoaching.* Nürnberg.
Girard, Joe, und Robert L. Shook. 1998. *Abschlußsicher verkaufen.* Wiesbaden.
Goleman, Daniel. 2001. *EQ2 – Der Erfolgsquotient.* München.
Goleman, Daniel. 2002. *EQ – Emotionale Intelligenz.* München.
Hill, Napoleon. 2000. *Denke nach und werde reich.* Kreuzlingen.
Hill, Napoleon, und W. Clement, Stone. 2000. *Erfolg durch positives Denken.* Kreuzlingen.
James, Tad, Lorraine Flores, und Jack Schober. 2001. *Kompaktkurs Hypnose.* Paderborn.
Kiyosaki, Robert T., und Sharon L. Lechter. 2002. *Reichtum kann man lernen.* München.
Klein, Stefan. 2002. *Die Glücks-Formel.* Reinbek.
Kostolany, André. 1998. *Kostolanys großes Börsenseminar.* München.
Kotter, John P. 1997. *Matsushita.* Wien.
Lazarus, Arnold, und Fay Allen. 2002. *Ich kann, wenn ich will.* München.
Lelord, François. 2004. *Hectors Reise oder die Suche nach dem Glück.* München.
Lewis, C. S., Malcolm Muggeridge, und Dorothy L. Sayers. 1998. *Alles Übrige ist eine Sache des Fliegens.* Gießen.
Löhr, Jörg. 2004. *Lebe deine Stärken!* Berlin.
MacKenzie, Gordon. 1998. *Orbiting the Giant Hairball.* New York.
Maltz, Maxwell. 1990. *So können Sie werden, wie Sie sein möchten.* Genf.
McCormack, Mark H. 1997. *Die Schule des Verhandelns.* Frankfurt a. M.

Miller, R. B., und S. E. Heimann. 1985. *Strategie selling*. New York.
von Münchhausen, Marco. 2004. *So zähmen Sie Ihren inneren Schweinehund*! München.
Murdon, Rebecca. 2007. *The Pursuit of Happyness (Das Streben nach Glück)*.
Murphy, Joseph. 2000. *Werde reich und glücklich*. München.
Peale, Norman Vincent. 2011. *Die Kraft des positiven Denkens*. 4. Aufl. Zürich.
Popper, Karl R. 2004. *Alles Leben ist Problemlösen*. München.
Pryor, Karen. 1999. *Positiv bestärken – sanft erziehen*. Stuttgart.
Ratelband, Emile. 1998. *TSJAKKAA*! Düsseldorf.
Ratelband, Emile. 1999. *Der Feuerläufer*. München.
Rentsch, Hans-Peter. 2000. *Der Samurai-Verkäufer*. Wiesbaden.
Robbins, Anthony. 1998a. *Das Prinzip des geistigen Erfolgs*. München.
Robbins, Anthony. 1998b. *Grenzenlose Energie*. München.
Robbins, Anthony. 2003. Das *Robbins PowerPrinzip*. München
Rüegg, J. C. 2001. *Psychosomatik, Psychotherapie und Gehirn: Neuronale Plastizität als Grundlage einer biopsychosozialen Medizin*. Stuttgart.
Schucman, Helen. 1999. *Ein Kurs in Wundern*. Zürich.
Schwarz, Norbert. 1988. Judgements of relationship satisfaction. *Journal of Social Psychology* 18:485–496.
Schwarz, Norbert. 2002. Judgements of relationship satisfaction. *Journal of Social Psychology* 18:485–496 (zitiert nach Klein, Stefan: Die Glücks-Formel). Reinbek.
Schwarz, Tony, und Jim Loehr. 2003. *Die Disziplin des Erfolgs*. München.
Seiwert, Lothar J. 2003. *Das neue 1 × 1 des Zeitmanagements*. München.
Seligmann, Martin E. P. 1990. *Pessimisten küsst man nicht*. München.
Seligmann, Martin E. P. 1999. *Erlernte Hilflosigkeit*. Weinheim.
Stollreiter, Marc, und Johannes Völgyfy. 2001. *Selbstdisziplin*. Offenbach: GABAL.
Tepperwein, Kurt. 2001. *Die hohe Schule der Hypnose*. München: Moderne Verlagsges.
Trump, Donald, und Meredith McIver. 2004. *Wie man reich wird*. München: FinanzBuch Verlag.
Vengel, Alan, und Wright Greg. 2004. *Gardening*. Offenbach.
Walsch, Neale Donald. 1997. *Conversations with god* (Book One). London: Hampton Roads Pub Co.
Watzlawick, Paul. 1995. *Vom Unsinn des Sinns oder vom Sinn des Unsinns*. München: Piper.
Watzlawick, Paul. 2002. *Die erfundene Wirklichkeit*. München: Piper.
Watzlawick, Paul. 2004. *Anleitung zum Unglücklichsein*. München: Piper Taschenbuch.
Weimer, Wolfram. 1995. *Kapitäne des Kapitals*. Frankfurt a. M.
White, Michael, und John Gribbin. 1997. *Stephen Hawking*. Reinbek.
Williamson, Marianne. 1992. *A return to love*. New York: Harper Collins.
Zeig, Jeffrey K., Hrsg. 1999. *Meine Stimme begleitet Sie überallhin*. Donauwörth: Klett-Cotta.

Entscheiden und Tun 6

▶ Bis zu dieser Stelle konnten Sie bequem lesen und dann aussteigen. Ab hier nicht mehr. Weil Sie eine Entscheidung treffen werden. Das Wort „Entscheidung" beinhaltet das Wort „Scheidung". Das heißt, dass Sie sich von anderen möglichen Wegen trennen und sich für einen einzigen Weg entscheiden. Sie werden sich für die Zeiten wappnen, in denen der Zweifel an dieser Entscheidung über Sie kommen wird. Weil die meisten Entscheidungen nicht am Anfang umkippen, sondern später. Ich zeige Ihnen, wie Sie Versicherungen abschließen, um sicherzustellen, dass Sie die gewünschten Ergebnisse wirklich erreichen. Im Grunde geht es um einen einzigen Augenblick, den, in dem Sie sich entscheiden. Das ist einer der wichtigsten Augenblicke in unserem Programm. Wir wissen nicht, wann dieser Augenblick für Sie sein wird. Wichtig ist, dass Sie vor der Entscheidung das Bewusstsein hatten, dass Sie diese Entscheidung wirklich treffen wollen.

6.1 Entscheiden Sie sich!

Gute Entscheidungen sind das Ergebnis der Erfahrung. Erfahrung ist das Ergebnis von schlechten Entscheidungen.
[unbekannt]

Ich bin gleich wieder beim Verkaufen. Bitte nur einen Augenblick Geduld – das Folgende ist mir wichtig. Als meine Frau und ich neuneinhalb Jahre verheiratet waren (wir kannten uns zu dieser Zeit knapp 11 Jahre), sind wir auf die Idee gekommen, Spielregeln zwischen uns zu vereinbaren. Nicht, dass wir vorher keine gehabt hätten, nur wussten wir nicht genau, nach welchen Spielregeln der andere jeweils spielt. Ich bin davon ausgegangen, dass wir nach unseren Spielregeln Volleyball spielten, während sie dachte, dass wir Tennis spielten. Ich weiß, dass das wirklich lächerlich klingt, aber wir haben das erst nach Jahren gemerkt. Um bei dem Beispiel zu bleiben: Wir haben wohl beide gesehen, dass ein Netz in der Mitte des Feldes ist ... und damit wussten wir vermeintlich genug. Jedenfalls sind wir auf die großartige Idee gekommen, neue Spielregeln zu vereinbaren, für uns beide gültig. Also keine Missverständnisse mehr: Der eine weiß nicht nur ungefähr, was der andere will, sondern beide wissen ganz genau, was erwartet wird. Sensationell, oder? Da können Sie sehen, was für ein langsamer Lerner ich bin: Elf Jahre hat es gedauert, bis wir darauf gekommen sind. Wir haben uns schon gefreut: Endlich keine Sorgen mehr! Diese Kleinigkeiten zwischendurch, das „Ärgern" über nichts, ist ja gar nicht nötig, nie mehr dieser ganze kleine tägliche Blödsinn. Wir hatten Spielregeln! Und alles war eine Zeit lang gut. Diese „Zeitlang" war aber leider ziemlich kurz. Ich weiß nicht, wie es bei Ihnen ist, aber wir streiten uns in der Regel wegen der unwichtigen Sachen im Leben. Wenn es ernst wird, gibt es nie wirklich ein Problem.

Ich war zum Beispiel eine Woche unterwegs, und wir hatten anhand unserer Spielregeln besprochen, dass bis zu meiner Rückkehr einige Dinge erledigt werden sollten. Raten Sie mal, was nicht passiert war, als ich nach Hause kam. Schlimmer noch: In meiner Abwesenheit waren noch ein paar „verwandte" Dinge angefallen, die ganz gut gleich hätten miterledigt werden können. Aber es war nichts gemacht. Dabei hatten wir doch Spielregeln. Und meine Frau hält sich nicht daran. Ich war fassungslos! Unglücklicherweise hatten wir für den Fall, dass die Spielregeln nicht eingehalten werden, keine Konsequenzen vereinbart, weil wir gar nicht damit gerechnet hatten, dass die Spielregeln nicht eingehalten werden. Ich blieb zunächst ziemlich sauer, sprach nicht mehr mit ihr und meinte, dazu jedes Recht zu haben. Ich konnte mich immer wieder darüber ärgern und habe gedacht: „Verdammte Sauerei! Wieso hat sie das nicht gemacht? Wieso hält sie sich nicht an die Spielregeln?"

6.1.1 Spielregeln und Konsequenzen

Um das Ganze nicht weiter zu verkomplizieren, fragen wir meine Frau an dieser Stelle besser nicht nach ihrer Sichtweise. Abends habe ich dann überlegt: „Sag mal, Jörn, ist der Tag dadurch besser geworden davon, dass du heute sauer warst?" Er ist nicht wirklich besser geworden. Und dann habe ich weitergedacht: „Ist der Tag für die Kinder besser gewesen, weil wir beide nicht richtig miteinander gesprochen haben?" Und habe gemerkt: Für die Kinder war das auch nichts. Eigentlich ist es sogar so, dass die dann auch noch zickig werden, quasi als eine Art ausgleichende Gerechtigkeit. Schließlich habe ich mich gefragt: „Was hat es für unsere Beziehung gebracht, dass wir heute so miteinander umgegangen sind?" Ich glaube, die traurigen, stillen oder nachdenklichen Zeiten sind dazu da, sich zu besinnen oder zu lernen. Und ich habe gelernt, dass es nicht zwei gleichzeitig mögliche Zustände gibt, es gibt nur einen: Tun oder Nichttun. Was (auch für die Beziehung) bedeutet: Man entscheidet sich dafür, es gern zu mögen, oder man lässt es.

Ein Freund von mir sagt: „Die Menschen suchen immer nach der vierten Möglichkeit." Ich hatte folgende Möglichkeiten: 1) Ich beginne, mich mit den empfundenen Unzulänglichkeiten anzufreunden. 2) Wir ändern die Spielregeln noch einmal und vereinbaren sogar Konsequenzen. Oder 3): Ich ziehe aus. Das hatte ich danach verstanden. Also zwischen meiner Frau und mir geht es entweder gar nicht oder ganz. Und „ganz" läuft es auf einem definierten glücklichen Niveau, auf dem wir beide sagen: „So ist es schön." Und man plant am Anfang mit ein, dass wieder der Tag kommt, an dem sie sich nicht an die Spielregeln hält. (Unnötig zu sagen, dass ich mich immer daran halte. Ich habe das verstanden).

Einige Wochen später bekomme ich Streit mit einer Kollegin. Selbstverständlich gibt es bei uns Spielregeln und sie hält sich nicht dran – Zicke. Ich war wieder ziemlich sauer. Ich habe die auch nicht mehr angerufen. Wissen Sie, die kann selber sehen, woher sie ihre Informationen bekommt. Bin ich dafür verantwortlich? Kein bisschen. Und ich war wieder in dieser Schleife, die ich eben schon skizziert habe: Ich steigere mich sicher hinein. Ich ärgere ich mich noch ein bisschen mehr darüber. Und während ich mich darüber ärgere, kann ich mich ja gleich noch ein bisschen mehr ärgern. Und dabei kam mir die Situation dann irgendwie bekannt vor. Es ist immer wieder erstaunlich, wie lange es dauert, wenn ich selbst betroffen bin. Und ich denke wieder an den Tag mit meiner Frau. Und ich denke: Ist diese Situation nicht vollständig übertragbar auf die Situation, die wir gerade betrachten? Heißt in diesem Fall, entweder „wir arbeiten nicht zusammen" oder „wir arbeiten zusammen". Und wenn wir zusammenarbeiten, dann machen wir das auf einem Niveau, auf dem wir beide Freude und Spaß an der Zusammenarbeit haben. Ich hatte es begriffen! Und – wie oft – die Zusammenarbeit ist für uns beide deutlich besser geworden, nachdem wir es denn angesprochen haben. Es gibt nur zwei Zustände, null oder eins, und das gilt einmal für meine Frau und mich und für alle Kollegen und mich. Und dazwischen gibt es nur „Auslöser", um in einen der beiden Zustände zu kommen. Take it – or leave it.

Ein paar Wochen später saß ich bei meiner Steuererklärung. Was soll ich sagen, ich mag solche Tage nicht. Steuererklärungen waren für mich nicht wirklich der Riesenspaß. Sie ahnen es – ich fing an, mich über die Steuererklärung zu ärgern.

Der Ablauf war ungefähr wie bei den anderen Ärgernissen. Diesmal ging es ein bisschen schneller: Der Zustand kam mir wieder bekannt vor. Du hattest das mit Binsi. Mit deiner Kollegin. Und ist es hier wieder genauso? Es gibt bei der Steuererklärung exakt drei Möglichkeiten:

- Ich mache sie gar nicht und gehe dafür ins Gefängnis.
- Ich suche mir jemanden, der sie für mich macht (hierauf fiel bei mir die Wahl).
- Ich mache sie gern.

Wissen Sie übrigens, was meistens passiert, wenn nichts passiert? Es folgt ein ernstes Gespräch ... oder mehrere sehr klare Anrufe. Aber das ist es dann schon. Mehr passiert nicht. Es passiert in Wirklichkeit nichts. Sie sind wieder im Mittelfeld der Rangliste. Sie fahren weiter mit Ihrem Auto, mit dem Sie seit 12 Jahren fahren. Ihr Partner oder Sie selbst machen weiter nebenbei den 400 €-Job, weil es sonst nicht reicht. Das sind die harmlosen Dinge. Kommen wir zu den für Ihre Persönlichkeit wichtigen Dingen ... Doch zuvor noch ein kleiner Gedankenausflug.

Während dieses Kapitel entsteht, geht es zwei großen deutschen Konzernen gerade schlecht. Sie finden sich täglich in der Presse wieder. Entlassungen stehen an. Liegt das am Management? Natürlich. Liegt das auch an allen anderen Mitarbeitern? Ich glaube schon. Meinen Sie, dass, wenn die Mitarbeiter ihre eigenen Produkte immer wieder selbst verwendet hätten, wenn sie darüber mit Freunden und Verwandten gesprochen hätten – meinen Sie, dass diese Konzerne in der Krise stecken würden? Ich glaube nicht. Die Mehrheit der Leute hat an die eigenen Produkte nicht mehr geglaubt ... auch und gerade die Verkäufer nicht. Wir haben selten von Unternehmen gehört, in denen die Umsätze steil nach oben gingen und gleichzeitig Mitarbeiter „abgebaut" – was für ein wunderbares Sprachbild – wurden. Im Verkauf, das kann Ihnen gefallen oder nicht, haben Sie immer Verantwortung für Ihre Kollegen, die im Innendienst arbeiten.

6.1.2 Ohne Wenn und Aber

So, liebe Freunde, Sie ahnen es möglicherweise schon. Sie werden sich jetzt entscheiden, ob Sie garantiert erfolgreich werden. Haben Sie ein bisschen Angst? Ich sage Ihnen, wo die herkommt: Bis jetzt haben jene Geschichten, welche von Gehirnwäsche in die Welt gesetzt wurden und die Sie selbst erzählt haben, Sie beschützt. Klingt komisch, ist aber so: Sie hatten immer eine Ausrede, warum irgendwas nicht funktioniert. In keinem Fall war das Ihre eigene Schuld, es gab immer eine Hintertür für die Erklärung des Misserfolgs. Einer meiner Freunde sagt

6.1 Entscheiden Sie sich!

immer: „Das Problem unserer Zeit ist, dass wir zu viele Optionen haben." Er erklärt das auch gern: „Wenn Projekt A schwer wird und ins Stocken kommt, wenden wir uns Projekt B zu. B ist in einer anderen Phase und läuft erst mal noch einen Augenblick weiter. Wenn es bei B schwierig wird, kümmern wir uns um C. Deshalb bekommen wir nichts so richtig fertig." Er hat Recht. Immer, wenn ich in meinem Leben alles auf eine Karte gesetzt habe, passierten hinterher ein paar „Wunder", die mich haben genau dort ankommen lassen, wo ich hinwollte. Und dasselbe gilt für Sie! Ich beweise Ihnen das weiter unten – ein bisschen Geduld, bitte. Das heißt aber auch, dass wir jetzt einen Teil der Optionen abschneiden oder in jedem Fall zeitlich so nach hinten stellen, dass wir uns nicht mehr darum kümmern. Die Angst kommt daher, weil Sie fürchten, dass es nicht klappen könnte und es keine Geschichte mehr gibt, die Ihnen aus der Patsche hilft. Ein bisschen ist das wie mit dem Huhn und dem Ei. Was war zuerst da? Die Geschichte oder der Misserfolg? Beide gehören untrennbar zusammen, sehen Sie das? Ich kann das nur schreiben, weil ich ganz genau weiß, um was es geht. Nicht, weil ich das bei einem Coachee gesehen habe. Sie wissen, dass ich es weiß, weil ich mehr als einmal genauso viel Angst hatte wie Sie. Gestehen Sie mir deshalb bitte ein bisschen Einfühlungsvermögen zu. Ich helfe Ihnen da durch. In sehr übersichtlichen, kleinen Schritten. Die Schritte sind gerade so groß, dass Sie ein gehöriges Stück vorankommen und die Angst dabei ganz leicht überwinden. Gleichzeitig löst sich diese blödsinnige Gehirnwäsche in nichts auf, und Sie sehen die Welt endlich wieder klar und deutlich, einfach so, wie sie ist: Verkäufer ist wirklich ein wunderschöner Beruf. Ohne Wenn und Aber.

Wie geht das? Für den abschließenden Schritt müssen Sie die bisherigen Anweisungen erledigt haben: Festlegung von Vision, 10-Jahres-Ziel, 5-Jahres-Ziel, Ein-Jahres-Ziel, 90-Tages-Ziel. Sonst geht es nicht. Okay, Sie können natürlich auch lesen und dann im zweiten Durchgang alles umsetzen. Aber bitte: *Tun Sie es!* Stellen Sie sich bitte nochmal kurz vor, das würde funktionieren. (Und es funktioniert wirklich!) Bevor Sie sich gleich entscheiden, ein Blick auf die Alternative.

Und wenn wir eine schlechte Entscheidung treffen? Dann haben wir die Grundlage dafür gelegt, bei der nächsten Gelegenheit eine bessere treffen zu können. Es sei denn, dass wir gar nicht wissen, wie wir zu einer Entscheidung gekommen sind. Das ist dann der Fall, wenn wir sie nicht bewusst treffen, sondern für uns haben entscheiden lassen. Von anderen oder von der Zeit. Wenn wir die Entscheidungsgrundlagen nicht kennen und irgendwann feststellen, dass wir falsch entschieden haben, weil wir uns schlecht fühlen, dann lernen wir dabei nichts. Das Einzige, was wir lernen ist: „Du bist ein Idiot!", und das hilft gar nicht weiter. Starten wir also mit Ihrer „Entscheidung" …

6.2 Regeln für gute Entscheidungen

Achte auf deine Gedanken, denn sie werden Worte. Achte auf deine Worte, denn sie werden Handlungen. Achte auf deine Handlungen, denn sie werden Gewohnheiten. Achte auf deine Gewohnheiten, denn sie werden zu deinem Charakter. Achte auf deinen Charakter, denn er wird dein Schicksal sein!
[unbekannt]

Diese (poetischen) Anweisungen für bessere Entscheidungen können Ihnen für den entscheidenden Schritt hin zum erfolgreichen Verkäufer helfen. Statt „Achte" könnte man in unserem Zusammenhang (weniger poetisch) auch „Entscheide" setzen. Das liest sich dann folgendermaßen:

▶ Entscheide, welche Gedanken du dir machen willst, denn sie werden Worte. Entscheide, welche Worte du sprichst, denn sie werden Handlungen. Entscheide, welche Handlungen du tust, denn sie werden Gewohnheiten. Entscheide dich für deine Gewohnheiten, denn sie werden dein Charakter. Entscheide dich für deinen Charakter, denn er wird dein Schicksal sein!

Ich behaupte, dass Sie immerzu entscheiden. Denn wenn Sie – vermeintlich – nicht entscheiden,

- entscheiden Sie auch: weil Entscheidungen verschleppt werden oder gar nicht mehr möglich sind.
- entscheiden andere für Sie: der Chef, der Markt, die Schwiegermutter oder die Umstände.

Manchmal beschleicht mich das Gefühl, dass die verbreitete Meinung lehrt, besser nicht aktiv zu entscheiden. Besser abwarten. (Wenn Sie mich fragen, ist das eine gute Gehirnwäschen-Geschichte. Damit könnte man ein ganzes Buch füllen ... aber nicht dieses hier.) Insofern ist für den einen oder anderen das Gefühl, zu „entscheiden", ungewohnt. Man *lässt* lieber entscheiden. Sie sind dann der Ball – und die anderen spielen. Das Ärgerlichste daran aber ist: Falls Sie mit der Entscheidung der anderen nicht glücklich sind, können Sie wenig aus der Entscheidung über sich lernen. Sie lernen möglicherweise, dass Sie beim nächsten Mal doch besser selbst entscheiden. Aber Sie lernen nichts über die Qualität Ihrer eigenen Entscheidungen. Wenn wir das Beispiel oben nehmen („Achte auf deine Gedanken ..."), dann führen die „Entscheidungen" zwangsläufig zu Bewegung oder Verän-

6.2 Regeln für gute Entscheidungen

Abb. 6.1 Spirale, die größer wird

derung in unserem Leben. Und diese Veränderung bewegt sich in eine Richtung (vgl. Abb. 6.1).

Entweder wachsen wir und

- unsere Ergebnisse werden vielfältiger und damit besser,
- unser Wunsch führt zu mehr Selbstvertrauen,
- wir erleben eine offenere Wahrnehmung,
- wir handeln beherzter und konsequenter, was wieder zu besseren Ergebnissen führt und dann zu einer besseren Ausnutzung unserer (unbegrenzten) Potenziale und zu noch mehr Selbstvertrauen,
- wir erhalten mehr Aufmerksamkeit und damit noch mehr Gelegenheiten, zielgerichtet zu handeln und damit zu noch besseren Ergebnissen zu kommen...

... oder wir zweifeln und zögern und

- unsere Vorstellung führt zu weniger Handeln,
- wir erhalten begrenzte „schlechtere" Ergebnisse,
- wir nutzen unsere Möglichkeiten schlechter aus,

Abb. 6.2 Spirale, die nicht hilft

- unsere Selbstwahrnehmung wird negativ und unsere Wahrnehmung eingeschränkt.

Dazu kommt, dass wir unseren „Entscheidungsmuskel" nicht trainieren – denn auch beim Entscheiden werden neuronale Verbindungen gebraucht. Der Entscheidungsmuskel wird schlapp und das führt zu noch weniger oder inkonsequenteren und ungeduldigeren Handlungen, die in noch begrenzteren Ergebnissen resultieren (vgl. Abb. 6.2) …

6.2.1 Training für Ihren „Entscheidungsmuskel"

Wenn Sie diese beiden Möglichkeiten im Kopf haben, wird sofort verständlich, dass Entscheidungen die Chance auf einen Richtungswechsel eröffnen und von enormer Bedeutung für die Qualität Ihres eigenen Berufslebens sind. Und auch die erste Regel wird verständlich: Wenn Sie entscheiden und dann nicht handeln, stockt das ganze Rad oder beginnt sich negativ zu drehen.

6.2 Regeln für gute Entscheidungen

Entscheidungen werden von anderen Menschen und der „Wirklichkeit" als solche wahrgenommen, wenn ihnen Handeln folgt. Wenn keine Handlung folgt, hat das automatisch eine „Schwächung" des eigenen Charakters oder eine Veränderung der nicht hilfreichen neuronalen Bahnen zur Folge, weil Sie sich Dinge nur vornehmen, diese aber nicht ausführen. Die alten Gewohnheiten haben Sie eben ein bisschen besser im Griff. Bald schon wird Ihr Gehirn daraus ein Selbstbild produzieren, nach dem Sie ein Mensch sind, der nicht tut, was er sich vornimmt. Und schon läuft der „negative" Zirkel ab! Natürlich ist das Handeln an sich noch keine Garantie für direkten Erfolg, denn erstens kommt es anders, zweitens als man denkt. Oft tauchen Hindernisse auf, und es sind weitere Entscheidungen zu treffen. Treffen Sie weiter konsequent Entscheidungen und setzten Sie sie um. Wenn Sie sich nicht sicher sind, ob Sie sie umsetzen können,

- dann treffen Sie die Entscheidung, diese Entscheidung bis zum Datum X zu treffen, und halten Sie sich an diese Vorentscheidung, oder
- zerlegen Sie die Entscheidung in kleinere Portionen und machen Sie sich einen Plan, wann Sie welche kleine Veränderung durchgeführt haben.

Seien Sie sich dessen bewusst: Jede Entscheidung ist wie eine Weggabelung Ihres Lebensweges, und Sie können nicht beide Wege gehen. Wenn Ihre Entscheidungen auf eigenen Werten basieren, dann werden Sie eventuell Menschen „enttäuschen" – das heißt, dass die Täuschung aufhört. Sie können keine einzige Entscheidung treffen, ohne dass Sie Möglichkeiten aus Ihrem Leben ausschließen. Wer sich schwer entscheidet, fürchtet oft einfach den Misserfolg, die Enttäuschung, den Verlust. Dies führt dann zu Zögerlichkeit und zum Zaudern: Diese Strategie ist nicht ohne Vorteil, denn nach Nicht-Entscheidungen brauchen wir uns nur unserem Schicksal zu fügen.

Natürlich entscheiden Sie in Wahrheit sehr wohl. Sie überlassen anderen – den Sternen oder den Kollegen – die zu treffenden Entscheidungen ... und auch damit haben Sie entschieden. Ihnen ist unbenommen, hinterher ordentlich zu fluchen oder zu jammern.

Ich glaube, dass viele Motivationsseminare nicht den durchschlagenden, nachhaltigen Erfolg haben, weil sich die Atmosphäre im Seminar und im „richtigen Leben" zu stark voneinander unterscheiden. Im Seminar scheinen die Ziele mit Leichtigkeit erreichbar, weil man auf einem emotionalen Höhenflug ist. Zuhause angekommen, folgt dann eine Art Kater. Das muss nicht sein. Einigen Menschen gelingt es wirklich, sich jeden Tag wieder in diesen absolut positiven Zustand zu versetzen. Das ist genauso leicht, wie niedergeschlagen zu sein, erfordert aber wieder ganz andere neuronale Verbindungen – eine andere dauerhafte Einstellung oder

Gewohnheit. Der Erfolg von Entscheidungen, die Sie getroffen haben und treffen, während Sie sich frustriert fühlen, ist grundsätzlich geringer. Unternehmen Sie etwas, damit Sie sich in einem hervorragenden (körperlichen) Zustand befinden. Probieren Sie es aus.

Für die Menschen, denen es schwerfällt, sich in den „aufgeputschten" Zustand zu versetzen, hier eine Lösung: Wenn Sie das Gefühl, dass es Ihnen gut geht, auf einen Zustand der Dankbarkeit projizieren, dann machen Sie alles richtig. Sie können sich schnell in diesen Zustand versetzen, indem Sie einfach bedenken, was für ein unglaubliches Glückskind Sie sind. (Dazu dürfen Sie kurz einmal zum Anfang meiner „Danksagung" vorblättern!) Denken Sie darüber nach und lassen Sie es auf sich wirken. Und dann entscheiden Sie! Das war bei mir ein Grund, warum ich den Schwung und die Entscheidungen aus einigen Motivationsseminaren nicht umgesetzt habe. Ich möchte, dass Sie bei Ihren Entscheidungen positivere Momente erleben. Und das heißt, dass Sie den Zustand wählen, den Sie im täglichen Leben erreichen können und werden. Und aus diesem Zustand heraus treffen Sie die Entscheidungen.

6.2.2 Kombinierte Schutz- und Nutzenstrategie

Um der Gefahr zu entgehen, in die Negativspirale zu verfallen, sollten Entscheidungen immer auf etwas Zukünftiges zielen, statt nur von etwas wegzuführen. Die meisten Entscheidungen werden erst getroffen, wenn es unter den Füßen schon brennt – und dann springt man einfach irgendwohin. Unweigerlich wird es an dem neuen Platz bald schon wieder zu heiß sein, um dort stehen zu bleiben ... die negative Spirale kommt in Bewegung. Gute Entscheidungen werden von der Gegenwart in die Zukunft entschieden, die meisten schlechten Entscheidungen aber beziehen sich auf die Vergangenheit: Die Vergangenheit soll die Zukunft ändern. Dazu ein Börsenbeispiel: Menschen kaufen eine Aktie und hängen dann noch jahrelang mit ihren Entscheidungen an dem ursprünglichen Kaufpreis. Sie sagen zum Beispiel: „Ich habe viel an der Aktie verloren, ich warte ab, egal wie weit sie noch fällt." Jemand hat 1000 Aktien für 50 € gekauft. Bis heute ist die Aktie auf 20 € gefallen. Wie treffen Sie in diesem Fall eine kluge Entscheidung?

Zunächst machen Sie sich bewusst, dass Sie zurzeit Aktien im Wert von 20.000 € besitzen und dass Sie verpflichtet sind, dieses Geld zu beschützen. Sie treffen also eine Entscheidung über die Aktie von heute in die Zukunft. Kluge Entscheidungen bedenken immer den möglichen Verlust. Um bei diesem Beispiel zu bleiben: Auch wenn hier bereits aufgrund einer unvollständigen Entscheidung beim Kauf der Aktie erhebliche Verluste entstanden sind, gibt es keinen Grund,

nicht endlich eine kluge, neue und vollständige Entscheidung über die verbleibenden 20.000 € zu treffen.
Was im Börsenbeispiel schon anklang: Zu jeder guten Entscheidung gehören zwei Elemente:

- eine Schutzstrategie, was bedeutet: Wenn Sie eine Entscheidung treffen, dann sollten Sie genau wissen,
  - was Sie haben (Sie haben mehr, als Sie im ersten Augenblick denken!),
  - was oder wie viel Sie riskieren,
  - wann Sie sich irren. Deshalb warten Sie nicht ein Leben lang, sondern beispielsweise 90 Tage, bis Sie den Soll-Ist-Vergleich und Ihre Erfahrungen überprüfen;
- eine Nutzenstrategie: Jeder Profi legt bei Entscheidungen genau fest, wann sein Ziel erreicht ist. Sonst werden Sie zwangsläufig jemand, der
  - mit dem Erreichten stets unzufrieden ist und/oder
  - „den Hals nicht voll kriegt".

Erfolglose erkennen Sie daran, dass sie keine Entscheidungen treffen oder ihre Entscheidungen nicht überwachen oder gar nicht erst tun, was sie sich vorgenommen haben: Sie haben es schon gehört, und es klingt hinterher stets so: „Hätte ich doch nur ..."

Treffen Sie Entscheidungen aus Freude am Gewinnen. Denn jede Entscheidung bringt einen Gewinn. Beim Verkaufen ist es am leichtesten zu verstehen: Sie haben entweder einen Geldgewinn (aber vielleicht keinen Lerngewinn) oder Sie haben einen Lerngewinn, wenn Sie nichts verkaufen. Sehen Sie zu, dass Sie aus jedem Kundengespräch das Meiste rausholen. Ich mache das immer so: Wenn ich einen Verkauf tätige, bei dem ich 100 % verdient habe, sage ich anschließend zu mir: „Jörn, du musst jetzt Dinge lernen, die 110 % wert sind. Also: Was gibt es zu lernen?" Denn genau dann war die Zeit im Kundengespräch sehr gut eingesetzt. Genauso ist es mit Ihren Entscheidungen. Sie wachsen zwangsläufig zu Ihrem Ziel hin.

6.3 Sicherungen

Alle Entscheidungen, die Sie innerhalb von 72 h in die erste Handlung verwandeln, haben eine 99 prozentige Aussicht auf Erfolg!
[unbekannt]

Abb. 6.3 Der mit Sicherungsstiften fixierte Bleiklotz

Jetzt praktisch: Wir schauen uns nochmal die Kompassnadel und den Bleipfeil an (vgl. Abb. 6.3). Sie und ich wissen, dass Sie jetzt wissen, wohin Ihre Kompassnadel (die aus dem dünnen Stahlblech) zeigen soll. Wir beide wissen, dass Sie sich während des Lesens dieses Buches den Bleipfeil genau in die gleiche Richtung gedreht haben. Stahl- und Bleipfeil zeigen nun exakt in die gleiche Richtung. Sie wissen und ich weiß, dass es jetzt nichts mehr gibt, was Sie aufhalten könnte. Alles passt. Allein ... das, was wir beide jetzt so sonnenklar sehen, könnte schon morgen ein bisschen weniger klar sein. Die alte Gewohnheit, die Gehirnwäsche, wartet natürlich nur darauf, sich schnell wieder in unseren Synapsen und Hirnwindungen auszubreiten. Und deshalb hoffen wir nicht nur darauf, dass der bleierne Pfeil hoffentlich in der Position bleibt, in der er sich in dieser Minute, wo alles so klar ist, befindet: Wir nageln ihn sozusagen mit Sicherungsstiften fest, damit er sich nicht „versehentlich" löst.

Sicherungen sind einfach. Lassen Sie mich zur Erläuterung ein bisschen ausholen (Sicherungen sind mein Lieblingsthema): Was ist das Schlimmste, das Ihnen passieren kann? Es ist die Möglichkeit, in dem abgesteckten Zeitfenster nicht zu erreichen, was Sie erreichen wollten. Mehr kann nicht passieren. Weil Sie sich in die Zielrichtung entwickeln, kommen Sie im schlimmsten Fall ein bisschen später an. Wenn Sie sich jetzt auf den richtigen Weg machen und am Ende Ihres Lebens zurückblicken: Meinen Sie, dass es dann wichtig ist, ob Sie das Jahresziel in diesem Jahr zu 98 oder zu 102 % erreicht haben?

Merken Sie, was für eine unglaublich mächtige Weiche Sie stellen? Sie kommen in jedem Fall an! Es hat schon ausgefallenere, verrücktere Ideen gegeben, die auch in die Tat umgesetzt worden sind. Manchmal braucht es eben ein bisschen mehr Zeit. Einige nutzen diese Versicherungen als Netz oder doppelten Boden. Andere wiederum sind absolut sicher, dass sie keine Versicherung brauchen ... weil es für sie einfach eine Katastrophe wäre, nicht zu schaffen, was ja einfach zu erreichen, was ganz einfach greifbar ist. Wieder andere finden Versicherungen im ersten Moment nicht gut. Das hat vielleicht mit der Angst vor Schmerz zu tun. Die

Wirkung der Versicherungen beruht auf dem Prinzip, das wir schon skizziert haben: Unser Nervensystem lernt aus den beiden Möglichkeiten, Schmerzen zu vermeiden oder Freude und Spaß zu empfinden. Wir haben das alles besprochen: Das Kurzfristige wirkt „scheinbar" besser als das Langfristige, weil das Langfristige „scheinbar" noch weit weg ist. Und deshalb holen wir uns die Versicherungen als kurzfristige Helfer dazu. Das Wichtigste ist ihre kurzfristige Wirkung – Sie können dabei das Prinzip „Freude" oder „Schmerzvermeidung" wählen. Das mache ich Ihnen jetzt schmackhaft. Wir haben gemeinsam festgestellt, dass es im Grunde nur darum geht, Gewohnheiten so zu verändern, dass Sie Ihnen helfen. Und dabei unterstützen uns die Versicherungen. Ich beginne mit der grundsätzlichen Idee und breche sie anschließend auf das Maß herunter, das für Sie genau das richtige ist.

6.3.1 Sich öffentlich verpflichten

Sie erzählen Ihrem Partner, was Sie sich ab heute vorgenommen haben. Und Ihr Partner rechnet sich aus, um welchen Betrag Ihr Einkommen steigt. Dann fangen Sie gemeinsam an, darüber nachzudenken, was Sie mit dem Geld machen. Und es wird genau so kommen. Weil Sie es können – Sie haben es mit dem Plan überprüft! Weil es zwangsläufig kommen wird, wie Sie es sich vornehmen. Weil es hilft, wenn die Verpflichtung da ist, es wirklich umzusetzen – denken Sie kurz, was passiert, wenn Sie nichts machen.

Lassen Sie mich noch ein Beispiel anfügen, das nach den drei Schritten „Zielsetzung", „Verstehen der Gehirnwäsche" und „Entscheidung" abgelaufen ist. Zwei Freundinnen machen bekannt, dass Sie vor Publikum je zwei Dosen nicht angewärmtes Hundefutter aufessen werden, wenn sie sich nicht an ihren Diätplan halten. Erkennen Sie das Prinzip? Selbst wenn eine kleine Herausforderung an die beiden herantritt, bringt der Gedanke an die Hundefutterdosen sie blitzschnell wieder in die richtige Richtung. Es ist wirklich kinderleicht. Es muss nur ein Hebel sein, der wirklich auf Sie wirkt. Merken Sie es? Wenn Ihr Ziel wirklich Ihr Ziel ist und Ihre Entscheidung wirklich Ihre Entscheidung, dann wissen Sie, dass Sie die Versicherung mit Leichtigkeit abschließen können. Ganz locker. Nicht, weil der Hebel nicht auf Sie wirkt, sondern weil Sie wissen und zu 100% überzeugt sind, dass Sie Ihr Ziel erreichen wollen. Und: Sie machen es jetzt so kurzfristig, damit Sie den Versicherungszeitraum absolut sicher überblicken. Sie haben die Wochenpläne für die nächsten 13 Wochen, aber Sie schauen jetzt nur auf den Plan von morgen ... 1/90 des Planes. Lächerlich. Schaffen Sie den Plan morgen? Bis 12 Uhr? Was werden Sie machen, wenn Sie es nicht bis morgen 12 Uhr getan haben? (Pause.) Unter welchen Voraussetzungen werden Sie es machen? Wenn

Sie jetzt denken: „Mmmh, das war alles so plausibel – warum sollte ich dazu noch so eine Versicherung für mich abschließen?", dann sage ich Ihnen: weil Klarheit und Plausibilität morgen von Ihrer alten Gewohnheit überprüft werden. Nicht jetzt. Eine kleine Versuchung, und dagegen versichern Sie sich. Hier der Ausblick: Ihr Leben geht weiter, und die Abschlussrate steigt eben ein bisschen an. Oder die Terminrate. Oder Sie merken nicht genau, warum es besser wird: Der schwarze, dicke, fette, bleierne Pfeil schiebt eben mit. Er macht dabei keinen Lärm. Es ist einfach anders. Wenn Sie und ich nicht das Leben lebten, das wir leben, sondern im Film wären, dann würden jetzt die Geigen langsam zu spielen beginnen ... es fällt uns leicht und macht auch noch Spaß.

Anweisung 10

Notieren Sie zwei Versicherungen darüber, was Sie innerhalb der nächsten 24 h tun, wer Sie unterstützt bzw. wem Sie davon erzählen (zwei Personen) – und das bitte jetzt.

Bitte überlegen Sie, unter welchen Voraussetzungen Sie Ihre Versicherung einlösen würden. Sie brauchen eine wirkliche Versicherung, nicht ein paar Sicherungsstifte, die beim ersten Schütteln wieder herausfallen. Machen Sie es sich bitte so schwer, dass es wirkt. Was tun Sie innerhalb der nächsten 24 h? Wer kann und wird Sie unterstützen? Wem erzählen Sie davon? Das ist beim Coaching der Teil, bei dem es am meisten auf Fingerspitzengefühl ankommt. Eigentlich ist es paradox: Sie sollen sich verpflichten, etwas zu tun, was Sie auf gar keinen Fall tun würden. Verstehen Sie? Ist nicht ganz leicht. Schließen Sie Versicherungen ab. Zwei. Lassen Sie sich diese Versicherungen noch einmal auf der Zunge zergehen. Spornt Sie das richtig an? Wenn nicht, dann gehen Sie zurück zum Ziel und wechseln zu einem, das Sie wirklich inspiriert.

6.3.2 Prüfstein für Ihre Zielformulierung

Was ist, wenn Sie sich jetzt nicht versichern wollen? Sabine (Geschäftsführerin einer Werbeagentur, die weitere Kunden braucht) schüttelt den Kopf, als ich ihr den Unterschied zwischen irgendeiner Maßnahme und den Versicherungen in unserem Coaching erkläre, und sagt: „Und darauf lässt sich jemand ein?" Ich sage: „Klar. Und wenn sich jemand nicht darauf einlässt, ist das sehr einfach zu erklären: Der glaubt sich selbst sein Ziel nicht. Sonst würde er ganz sicher Ja sagen." Sabine fängt schon an zu nicken, während ich spreche. Die Versicherungen sind

6.3 Sicherungen

nicht nur Versicherungen, sie sind gleichzeitig auch der Prüfstein. Die Versicherung prüft, ob Sie gerade dem Wolkenkuckucksheim hinterherlaufen oder ob Sie wirklich wollen, was Sie da gerade geplant haben. Wenn Sie die Versicherung nicht abschließen, liegt das daran, dass Sie noch nicht ganz sicher sind ... und dass Sie daneben noch irgendwelche unangenehmen Dinge befürchten, denn sonst könnten Sie sich ja versichern. Der wirkliche Grund ist: Sie mögen sich nicht wirklich entscheiden, wollen sich nicht von allen anderen Alternativen lösen.

Kennen Sie den Witz? Unter einer Straßenlaterne steht ein Betrunkener und sucht etwas. Ein vorbeikommender Polizist fragt, was er verloren habe. Der Mann antwortet: „Meinen Schlüssel!" Beide suchen gemeinsam weiter. Nach langer erfolgloser Suche fragt der Polizist, ob der Mann sicher sei, dass er den Schlüssel gerade hier verloren hat. „Nein, nicht hier, sondern da hinten – aber dort ist es viel zu dunkel." Bevor Sie lachen, fragen Sie sich mal, wie oft Sie selbst schon Dinge getan haben, die zwar geübte Praxis sind, aber nicht besonders erfolgversprechend. Sie möchten die Option halten, noch ein bisschen unter der Straßenlaterne zu suchen, auch wenn Sie wissen, dass das wirklich Unsinn ist.

Mein Partner Stefan ist pragmatisch. Er bittet die Coachees gern mal, zur nächsten Sitzung 1000 € Bargeld mitzubringen (die ahnen natürlich noch nicht, wofür). Dann geht es um das jeweils individuelle Wochenziel, und wenn das feststeht, fragt Stefan den Einzelnen: „Und das soll es jetzt sein?" „Ja!" „Sicher?" „Ja!" „Gut. Dann nehme ich deine 1000 € jetzt mal. Wenn du Freitag gemacht hast, was du machen wolltest, dann bekommst du sie zurück. Sonst schicke ich die 1000 € dem SOS-Kinderdorf." Wenn sie sich nicht darauf einlassen, fragt Stefan, wie ihr Ziel aussehen muss, damit er die 1000 € für sie verwahren darf. Verstanden?

Wenn die Entschlusskraft am Anfang so niedrig ist, dann ist die Chance, bei der erstbesten Gelegenheit umzukippen, relativ hoch. Um genau zu sein, ist sie nicht nur relativ hoch, sondern beträgt exakt 100 %. Verstehen Sie? Das geht so nicht. Deshalb seien Sie ehrlich: Was könnte Ihre Versicherung sein? Wenn Sie etwas gefunden haben, versichern Sie sich. Wenn Sie sich nicht versichern wollen, denken Sie noch einmal darüber nach ... und lesen Sie die Kapitel des Buches noch einmal. Jetzt wissen auch Sie: Wollen Sie den beschriebenen Erfolg im Beruf oder wollen Sie ihn nicht wirklich? Ich habe sehr viele verschiedene Dinge getan, um dahinter zu kommen. Und dabei ist es einfach. Ich habe Hörbücher immer wieder gehört, Biografien und Romane gelesen. Irgendwann kommen dann die Erkenntnisse von allen Seiten. Immer die gleichen. Ich weiß nicht, was bei mir letztlich den Ausschlag gegeben hat, aber irgendwann ist es dann eben sonnenklar. Ich habe einige Hörbücher über 100 Mal gehört und erst beim 105. Durchgang Dinge begriffen, die ich vorher offensichtlich nicht gehört hatte. Wir alle lernen Dinge auf ganz unterschiedliche Weise. Lernen heißt hier und für uns, dass wir das Wissen nicht nur in uns haben, sondern dass wir dieses Wissen auch umsetzen und für uns nutzen. Sonst bleibt Lernen ein intellektueller Spaß – ganz nett, aber absolut nicht der Anspruch dieses Buches. Ich möchte nicht, dass Sie nur verstehen, Sie sollen es in Ihrem Leben spüren. Und nicht nur Sie, sondern auch die Menschen, die Sie um sich haben. Es liegt wirklich an Ihnen. Es ist leicht. Wenn Sie sich entscheiden. Es gibt keine hoffnungslosen Fälle. Ganz sicher nicht. Glauben Sie nur nicht, dass der Erfolg manchen Menschen in die Wiege gelegt wird und anderen nicht. Fragen Sie einen, der erfolgreich ist.

6.3.3 Ihre neue Autobahn im Kopf

Wie Millionen anderer Verkäufer, die ebenfalls Zeiten hatten, in denen sie gezweifelt haben, bevor sie erfolgreich geworden sind, können Sie selbstverständlich erfolgreich werden. Verdrängen Sie negative Gedanken nicht, sondern lenken Sie sie in die richtige Richtung – Sie wissen ja jetzt, wie das geht. Erinnern Sie sich an eine unangenehme Situation, die schon einige Zeit zurückliegt ... genauso unangenehm, wie die jetzige Situation? Was ist aus dieser Situation geworden? Wie beurteilen Sie die Situation hier und heute? War das im Nachhinein gar nicht so schlimm? Sie können der „schrecklichen" Situation sogar etwas Gutes abgewinnen? Wenn Sie jetzt schon ahnen, dass Sie in ein paar Jahren auf die aktuelle Situation zurückschauen und sagen: „Na ja, fühlte sich ein bisschen ungewohnt an, aber ein Riesenglück, dass ich das damals so entschieden habe ...", dann hören Sie doch bitte jetzt sofort damit auf, sich zu sorgen. Und lebensbedrohlich ist das alles sowieso nicht.

Zeit für einen weiteren kleinen Exkurs: Wir haben seit 15 Jahren eine Freundin, die mindestens einmal jährlich ein großes Lamento über die hohen Preise anstimmt. Ich kann mich übrigens an meine Kinderzeit erinnern, als meine Mutter beim Einkaufen sagte: „Das ist aber teuer geworden ..." Unserer Freundin haben wir empfohlen, sich nicht über die hohen Preise zu ärgern. Sie soll sich lieber über die günstigen Preise freuen, die wir heute noch haben ... morgen wird's erst richtig schlimm. Ich bin sicher, dass wir in 20 Jahren wieder Menschen finden, die sich darüber beschweren, wie teuer alles geworden ist. Und die uns dann erzählen, wie sensationell günstig das alles vor 20 Jahren war. Es ist immer wieder die blödsinnige Bewerterei. Hören Sie auf damit oder bewerten Sie für sich selbst positiv.

Anweisung 11

Suchen Sie sich ein Vorbild ... natürlich ein erfolgreiches.

6.3 Sicherungen

Dafür gibt es etliche Lösungen. In dem Unternehmen, in dem Sie arbeiten, gibt es Vorbilder. In anderen Unternehmen gibt es zahllose Vorbilder. Und Sie finden sie auch in Büchern, Filmen – wo immer Sie wollen. Sie wissen das. Hören Sie in sich hinein. Bis wann haben Sie Ihr Vorbild gefunden?

Wenn Sie nach diesen Anweisungen leben, steht zu 100 % fest, dass Sie bald den Moment erleben werden, in dem Sie sich nicht mehr „willentlich" entscheiden müssen, sich erfolgreich zu fühlen – denn der Weg ist dann Ihre neue neuronale Verbindung, eine „Autobahn in Ihrem Kopf". Er ist Ihnen buchstäblich in Fleisch und Blut übergegangen.

6.3.4 Der innere Routenplaner

Wir in unserer bundesrepublikanischen Welt hängen gern und ständig an Gedanken, die nicht gut zu unseren Lebenszielen passen: Wir denken ständig, dass Dinge kompliziert, die zur Verfügung stehende Zeit knapp, Geld, Wasser, Wohlstand und gute Jobs schwierig zu bekommen sind. Wir denken, dass wir unheimlich rumackern müssen, damit wir es verdient haben. Dass wir etwas leisten müssen. Dass das ganze Leben schwierig ist. Dass Arbeit Mühsal bedeutet. Und dennoch sehen wir, dass es ganz offensichtlich Menschen gibt, die der Welt keinen für uns ersichtlichen Wert bringen und dennoch ganz gut zurechtkommen. Wir erlauben uns selbst aber nicht, einen anderen Blickwinkel einzunehmen. Lassen Sie uns nicht darüber streiten, ob das die „richtige" Sichtweise ist. Es ist jedoch absolut offensichtlich, dass uns diese Art der Betrachtung nicht hilft. Ich bin vollständig überzeugt, dass uns die ständige Betrachtung der „schlechten" Seite bei der eingeübten „Gut-Schlecht-Aufteilung" der Welt unseren Lebenszielen nicht einen Millimeter näher bringt.

Dieses Buch lässt sich mit einem Ausweg aus einem Urwald vergleichen. Irgendwie sind wir in den Wald hineingekommen und wissen nicht, wie wir wieder herauskommen. Wir haben eine Landkarte und versuchen es damit. Wir sind erfahren im Kartenlesen und haben neben der praktischen Anwendung schon etliche Kurse im Kartenlesen absolviert. Abb. 6.4 zeigt die Karte. Auch wenn sie auf den ersten Blick merkwürdig erscheint: Sie haben sie schon tausendmal gesehen ...

Mit ein bisschen Übung im Kartenlesen können wir Flüsse auf Anhieb der Größe nach bestimmen und die Höhe von Bergen ablesen ... und glauben irgendwann, wir brauchen die Karte gar nicht mehr, weil wir die Gegend wie unsere Westentasche kennen. Für die Arbeit mit einer Landkarte brauchen Sie allerdings nicht nur Praxis, sondern vor allem zwei elementare Informationen zusätzlich:

Abb. 6.4 Weltkarte

- Ihre jetzigen Koordinaten, also Ihren Standort, sowie
- eine fest definierte Richtung (meistens meint man Norden, weil wir uns danach orientieren).

Sie wissen, was passiert, wenn Sie wenige Grade „Fehleinstellung" in der Richtung haben und damit weit genug laufen: Wenn Sie nur 5 Grad vom ursprünglichen Kurs abkommen, sind Sie nach 30 km mehr als 2,5 km vom geplanten Weg entfernt. Das ist zwar unangenehm, aber noch korrigierbar – Sie laufen eben ein Stück extra. Ärgerlicher ist, dass die Landkarte die ganze Zeit nicht richtig zu passen scheint, dass es irgendwie nie so kommt, wie es in der Landkarte steht. Sie gewöhnen sich daran, dass der wirkliche Weg immer ein bisschen anders ist als der, den Sie erwarten. Dadurch nimmt der Wert der Karte von Weg zu Weg weiter ab, denn sie „funktioniert" ja doch nicht. Ab einem unbestimmten Zeitpunkt beginnen viele, sich auf ihr Gefühl zu verlassen, um von A nach B zu kommen. Weil sie mit Karten schlechte Erfahrungen gemacht haben und wissen, dass sie nicht gut funktionieren. Wenn Sie aber kein Kontrollinstrument haben, das die Effektivität des eigenen Tuns bestimmt, wird es schwierig festzustellen, wie Sie sich entwickeln und ob Sie besser sein könnten. Dieses Buch ist eine Justierhilfe, damit Sie zuerst Norden finden und dann den Weg in Ihre Richtung einschlagen. Ich weiß, dass der Verkauf mit dieser Justierhilfe einfacher laufen kann. Dass viele sogar „erschrocken sind", wie einfach es ist, erfolgreich zu verkaufen. Dass sie besser über ihre eigene Zeit verfügen und mehr Spaß und Freude erfahren – sowohl während der Arbeitszeit als auch in der Freizeit. Manche haben Angst, dass diese kleinen Veränderungen große Auswirkungen haben, erst recht über längere Zeiträume. Tatsächlich haben sie riesengroße Auswirkungen. Aber es gibt keinen Grund, Angst zu haben. Freuen Sie sich lieber darauf.

6.4 Beharrlichkeit

> Bleib hartnäckig. Nichts auf der Welt kann Hartnäckigkeit ersetzen. Kein Talent; nichts ist verbreiteter als erfolglose Männer mit Talent. Kein Genie; erfolglose Genies sind fast schon sprichwörtlich. Bildung allein nicht; die Welt ist voller gebildeter Versager. Nur Hartnäckigkeit und Entschlossenheit sind allmächtig.
> [Ray Kroc, McDonald's-Gründer]

Wenn Sie immer das Gleiche tun, dann werden Sie immer das Gleiche bekommen. Ich weiß das, weil ich es ziemlich oft ausprobiert habe. Eine Frage, die ich meinen Coachees immer stelle, lautet: „Wollen Sie wirklich erfolgreich verkaufen?" Ich weiß, dass das eine dumme Frage ist. Alle Verkäufer wollen gern erfolgreich sein, sonst hätten sie diesen Beruf nicht gewählt. Alle Verkäufer spüren, dass etwas in ihnen drin ist, das dafür sorgt, dass sie nicht erfolgreich sind. In den Anfangsstadien redet man sich noch ein: „Es kommt – im nächsten Monat wird alles besser …". Vor Schreck macht man für den Rest dieses Monats noch ein bisschen Pause und erholt sich in den alten, gewohnten Verhaltensmustern. Schließlich landen die meisten auf den Rennlisten im Mittelfeld oder rutschen noch ein bisschen ab. Nach Tagungen und Seminaren begeistert man sich und sagt: „Gleich morgen früh geht es los – da werde ich unheimlich erfolgreich" … und es klappt dann doch nicht. Irgendwann glauben die meisten, dass sie wohl doch nicht zur Spitze gehören. Im Zweifel helfen die Verkaufsseminare auch noch dabei mit, diese These zu unterstützen und in Stein zu meißeln, etwa nach dem Motto: „Ich bin mehr ein grüner Typ, der ist nicht dafür gemacht, so und so zu sein …". Oder: „Gerade Introvertierte haben an dieser Stelle echte Herausforderungen zu bestehen, die für solche ‚violetten Typen' wirklich nicht leicht sind ..." Ich bitte alle Seminarteilnehmer, denen ich früher Inhalte in dieser Richtung vermittelt habe, in aller Form um Entschuldigung. Ich wusste es damals einfach nicht besser.

Das Problem besteht nicht darin, zu verdeutlichen, warum Erfolgreichsein einfach ist. Vielmehr ist zu erklären, warum es so schwierig *erscheint*. Es muss eine Erklärung dafür geben, warum Verkaufsleiter auf ihren Mitarbeitern rumhacken und diese sich das auch noch gefallen lassen. Seltsam: Da wählen Menschen einen Beruf, in dem es in den meisten Fällen die Möglichkeit gibt, überdurchschnittlich zu verdienen. Und dann verdienen ungefähr drei Viertel der Mitarbeiter dieses Berufsstandes unterdurchschnittlich – ich wusste das lange Zeit gar nicht. Sie werden von der Bevölkerung nicht besonders geachtet, und noch schlimmer: Die meisten von ihnen geben der Bevölkerung insgeheim auch noch Recht! Fast alle finden diesen Zustand unerträglich. Sie erzählen mir, dass sie gern erfolgreich wären. Ich kann manchmal gar nicht glauben, dass es im gegenwärtigen Zustand nicht auch irgendwelche Vorteile gibt. Warum sonst sollte man so etwas tun?

Man arbeitet in einem Beruf, der von der Bevölkerung nicht oder nicht besonders positiv angesehen wird. Man lässt sich von seinem Chef ständig oder doch in unregelmäßigen Abständen immer wieder mehr oder weniger nerven, ärgern und beschimpfen – und muss dem Chef insgeheim Recht geben: Denn es gibt ja etliche, die vormachen, dass es geht. Man arbeitet ungefähr 40 h in der Woche, meistens mehr, und das sind bei 200 Arbeitstagen ungefähr 8000 h im Jahr und 200.000 h in 25 Jahren. Das entspricht ungefähr 8 Jahren am laufenden Stück. Wahrscheinlich machen 8 Jahre Gefängnis oder Zwangsarbeit auch wenig Spaß. Wenn wir die Fahrzeiten oder Wochenenddienste mitrechnen, kommen wir auf noch höhere Werte, aber das zählen wir jetzt einfach mal nicht mit. Man ruiniert seine Gesundheit, weil man ständig nicht in Übereinstimmung mit dem ist, was man wirklich möchte. Man belügt sich selbst. Man belügt seine Kollegen, seinen Partner, seine Nachbarn und Kinder – irgendwie ist das ganze Leben ein einziges böses Märchen. Welche Werte gibt man seinen Kindern mit, wenn man ständig etwas macht, was man gar nicht machen möchte? Was lebt man ihnen vor? Was lernen sie und welche Schlüsse ziehen sie für ihr eigenes Leben daraus? Wie viel Spaß verknüpfen sie mit dem Wort „Arbeit"? Sie glauben, das hat auf Ihre Kinder keinen Einfluss? Falsch! Wenn es überhaupt irgendwelche Wesen auf dieser Welt gibt, die eine Antenne für Schwingungen haben, dann sind das Kinder. Glauben Sie mir, wir haben selbst zwei. Absolut unmöglich, die zu betrügen. Natürlich können Sie das vordergründig tun – Sie sind ihnen ja zum Beispiel intellektuell hoch überlegen. Aber die Wahrheit lässt sich vor Kindern nicht verstecken ...

6.4 Beharrlichkeit

Denken Sie daran: Dieses Leben, das Sie gerade leben, ist nicht die Generalprobe für irgendetwas. Es ist nicht so, dass Sie üben können, um dann irgendwann das richtige Leben zu starten. Das hier ist es jetzt gerade, Ihr Leben! Es gibt keine zweite Chance. Ihre Arbeitszeit ist ein riesiger Teil davon, jedenfalls rein rechnerisch. Lassen Sie uns jetzt nicht darüber reden, dass es noch Auswirkungen auf andere Bereiche Ihres Lebens gibt. Manche Verkäufer erkennen die Chance zu tieferem Nachdenken und enden an der Stelle, an der sie sagen: „Ich bin seit 5 Jahren im Verkauf, eigentlich bin ich Ingenieur, und ich überlege schon länger, ob ich nicht wieder zurückgehen sollte ...". Dazu zwei Bemerkungen:

Ich will gar nicht ausschließen, dass der eine oder andere dort vielleicht besser aufgehoben ist. Bei vielen fällt mir aber etwas anderes ein: Sie sehen, dass sie ein Problem haben, und möchten dieses gern lösen, indem sie die Umstände ändern. Häufig liegt das Problem aber im Kopf des Betroffenen. Und in diesen Fällen kann man nicht „weglaufen".

Gerade in den letzten Jahren waren und sind viele Teilnehmer meiner Verkaufsseminare Ingenieure. Und ich merke immer mehr, dass es auch für diesen Berufszweig immer „vertrieblicher" wird. Wenn es nicht um externen Vertrieb geht, dann wette ich, dass Sie sich als Ingenieur ständig um interne Kunden zu bemühen haben. Vielleicht wird Ihr altes Problem deshalb das neue Problem.

6.4.1 Sie sind einmalig auf dieser Welt

Was war noch gleich das Schlimmste am Nicht-erfolgreich-Sein? Dass Sie nicht mehr an sich selbst glauben. Dass Sie dadurch eine ganz entscheidende Seite Ihres ganzen Lebens auf ein Niveau bringen, wo Sie nie hinwollten. Sie wissen jetzt, dass es Gewohnheiten sind, die uns dahin gebracht haben. Sie haben über diese Gewohnheiten nie nachgedacht. Das Leben hat sie Ihnen vorgesetzt, und Sie haben sich daran gewöhnt. Sie haben es verdient, dass Sie über Ihre Gewohnheiten nachdenken und nicht einfach zufällig irgendetwas tun. Geben Sie sich nicht schnell damit zufrieden, etwas zu bekommen, was Sie gar nicht haben wollten. Sie können es glauben oder nicht, aber Sie sind einmalig auf dieser Welt. Es hat mich Jahre gekostet, die Bedeutung dessen in seiner ganzen Tragweite zu verstehen, oder besser: richtig zu erfassen. Es gibt nämlich nicht einen einzigen weiteren Menschen mit denselben Möglichkeiten, die gerade Sie mit auf die Erde gebracht haben. Und Sie sind dabei, sich einzureden zu lassen, Sie hätten lediglich „gewöhnliche" Möglichkeiten. Ich meine wirklich nicht das Geld. Wir wissen, dass Sie immer noch genug Geld verdienen, um irgendwie zurechtzukommen. Wenn Sie sich mit dem Rest der Welt vergleichen, dann läuft es sogar unglaublich gut, egal, wie schlecht es aus Ihrer Sicht zu sein scheint. Vergleichen Sie Ihr Einkommen mit einem durchschnittlichen Portugiesen, Albaner, Ghanaer oder Inder ... Sie sehen, dass meine Motivation nicht Ihr Einkommen ist.

Es geht um Ihre Lebensqualität und die Ihres Partners und Ihrer Kinder, falls vorhanden. Wenn Sie keine Kinder haben, sind Sie dennoch ein Vorbild für andere. Ich möchte Ihnen helfen, dass Sie dieses Vorbild ausfüllen, dass Sie sich beruflich wirklich wie ein großartiger Mensch fühlen. Dass Ihr berufliches Leben andere Bereiche Ihres Lebens positiv beeinflusst. Dass Sie andere Menschen positiv beeinflussen. Dass Sie stolz auf sich sein können. Ein vernunftbegabter intelligenter Mensch straft sich mit Selbstverachtung, wenn er „irgendeiner" Tätigkeit nachgeht, die sein Leben aber zeitlich zu einem großen Teil ausfüllt. Nichterfolgreiche betrügen sich in jedem Verkaufsmeeting selbst, irgendwann glauben sie ihre Geschichten ansatzweise sogar wirklich. Zum Glück bleibt die Stimme, die sich nicht belügen lässt. Sie heißt Gewissen, und sie weiß, was „ausgedacht" ist: dass man oft darauf wartet, eine Nachricht zu bekommen, die sehr plausibel klingt und den Misserfolg erklärt. Wie viel Zeit wird bei Ihnen persönlich und in Ihrem Unternehmen damit verbracht, Misserfolge zu erklären? Vielleicht sagen Sie jetzt: „Na ja, so schlimm ist es nun auch wieder nicht ... eigentlich gehe ich gar nicht so ungern zur Arbeit." Das weiß ich. Das Entlarvende an solchen Sätzen sind Wörter wie „schlimm", „eigentlich" und „ungern". Erkennen Sie das? Wenn Sie „schlimm" als Maß der Dinge gebrauchen, dann läuft irgendwas schief.

6.5 Sie müssen!

> Ich bin mir sicher, dass er es nicht zeigen wollte, aber es war in seinem Kopf so vorherrschend, dass es in jeder Handlung zum Vorschein kam.
> [A.C. Doyle alias Sherlock Holmes]

Sie haben derzeit genau das, was Sie haben *müssen*. Ich meine damit nicht nur Geld oder materiellen Besitz, Sie können auch Beziehungen, frei verfügbare Zeit etc. dazunehmen. Verstehen Sie mich bitte richtig. Das heißt nicht, dass Sie das haben, was Sie gern hätten. Sie hätten wahrscheinlich gern mehr von vielem. Aber das ist ein Lebensgesetz: Sie bekommen nicht, was Sie gern hätten, sondern das, was Sie unbedingt haben müssen. Lesen Sie bitte erst einmal diesen Absatz ganz durch, bevor Sie mit mir schimpfen. Wo stehen Sie? Wen kennen Sie? Wenn etwas zu einem Muss für Sie wird, dann sind Sie auch bereit, den Preis dafür zu zahlen, egal, was es ist. Sie geben Dinge auf, um Zeit oder Geld für das zu haben, was Sie haben müssen. Warum aber müssen Sie nicht mehr haben, etwa von Zeit, Anerken-

6.5 Sie müssen!

nung, Geld, Wohlstand? Das ist die Frage. Sie könnten alles (!) haben, was Sie sich vorstellen können, wobei ich nicht „kurz mal eben vorstellen" meine, sondern das, was Sie langfristig wirklich wollen oder besser: müssen. Sie überführen das „Habenwollen" in ein „Habenmüssen".

Eine Teilnehmerin unseres Coachingprogramms, im Berufsleben Verkäuferin von Finanzdienstleistungen, sagte: „So ganz kann ich mich mit meinem Beruf nicht anfreunden – da gibt es Wettbewerbsunternehmen mit besseren Produkten, und meine eigene Sparrate ist nicht die, die ich meinem Kunden empfehle ... Ich weiß, dass ich da nicht durch und durch stimmig bin. Das macht aber nichts. Der Kunde merkt das nicht. Ich kann das unterdrücken ..." Ich bin sicher, dass diese Kollegin das beherrscht. Sie wird das Gefühl professionell unterdrücken. Jetzt werfen wir kurz einen Blick auf ihren Kundentermin: Ein guter Teil ihrer Energie ist damit beschäftigt, Unstimmigkeiten zu unterdrücken. Das heißt übersetzt, dass wir immer „Geschichten" parat haben müssen, falls der Kunde fragt: „Wie viel Prozent Ihres Einkommens sparen Sie selbst?" Oder: „Wie haben Sie das für sich selbst angelegt?" Allein die Angst, dass eine solche Frage in der Luft liegt und jederzeit gestellt werden könnte, raubt schon jede Menge Energie.

Und glauben Sie im Ernst, die Kunden merken das nicht? Zumindest unbewusst oder unterbewusst. Nun stellen Sie sich einmal vor, es müsste nichts „unterdrückt" werden. Wie sähe der Verkauf dann aus? Schauen wir auf eine Skala von 1 bis 10. Stellen Sie sich weiter vor, die Kollegin hätte eine Altersvorsorge, die sie selbst begeistert. Oder einen Plan für sich selbst, wann sie wie viel Geld spart. Wie sie davon erzählen könnte ... meinen Sie nicht, dass das eine ganz andere Qualität hätte? Je nach der Intensität, mit der sie sich selbst begeistert, ist ohne große Schwierigkeiten eine +10 möglich. Diese Begeisterung kostet nichts. Es ist nicht schwer. Es ist einfach. Merken Sie, worauf es wirklich ankommt? Es geht beim Verkaufen um Ergebnisse und nicht um das beste Konzept. Die Ergebnisse folgen manchmal den Konzepten, aber am besten wirken die persönlichen Beispiele. Nehmen Sie Ihre eigene Leistung in Anspruch. Gehen Sie zu den Referenzkunden und lassen Sie sich nochmal erzählen, warum diese gerade Sie ausgewählt haben. Denken Sie doch einfach selbst: Wenn Sie als Kunde bei einem Verkauf die Frage stellen: „Nutzen Sie das selbst?", und als Antwort ein klares Nein oder ein vorsichtiges Ja mit einem unsicheren Lächeln erhalten: Wie gut kommt das bei Ihnen persönlich an? Kunden erkennen die wahren Nutzer oft daran, dass die Verkäufer ihnen ungefragt noch ein bisschen vorschwärmen, wie toll das Produkt oder die Dienstleistung ist. Aufrichtigkeit merkt jeder. Aufrichtigkeit heißt nur, dass Blei- und Stahlpfeil in genau die gleiche Richtung zeigen. Dann geht es wirklich „von selbst".

Weiterführende Literatur

Ackermann, Andreas. 2004. *Ziele erreichen – Probleme lösen*. CD mit dem Ackermann Mentaltraining. München.
Amzarakova, Irina P. 2002. *Bewertung im Sprachgebrauch von Grundschulkindern*. Bonn.
Balters, Antje. 2001. *Mut zum NEIN sagen*. Asslar.
Bandler, Richard, und Donner Paul. 1998. *Die Schatztruhe* (NLP im Verkauf). Paderborn.
Bandler, Richard, und MacDonald Will. 2009. *Der feine Unterschied*. 5. Aufl. Paderborn.
Behrens, Katja, und Helen Keller. 2001. Weinheim.
Berg, Art. 2002. *The impossible just takes a little longer*. New York.
Bettger, Frank. 2002. *Lebe begeistert und gewinne*. Zürich.
Birkenbihl, Vera. F. 1994. *Trotz Schule lernen!* München.
Birkenbihl, Vera. F. 2000a. *Kommunikationstraining*. München.
Birkenbihl, Vera. F. 2000b. *Stroh im Kopf*. München.
Birkenbihl, Vera. F. 2013a. *Fragetechnik schnell trainiert*. 14. Aufl. München.
Birkenbihl, Vera. F. 2013b. *Kommunikation für Könner*. 52. Aufl. München.
Blanchard, Kenneth, und Bowles Sheldon. 1998. *Raving fans*. New York.
Blanchard, Kenneth, und Bowles Sheldon. *Gung Ho*. Reinbek.
Blanchard, Kenneth, und Johnson Spencer. 2000. *Der Einminuten-Manager*. Reinbek.
Blanchard, Kenneth, Oncken William, und Burrows Hall. 2001. *Der Minuten Manager und der Klammer-Affe*. Reinbek.
Brown, W. Stephen. 1985. *Todsünden des Managers*. Zürich.
Burg, Bob. 1998. *Endless referrals*. New York.
Carr, Allen. 1998. *Endlich Nichtraucher!* München.
Carroll, Lewis. 1998. *Alice im Wunderland*. Frankfurt a. M.
Carse, James P. 1987. *Finite and infinite games*. Toronto.
Chernow, Ron. 2000. *John D. Rockefeller: Die Karriere des Wirtschaftstitanen*. Rosenheim.
Cialdini, Robert B. 1993a. *Influence, how and why people agree to things*. New York.
Cialdini, Robert B. 1993b. *The psychology of persuasion*. New York.
Clason, George S. 2002. *Der reichste Mann von Babylon*. Zürich.
Coué, Emile. 1993. *Die Selbstbemeisterung durch bewusste Autosuggestion*. Basel.
Covey, Stephen R. 1998. *Die sieben Wege zur Effektivität*. München.
Crum, Thomas F. 1988. *The magic of conflict*. New York.
Csikszentmihalyi, Mihály. 2004. *Flow*. Stuttgart.
Dalai Lama. 2002. *Die Regeln des Glücks*. Bergisch Gladbach.
Dickens, Charles. 2002. *Eine Weihnachtsgeschichte*. Hamburg.
Dillmann, Bruce. 1992. *Ziel um Ziel*. Paderborn.
Dyer, Wayne W. 2000. *Der wunde Punkt*. Reinbek.
Dyer, Wayne W. 2001. *Wirkliche Wunder*. Reinbek.
Eker, Harv T. 2005. *Secrets of the millionaire mind*. New York.
Eliot, L. 2001. *Die Gehirnentwicklung in den ersten fünf Lebensjahren*. Berlin.
Fensterheim, Herbert, und Baer Jean. 1977. *Sag nicht JA, wenn Du NEIN sagen willst*. München.
Fischer, Joschka. 2001. *Mein langer Lauf zu mir selbst*. München.
Frankl, Viktor E. 2001. *Das Leiden am sinnlosen Leben*. Freiburg.
Franklin, Benjamin. 1997. *Autobiographie*. München.
Fridson, Martin S. 2001. *Milliardäre und ihre Erfolgsgeschichten*. Rosenheim.

Gallwey, T. Timothy. 2002. *Selbstcoaching*. Nürnberg.
Girard, Joe, und Robert L. Shook. 1998. *Abschlußsicher verkaufen*. Wiesbaden.
Goleman, Daniel. 2001. *EQ2 – Der Erfolgsquotient*. München.
Goleman, Daniel. 2002. *EQ – Emotionale Intelligenz*. München.
Hill, Napoleon. 2000. *Denke nach und werde reich*. Kreuzlingen.
Hill, Napoleon, und W. Clement, Stone. 2000. *Erfolg durch positives Denken*. Kreuzlingen.
James, Tad, Lorraine Flores, und Jack Schober. 2001. *Kompaktkurs Hypnose*. Paderborn.
Kiyosaki, Robert T., und Sharon L. Lechter. 2002. *Reichtum kann man lernen*. München.
Klein, Stefan. 2002. *Die Glücks-Formel*. Reinbek.
Kostolany, André. 1998. *Kostolanys großes Börsenseminar*. München.
Kotter, John P. 1997. *Matsushita*. Wien.
Lazarus, Arnold, und Fay Allen. 2002. *Ich kann, wenn ich will*. München.
Lelord, François. 2004. *Hectors Reise oder die Suche nach dem Glück*. München.
Lewis, C. S., Malcolm Muggeridge, und Dorothy L. Sayers. 1998. *Alles Übrige ist eine Sache des Fliegens*. Gießen.
Löhr, Jörg. 2004. *Lebe deine Stärken!* Berlin.
MacKenzie, Gordon. 1998. *Orbiting the Giant Hairball*. New York.
Maltz, Maxwell. 1990. *So können Sie werden, wie Sie sein möchten*. Genf.
McCormack, Mark H. 1997. *Die Schule des Verhandelns*. Frankfurt a. M.
Miller, R. B., und S. E. Heimann. 1985. *Strategie selling*. New York.
von Münchhausen, Marco. 2004. *So zähmen Sie Ihren inneren Schweinehund!* München.
Murdon, Rebecca. 2007. *The Pursuit of Happyness (Das Streben nach Glück)*.
Murphy, Joseph. 2000. *Werde reich und glücklich*. München.
Peale, Norman Vincent. 2011. *Die Kraft des positiven Denkens*. 4. Aufl. Zürich.
Popper, Karl R. 2004. *Alles Leben ist Problemlösen*. München.
Pryor, Karen. 1999. *Positiv bestärken – sanft erziehen*. Stuttgart.
Ratelband, Emile. 1998. *TSJAKKAA!* Düsseldorf.
Ratelband, Emile. 1999. *Der Feuerläufer*. München.
Rentsch, Hans-Peter. 2000. *Der Samurai-Verkäufer*. Wiesbaden.
Robbins, Anthony. 1998a. *Das Prinzip des geistigen Erfolgs*. München.
Robbins, Anthony. 1998b. *Grenzenlose Energie*. München.
Robbins, Anthony. 2003. Das *Robbins PowerPrinzip*. München
Rüegg, J. C. 2001. *Psychosomatik, Psychotherapie und Gehirn: Neuronale Plastizität als Grundlage einer biopsychosozialen Medizin*. Stuttgart.
Schucman, Helen. 1999. *Ein Kurs in Wundern*. Zürich.
Schwarz, Norbert. 1988. Judgements of relationship satisfaction. *Journal of Social Psychology* 18:485–496.
Schwarz, Norbert. 2002. Judgements of relationship satisfaction. *Journal of Social Psychology* 18:485–496 (zitiert nach Klein, Stefan: Die Glücks-Formel). Reinbek.
Schwarz, Tony, und Jim Loehr. 2003. *Die Disziplin des Erfolgs*. München.
Seiwert, Lothar J. 2003. *Das neue 1 × 1 des Zeitmanagements*. München.
Seligmann, Martin E. P. 1990. *Pessimisten küsst man nicht*. München.
Seligmann, Martin E. P. 1999. *Erlernte Hilflosigkeit*. Weinheim.
Stollreiter, Marc, und Johannes Völgyfy. 2001. *Selbstdisziplin*. Offenbach: GABAL.
Tepperwein, Kurt. 2001. *Die hohe Schule der Hypnose*. München: Moderne Verlagsges.
Trump, Donald, und Meredith McIver. 2004. *Wie man reich wird*. München: FinanzBuch Verlag.

Vengel, Alan, und Wright Greg. 2004. *Gardening*. Offenbach.
Walsch, Neale Donald. 1997. *Conversations with god* (Book One). London: Hampton Roads Pub Co.
Watzlawick, Paul. 1995. *Vom Unsinn des Sinns oder vom Sinn des Unsinns*. München: Piper.
Watzlawick, Paul. 2002. *Die erfundene Wirklichkeit*. München: Piper.
Watzlawick, Paul. 2004. *Anleitung zum Unglücklichsein*. München: Piper Taschenbuch.
Weimer, Wolfram. 1995. *Kapitäne des Kapitals*. Frankfurt a. M.
White, Michael, und John Gribbin. 1997. *Stephen Hawking*. Reinbek.
Williamson, Marianne. 1992. *A return to love*. New York: Harper Collins.
Zeig, Jeffrey K., Hrsg. 1999. *Meine Stimme begleitet Sie überallhin*. Donauwörth: Klett-Cotta.

Tipps & Tricks für Ihren Verkäuferalltag

7

▶ Rückschläge erleben wir alle. Dagegen gibt es kein Rezept. Allerdings ist es entscheidend, wie Sie nun bei Ihrer alltäglichen Arbeit damit umgehen werden. Die gute Nachricht: Jeder Misserfolg ist für Sie ein Schritt hin zum Erfolg – Sie brauchen ihn nur richtig zu lesen. Und wenn Sie sich ärgern, eröffnen sich in Ihnen eigene bislang ungenutzte Energiereservoire, die Sie – richtig geleitet – in Ihren Weg zum Ziel investieren können. Und für den Fall, dass Sie selbst einmal Gefahr laufen, Ihr Ziel aus den Augen zu verlieren, zeige ich Ihnen mit den Selbstverpflichtungen und der Autosuggestion hilfreiche Werkzeuge, die Sie garantiert in der Spur halten werden ...

7.1 Ärger als Antrieb

> Diejenigen, die sagen, dass es nicht funktioniert, sollen nicht denen im Weg herumstehen, die es gerade tun.
> [unbekannt]

Denken Sie bitte noch einmal kurz an Anton und Paul zurück, die Hunde aus dem elektrischen Käfig. Wenn die beiden den Strom fühlen, ist das ein unmittelbarer Schmerz. Wenn diese Hunde sich beklagen würden, dann wäre das auf diesen unmittelbaren Schmerz zurückzuführen. Übrigens beklagt sich nicht einmal Paul, als er ausgeliefert in dem Käfig ohne Zaun liegt und den Schmerz erträgt. Er nimmt ihn hin – wie eine Naturkatastrophe oder ein gebrochenes Bein.

Wann fühlen wir als Menschen unmittelbare Schmerzen? Denken Sie kurz darüber nach. Die noch spannendere Frage aber lautet: Wie oft beklagen wir uns, obwohl wir keine unmittelbaren Schmerzen haben? Wieso beklagen wir uns in diesem Fall? Weil wir dennoch etwas Unangenehmes fühlen. Woher kommt dieses Unangenehme, dieses Gefühl? Das kommt, weil wir die Situation als unangenehm *bewerten*. Ich habe einmal aufgeschrieben, wie viele Menschen ich kenne, denen gekündigt worden ist ... und erstaunlich: Nur einer von ihnen saß ein Jahr später nicht in einer Position, die

- ihm mehr Spaß gemacht,
- ihn mehr erfüllt,
- ihm mehr Verantwortung gegeben und
- oft noch ein höheres Einkommen ermöglicht hat.

Was das heißt? Alles ist besser geworden. Ich brauche Ihnen nicht zu sagen, wie viele von diesen Menschen sich über ihre Kündigung gefreut haben ... es war nicht einer. Aber warum nicht? Wie oft nutzen wir unsere Zeit, um ein Urteil oder eine Bewertung über eine bestimmte Situation oder einen Zustand abzugeben. Das ist uns in Fleisch und Blut übergegangen, sodass wir diese „Tätigkeit" als „normal" ansehen. Wir denken uns nichts dabei. Wir tun es einfach:

- „Schönes Wetter heute ..."
- „Sie sieht gut aus ..."
- „Das Gebäude ist aber hässlich ..."
- „Das Auto fährt gut ..."

Schon als Kinder beginnen wir, Unterschiede festzustellen. Vermutlich ist das für unsere Entwicklung wichtig, damit wir uns zugehörig fühlen können und lernen, uns abzugrenzen. Das ist wahrscheinlich sogar natürlich. Unnatürlich wird es allerdings, wenn wir uns immer dafür entscheiden in der „unattraktiven" oder „schlechten" oder „unzweckmäßigen" Situation zu stecken. Warum tun wir das? Das könnte die zentrale Antwort des gesamten Buches sein. Das deutsche Vokabular umfasst insgesamt rund 650.000 Worte. Von diesen gehören 30.000 in die Kategorie der beschreibenden/bewertenden Worte und werden Adjektive genannt. Hätten Sie gedacht, dass es doppelt so viele negative wie positive Bewertungen in der deutschen Sprache gibt? Sprache ist eine Charakteristik des menschlichen Denkens, die entscheidend prägt. Und deshalb ist der Satz „Wirklichkeit ist eine Illusion" zweifellos wahr. Vielleicht gibt es eine Wirklichkeit, allerdings wird sie von zwei Menschen immer unterschiedlich wahrgenommen. Beispiele gefällig?

7.1 Ärger als Antrieb

- In Ihrer Verwandtschaft wird ein Kind geboren. Und jemand sagt bei der Betrachtung: „Sieht genau aus wie die Mutter/der Vater/Opa Fritz oder Tante Käthe ... wie aus dem Gesicht geschnitten ..." Sie selbst können das nicht im Ansatz erkennen. Sie haben ganz andere Familienmitglieder im Sinn, mit denen Sie Ähnlichkeiten feststellen. Oder aber niemanden ... so geht es mir oft. Aber in der Betrachtung, der „Illusion" oder der „Wirklichkeit" des anderen Betrachters sieht es wirklich so aus.
- Der eine findet, dass auf einem gemalten Porträt das Modell sehr gut getroffen ist, während sich beim anderen kein Wiedererkennungseffekt einstellt.
- Bei einem Konzertbesuch empfinden Sie, dass es sich diesmal nicht um eine besonders gelungene Interpretation handelt. Sie wissen selbst nicht genau, warum das so ist. Möglicherweise vergleichen Sie unbewusst mit Ihrer CD-Aufnahme. Ihrem Partner hingegen gefällt die Aufführung besser als die Version auf besagter CD. Möglicherweise weil das Ambiente der Konzerthalle Ihren Partner bereits in eine ganz andere (positive) Stimmung versetzt hat ...

Was bleibt, sind zwei unterschiedliche Wirklichkeiten. Oder Illusionen. Sie meinen, das wären nur Nuancen? Dann ein anderer Kontext:

Wie können verschiedene Parteien die Lage einer Nation so unterschiedlich interpretieren, dass sie sich lauthals beschimpfen? Wie kann es dann sein, dass Kriege geführt werden? Beide Seiten sind noch jeweils davon überzeugt, dass sie für die gerechte Sache oder die richtige Seite kämpfen.

7.1.1 Ihre Welt ist eine Sache der Wahrnehmung

Für zwei Menschen zeigt sich nur in Ausnahmen das komplett gleiche Bild einer Situation (mehr finden Sie dazu bei Paul Watzlawick), also ist unsere Wahrnehmung relativ („verhältnismäßig" oder „vergleichsweise"). Wir setzen unsere Wirklichkeit ins Verhältnis zu einer anderen Situation oder vergleichen unsere Wirklichkeit mit einem anderen Zustand. Folgerichtig sind diese Wirklichkeiten in manchen Fällen sehr relativ:

- Die ganze Nation freut sich über Sonnenschein, doch der Bauer findet das seit Wochen anhaltende sonnige Wetter gar nicht schön, er wartet sehnlich auf Regen.
- „Sie" sieht für den Betrachter zwar gut aus, aber jemand anderes hat ausschließlich mit Models zu tun und empfindet „sie" als sehr durchschnittlich.

Abb. 7.1 Ist das Glas halb voll oder halb leer?

- Für den westeuropäischen Betrachter ist das Hochhaus ein hässliches Gebäude, für jemanden, der aus der Dritten Welt kommt, hingegen eine Sensation.
- Das Auto fährt schlecht in den Augen derjenigen, die immer neue S-Klassen bewegen. Für Menschen, die gewohnt waren, zu Fuß zu gehen, fährt es ausgezeichnet.

Beurteilungen durch die Menschen ändern sich auch im Laufe der Zeit für sie selbst. Betrachten Sie ein besonderes Ereignis in Ihrem Leben aus der Vergangenheit, das für Sie zu der Zeit besonders schmerzlich war. Schauen Sie aus der heutigen Perspektive darauf – in den meisten Fällen ist diese schmerzliche Erfahrung nicht nur weniger schmerzlich geworden, diese Situation hat Sie mit den nachfolgenden Entscheidungen zu einer ganz neuen Lebensqualität gebracht (vgl. Abb. 7.1).

Man könnte als Außenstehender denken, dass wir dazu neigen, uns die schlechtere Seite einer Situation auszusuchen und dann zu jammern. Zu oft beurteilen wir zuerst und beklagen dann. Das Ergebnis dieses Tuns: Wir sind für das weitere Geschehen nicht mehr verantwortlich und können nicht mehr steuern. Was halten Sie davon, wenn Sie und ich in Zukunft Situationen betrachten, indem wir die „Ist-

7.1 Ärger als Antrieb

Situation" mit unserer „Ziel-Situation" vergleichen und dann überlegen, welche Möglichkeiten uns die „Ist-Situation" liefert, um das Ziel zu erreichen? Was hat sich verändert, seitdem wir uns den Ist-Zustand das letzte Mal genau angeschaut haben? Welche Erfahrungen haben wir gewonnen? Wenn Sie sich ärgern: Nutzen Sie den Ärger, um schnell zu überlegen, was man aus dieser Situation besser machen könnte. Der Begriff „Ärger" beinhaltet den Wortstamm von „arg" und bedeutet in seiner Steigerungsform „noch schlimmer", „noch böser" und „noch schlechter". Wenn Sie sich ärgern, dann machen Sie es also noch schlimmer, böser und schlechter. In der Regel ist es so, dass schlechte Nachrichten öfter weitererzählt werden als gute. Das heißt, dass Menschen, die sich ärgern, sich auch später, beispielsweise beim Weitererzählen des Ärgernisses, noch ein weiteres Mal ärgern können. Damit hat man dann doppelten oder potenzierten Ärger. Was kostet uns nun das Ärgern?

- Lebensqualität, weil Sie gerade die dunkle Seite des Lebens ausführlich erkunden.
- Spaß, denn der ist für die Zeit des Ärgerns völlig verschwunden.
- Gesundheit, weil Ihr Blutdruck steigt. Sie bekommen Falten und üben bestimmte Muskeln und Nerven im „Ärgern".
- Sie haben es damit für sich selbst automatisch einfacher gemacht, beim nächsten Mal in diesen Zustand zu kommen (die Synapsen wissen jetzt, wie es geht).
- Zeit, weil die Zeit, in der Sie sich ärgern, vollständig verbraucht ist.

Dafür bekommen Sie in der Regel auf der Nutzenseite etwas zurück. So ist es in der Regel bei allen Investitionen. Was also bringt uns das „Ärgern" ein?

7.1.2 Keine Energie verschwenden!

Ärger hat Sinn, wenn er Sie ganz schnell zu einer Aktion bringt. Sonst ist er ein ausschließliches Investment ohne Gegenleistung. Ich merke gerade, dass das auch nicht stimmt: Die Gegenleistung steht schon oben. Sie ruinieren sich. Einer meiner Freunde hat mich am Jahresanfang überrascht. Er erzählte eine Geschichte von seinem Arbeitsplatz, die sehr unangenehm war (wenn man es freundlich ausdrückt). Auf meine Frage: „Sag mal, hast du dich nicht unheimlich geärgert?", antwortete er: „Ach so, hatte ich dir das nicht erzählt? Ich hatte einen Vorsatz für Silvester, den ich strikt einhalte: Ich ärgere mich dieses Jahr nicht. Ich habe mich letztes Jahr so viel geärgert – und das hat mich überhaupt nicht weitergebracht. Im Gegenteil, ich habe ziemlich darunter gelitten." Seitdem gibt es einen stillen Wettstreit zwischen uns. Weil wir uns wirklich selten doch noch einmal ärgern. Wir sehen uns wöchentlich, zum Glück ist dann der andere da, um diesen Ärger wieder zu relativieren. Und: Es wird weniger. Das bringt mich auf den Gedanken, dass Ärgern vielleicht auch wieder nur eine dumme (An-)Gewohnheit sein könnte. Jim Rohn[1] hat gegen das Ärgern ein eigenes Zehn-Punkte-Rezept.

10-Punkte-Plan gegen das Ärgern

1. Rede nicht schlecht. Sage ausschließlich positive Dinge. Rede freundlich.
2. Höre dir nichts Schlechtes an. Gehe Klatsch und Tratsch, übler Nachrede und anderem negativen Gerede aus dem Weg.
3. Erkläre dir nicht selbst, wie sinnvoll oder notwendig es ist, schlechtes Gerede zu verbreiten. Höre damit auf, Entschuldigungen wie „aber es stimmt doch ..." oder „ich mache nur Spaß ..." oder „ich kann meinem Partner alles erzählen ..." zu benutzen. Hör einfach damit auf.
4. Schaue dir nichts Schlechtes an. Beurteile Menschen in der Art und Weise, wie du von Ihnen beurteilt werden möchtest.
5. Bedenke, dass du eine böse Botschaft auch in einer schönen Rede voller guter Worte verstecken kannst.
6. Sei bescheiden und nicht arrogant. Das ist deine mächtigste Waffe gegen schlechtes Gerede.
7. Achte darauf, welche Informationen du wiederholst („Loose lips sink ships"). Sogar positive Information brauchen eigentlich eine zusätzliche Erlaubnis, bevor sie wiederholt werden.
8. Ehrlichkeit ist meistens die beste Politik. Sei dennoch vorsichtig, immer die volle und ganze Wahrheit zu erzählen, besonders wenn sie andere verletzen könnte.
9. Lerne „Entschuldigung" oder „Bitte verzeihen Sie" zu sagen. Jeder macht Fehler. Wenn du etwas Schlechtes über jemanden gesagt hast, kläre es gleich auf!
10. Vergib anderen, wenn sie etwas Falsches über dich gesagt haben. Lass es einfach los und kümmere dich nicht mehr darum.

Ich habe Jim Rohn in vielen unserer Seminare zitiert. Einige Teilnehmer haben seine Anweisungen umgesetzt, andere nicht. Ich bin überzeugt, dass Letztere nicht wirklich wollen. Weil es wirklich leicht ist, Jims Merksätze anzuwenden. Weil es leicht ist, sich nicht zu ärgern. Sie brauchen einen winzigen Moment lang, in dem Sie registrieren, dass Sie sich gerade losärgern. Und in diesem Moment schalten

---

[1] http://www.jimrohn.com (frei übersetzt von Jörn Bruhn)

7.1 Ärger als Antrieb

Sie um. Und konzentrieren sich auf etwas Positives. Auf die Möglichkeiten, die sich aus dieser Situation neu ergeben. Auf das, was zu tun ist. Sie können nachweisen, dass es schwieriger ist, sich zu ärgern, weil Sie Ihren Kreislauf hochfahren und die ganzen Muskeln und Nerven in Schwung bringen müssen. Sie sind darin sehr geübt. Weiter ist es nichts. Nicht ärgern lässt sich ganz einfach üben. Es ist insofern einfacher, weil Sie auf Anstrengung verzichten können. Mancher wird einwenden: „Man kann eben nicht aus seiner Haut." Lassen Sie sich den Satz auf der Zunge zergehen. Wenn Sie danach immer noch davon überzeugt sind, hören Sie sofort auf zu lesen. Sie dürfen das Buch auf keinen Fall in der Hand behalten. Sie hätten die Zeit nicht gut genutzt. Weil dieses Buch nichts verändert! Schmeißen Sie es weg.

In Wirklichkeit sind Sie schon etliche Male ganz einfach „aus Ihrer Haut gekommen". Sie haben schon derart zahlreiche erfolgreiche Verhaltensänderungen in Ihrem Leben mitgemacht, die können Sie gar nicht alle zählen: Sie haben angefangen zu krabbeln, zu laufen, Rad zu fahren, zu schwimmen, Auto zu fahren, zu lesen, zu schreiben, zu rechnen. Sie haben von einem auf den anderen Tag oder Monat angefangen zu rauchen und auch wieder aufgehört. Sie haben gelernt, mit Ihrem Partner zusammenzuleben. Sie haben vorher vielleicht mit einem anderen Partner zusammengelebt. Oder allein. Als Kind haben Sie mit Ihrer Familie zusammengewohnt. Sie haben den Übergang von der Grundschule zur weiterführenden Schule geschafft und von dort zum Arbeitsplatz. Sie lernen jeden Tag neue Menschen kennen und kommen mit einigen von diesen Menschen gut aus. Sie setzen sich in Ihr neues Auto und lernen problemlos, damit zu fahren, obwohl die Schalter und Hebel an anderen Stellen sitzen. Haben Sie schon mal von jemandem gehört, der sein Auto zurückgebracht hat, weil er sich bei den Schaltern nicht umgewöhnen konnte? Selbst wenn er, statt zu blinken, etliche Male den Scheibenwischer eingeschaltet hat. Natürlich hat er an sich geglaubt, und daran, dass er es in absehbarer Zeit schafft.

Hören Sie bitte auf mit den lächerlichen Entschuldigungen. Sie haben sie nicht verdient. Diese Entschuldigungen sind Märchen wie andere, die wir unserem Leben so oft gehört haben, dass wir irgendwann daran zu glauben angefangen haben. Aber sie sind genauso real wie der Weihnachtsmann. Hier noch sechs weitere Märchen von Arnold Lazarus und Allen Fay, die Ihnen ebenfalls bekannt vorkommen dürften (Lazarus und Allen 2002).

Gängige Entschuldigungen

1. Wenn du weißt und verstehst – mit anderen Worten: wenn du weißt, warum du so bist, wie du bist, oder warum du die Dinge tust, die du tust, oder warum du dich so fühlst, wie du fühlst –, dann wirst du dich auch ändern.

2. Wenn du die Ursachen nicht kennst, die hinter deinem Verhalten stecken, dann wirst du dich nicht ändern.
3. Es dauert lange, sich zu ändern. Schließlich hast du ja auch lange Zeit Probleme gehabt.
4. Wenn du dich ziemlich schnell änderst, ist es oberflächlich und hält nicht lange.
5. Häufig ist es unmöglich, sich zu ändern. „So bin ich nun mal und so bleibe ich auch!"
6. Wenn du erst einmal in den mittleren Jahren oder älter bist, ist es zu spät, sich zu ändern.

7.2 Der Gedanke als Erfolgsschlüssel

> Wenn es für ein Problem eine Lösung gibt, dann mache dir keine Sorgen, denn es gibt eine Lösung. Wenn es für ein Problem keine Lösung gibt, dann mache dir keine Sorgen, denn es gibt keine Lösung.
> [Dalai Lama]

Das war bis hierher der allgemeine und einfache Teil. Das ist aber nichts gegen das Folgende, denn allgemeine Verhaltensänderungen sind ja noch für jeden eingängig. Aber hier geht es um das Verkaufen! Und dabei ist natürlich nichts wie in den anderen Verhaltensbereichen. Warum nicht? Eines der wichtigen Bücher in meinem Schrank ist „Denke nach und werde reich" von Napoleon Hill (mit „reich werden" im Buchtitel ist übrigens jede Art von Reichtum gemeint). Hill hat vor über 100 Jahren von Andrew Carnegie den Auftrag bekommen, das Leben von erfolgreichen Menschen zu untersuchen und danach ein Rezept oder eine Bedienungsanleitung für ein erfolgreiches Leben zu schreiben. Er hatte dafür 25 Jahre Zeit, und er hat in dieser Zeit 500 erfolgreiche Persönlichkeiten kennen gelernt und durfte von ihnen lernen. Sehr viele von diesen Menschen sagten, dass der Durchbruch und das Glück erst nach einem „schlimmen" Fehlschlag kamen, was Hill folgendermaßen auf den Punkt brachte: „... das ist eine Laune des Schicksals, uns kurz vor dem Ziel noch ein Bein zu stellen." Diese 500 Menschen hatten die Gewohnheit entwickelt, Fehlschläge nicht zu bewerten, sondern unmittelbar danach nach neuen Möglichkeiten zu suchen. Und deshalb lohnt es sich, weiterzumachen. Deshalb ist es wichtig, dass Sie wirklich an Ihr Ziel glauben. Dass Sie es wirklich mögen und dass Sie es lieben.

7.2.1 Passen Sie auf Ihre Gedanken auf!

Es gibt die Theorie, dass Menschen etwa 60.000 bis 70.000 Gedanken am Tag haben. Für die meisten Menschen findet sich folgende Verteilung: 70 % der Gedanken sind absolut unerheblich. Das heißt, diese Gedanken können gedacht werden oder nicht, sie haben auf Sie selbst oder den Lauf der Welt überhaupt keinen Einfluss. Sie kennen das: Oft denken wir im Kreis, oder es handelt sich um Gedanken, die wir wiederholt denken. Sie sehen aus dem Fenster und dort das Auto Ihres Nachbarn (Ackermann 2004). Dabei denken Sie, dass Sie dringend Winterreifen (Amzarakova 2002) an Ihrem Auto montieren müssten. Der Lagerist (Balters 2001) im Reifenlager ist ein netter Kerl, und Sie haben das letzte Mal im Frühling (Bandler und Paul 1998) mit ihm über Maikatzen (Bandler und Will 2009) gesprochen. Das kam, weil Ihre Tochter (Behrens und Keller 2001) sich mit Ihrer Freundin Emma (Berg 2002) getroffen und Emma ein paar Kätzchen (Bettger 2002) geschenkt bekommen hatte. Emmas Mutter (Birkenbihl 1994) ist eine tolle Frau (Birkenbihl 2000) ... Aber was haben tolle Frauen mit dem Auto Ihres Nachbarn zu tun? Das waren jetzt ungefähr zehn Gedanken, die so oder als noch längere Assoziationsketten durch Ihren Kopf ziehen. 27 % der Gedanken von Otto Normal sind negativ. Das heißt, es geht um

- ein schlechtes Gewissen,
- Angst vor dem, was morgen passiert,
- Ärger über das, was gestern passiert ist,
- Ärger über andere Menschen,
- Neid, Missgunst, Enttäuschung usw.

Es gibt Theorien, die besagen, negative Gedanken zögen Negatives an. Stellen Sie sich einmal vor, da wäre etwas dran. Wollen Sie das? Es gibt Wissenschaftler, die meinen, nachweisen zu können, dass in unserem Gehirn messbare Veränderungen der Zellen durch das entstehen, was wir denken. Auch die Synapsen wachsen durch Übung, durch geübtes Denken schneller. Vielleicht können Gedanken Materie an dieser Stelle unmittelbar verändern. Wissen Sie, ich bin gar nicht kompetent genug, um das zu beurteilen. Entscheidungen für unser Leben haben wir trotzdem zu treffen, auch wenn wir nicht genau wissen, wie das biologisch funktioniert. Ich finde das alles so plausibel, dass ich mir vorstellen kann: Gedanken verändern Teile des Gehirns. Und ein verändertes Gehirn denkt nach der Änderung anders. Und was heißt das? Pass auf, was du denkst. Das ist nicht gerade einfach, weil wir nicht daran gewöhnt sind, auch noch auf den 60.000 oder 70.000 Gedanken aufzupassen. Wir produzieren einfach Gedanken. Am besten kann ich auf meine Gedanken auf-

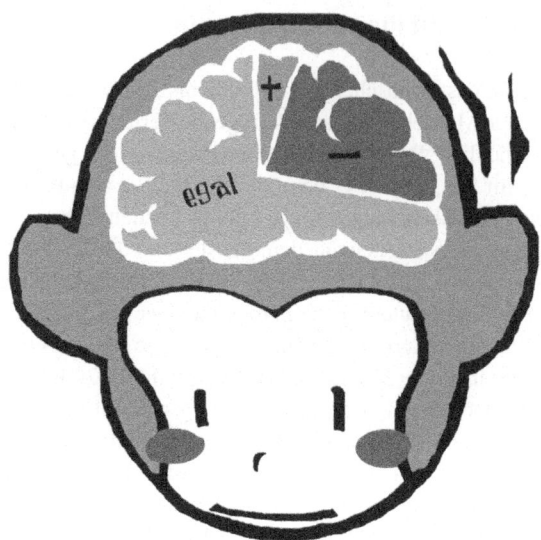

Abb. 7.2 Ottos Gedankenverteilung

passen, wenn es mir nicht so gut geht. Dann merke ich, dass es sich lohnt, wieder einmal über meine Gedanken nachzudenken.

Lediglich 3 % der Gedanken dieses fiktiven Durchschnittsmenschen sind positiv. Stellen Sie sich vor, Sie würden ungefähr in der Verteilung von Otto Normal denken (vgl. Abb. 7.2).

Und Sie stellen sich weiter vor, dass Sie den Anteil der positiven Gedanken ab *jetzt* in jedem Jahr um ein halbes Prozent verbessern. Dann wären Sie in 10 Jahren bei 8 % – oder auf einem Level von über 260 % des Potenzials, das Sie heute haben. Meinen Sie, dass Sie damit Veränderung in Ihrem Leben generieren können? Oder Sie sind ein bisschen mutiger und sagen, wer 3 % schafft, schafft in einem Jahr auch 4 %. Sie denken nach einem Jahr weiter und weil es nicht schwer, sondern leicht war, schaffen Sie im Jahr danach 6 %. Anfang des dritten Jahres steigern Sie sich mit der gleichen Rate von 6 auf 9 %. Damit wären Sie nach 3 Jahren bei 300 % des jetzigen Potenzials. Sie könnten Ihre negativen Gedanken sogar auf dem jetzigen Niveau lassen. Sie können weiter „schlecht" denken. Sie könnten einfach die „unwichtigen" Gedanken ersetzen. Sie sehen, wie unwichtig es ist, ob die Zahlen stimmen. Ich wüsste nicht mal, wie man die prozentuale Verteilung der Gedanken misst. Macht aber nichts: Die meisten Menschen, mit denen ich über dieses Modell spreche, finden sich in dem Modell sofort wieder. Wir kennen alle die Zeiten, in

7.2 Der Gedanke als Erfolgsschlüssel

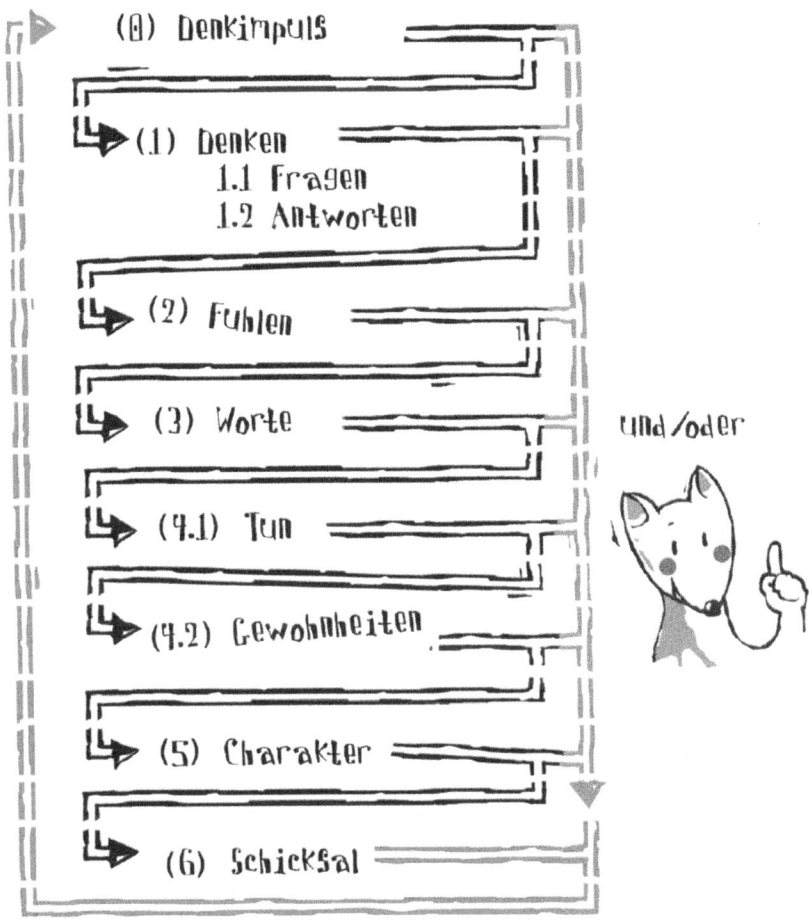

Abb. 7.3 Verschlungene Gedankengänge

denen wir uns viele „schlechte" Gedanken machen und zu wenig über die guten Dinge nachdenken. Wir kennen die Zeiten, in denen wir im Leerlauf denken und unser Hirn nicht nutzen. Aber wir können unsere Gedanken wirklich komplett steuern. Wir steuern diese auch zurzeit ununterbrochen – allerdings oft in die falsche Richtung (vgl. Abb. 7.3). Verstehen Sie mich richtig, es geht gar nicht darum, uns immer mehr und immer weiter gedanklich zu steuern, aber es geht darum, dass wir unseren Geist öfter im positiven Sinn nutzen.

Der Gedanke ist der Schlüssel zu allem Weiteren. Wenn Sie erfolgreich sein wollen, dann bleibt Ihnen nichts anderes übrig, als Ihre Gedanken bewusst zu steuern. Einer meiner Freunde, der selbst sehr erfolgreich im Verkauf arbeitet, schimpft immer und wird böse, wenn es um „Motivationsveranstaltungen" geht: „Die tun immer so, als wenn man sich das lange genug einreden müsste, und dann wird das alles super ... So einfach ist es nicht." Was soll ich dazu sagen? Ja und nein. Erstens hat dieser Freund deutlich mehr schöpferische und positive Gedanken, als ihm selbst bewusst ist. Er kann sich im wahrsten Sinn des Wortes oft gar nicht so viele negative Gedanken vorstellen. Für ihn ist das selbstverständlich. Er zieht andere Menschen an. Man mag ihn, weil er sich ständig etwas ausdenkt. Er ist ein sehr positiver Mensch. Er merkt an sich selbst, wie oft sich negative Gedanken einschleichen, doch er denkt sehr viel positiver als die meisten anderen, eben in „Möglichkeiten" und nicht in Problemen. Das mit dem „Einreden" ist aber kein Widerspruch, es ist ein potenzieller Weg neben etlichen anderen. Aber auch hier gilt wieder: Sie allein wissen, was Sie tun müssten, um auf andere Ideen zu kommen. Wenn Sie das noch nicht wissen, dann aber ganz sicher, woher Sie neue Ideen bekommen können, um auf andere Ideen zu kommen (z. B. Buchhandlung, Internet, Seminar, Volkshochschule). Dieses Buch ist nicht das Rundum-Sorglos-Paket, sondern Anstoß oder Auslöser und dient dem Zweck, Sie auf den Weg zu bringen und über einen Zeitraum daran zu erinnern, dass Sie sich auf diesen Weg gemacht haben. Sie kommen in den 15 min, die Sie sich ab jetzt täglich für sich selbst nehmen, von allein darauf, ein neues Buch in die Hand zu nehmen, das Ihnen beim nächsten Wegstück hilft.

7.2.2 Richten Sie Ihre Gedanken in die hilfreiche Richtung

Sie werden Erfolglose treffen, die zu wissen meinen, dass „nur denken" nicht hilft. Diese haben die eigene Einstellung von der landläufigen Meinung übernommen. Schauen Sie nicht auf jene, die nicht wissen, wie es geht. Suchen Sie die Erfolgreichen und hören Sie ihnen zu. Ich kann das übrigens in 2 min des ersten Gespräches heraushören: Die einen erklären (vielleicht unbewusst) immer wieder, warum irgendetwas nicht funktioniert, und die anderen sagen entweder nichts oder überlegen, wie etwas funktioniert. Ich will Sie nicht zum totalen positiven Denken bekehren. Wenn Sie nicht noch mehr negativ denken und sich ab und zu über Ihre Erfolge freuen, dann wäre das schon ein guter Erfolg. Oder drehen Sie es so: Wenn es sowieso keine objektive Wahrheit über die Welt gibt, dann können Sie auch die Betrachtungsweise wählen, die für Sie selbst am zweckmäßigsten ist.

Wenn Sie noch zweifeln Es gibt Menschen, die durch Behinderungen einen großen Teil des Tages damit beschäftigt sind, Dinge zu tun, für die wir als vollständig gesunde Menschen nur wenige Minuten brauchen. Aufstehen, waschen, anziehen. Brauchen Sie prominente Beispiele, denken Sie etwa an Christopher Reeve oder Stephen Hawking. Diese Menschen waren und sind sehr eingeschränkt in ihren Möglichkeiten – im Vergleich zu den meisten von uns. Das hat sie jedoch nicht daran gehindert, Überdurchschnittliches zu leisten. Wie kann das sein? Das kommt dadurch, dass diese Menschen Ihre Gedanken nicht zerstreut haben, sondern dass sie konzentriert waren – und das ständig und immer wieder. Jedenfalls deutlich mehr als Otto Normal. Denn dann – und Sie kennen das von sich selbst, wenn Sie beruflich oder in der Freizeit an einem spannenden Projekt gearbeitet haben – gibt es keine verlorene Zeit mehr. Ihnen fallen gute Dinge ein, während Sie an einer roten Ampel warten oder beim Bezahlen an der Kasse anstehen. Sie wissen, dass Sie diese guten Einfälle nicht erzwingen können. Aber wenn Sie wieder und wieder darüber nachdenken, dann kommen auch Antworten ...

7.3 Selbstverpflichtung

Ziele setzen mein Verhalten in Gang. Konsequenzen halten das Verhalten in Gang.
[nach Dr. Kenneth Blanchard & Dr. Spencer Johnson]

Natürlich gibt es ab und zu Dinge, die ich schiebe. Ich gebe mir, wie wahrscheinlich viele andere Menschen auch, eine ganze Menge Mühe dabei, mir selbst das „Schieben" nicht bewusst zu machen. Irgendwann ist es dann aber offensichtlich und bewusst. Und dann muss ich mich entscheiden. Und die schnellste und einfachste Entscheidung ist, dass ich zwei Menschen, die irgendwie mitbetroffen sind, je 100 € zahlen werde, wenn ich es bis zu einem bestimmten Termin nicht getan habe. Das ist zwar weder besonders kreativ noch psychologisch wertvoll, aber das ist mir vollkommen egal. Denn dieses System funktioniert für mich sehr gut.

Sie erzählen Ihrem Chef, dass Sie beim Verkaufen erfolgreich werden. Das geschieht, weil Sie wissen, dass es in Ihrer Branche in Ihrem Verkaufsgebiet ab jetzt besser läuft als noch bis gestern. Deshalb werden Sie jeden Tag x potenzielle Kunden ansprechen. Ihr Chef kann Sie jeden Tag auf diese Kunden ansprechen, und Sie können ihm Rückmeldung geben. Wenn Sie einmal versäumt haben sollten, x potenzielle Kunden anzusprechen, überweisen Sie x Euro an eine Hilfsorganisation Ihrer Wahl – oder der Wahl des Chefs.

7.3.1 Wie ernst ist es Ihnen?

Und jetzt ein Vorschlag für Verkäufer mit Berufserfahrung, die wissen und in der Vergangenheit schon bewiesen haben, dass sie leisten können, was zu leisten ist. Sie wünschen sich ein neues Auto?! Sie können es perfekt beschreiben und die meisten Autohersteller stellen tolle Konfiguratoren im Web bereit, mit denen Sie sich Ihr Wunschauto zusammenbauen können. Sie kennen den Felgentyp und die Farbe der Ledersitze und ... Sie bestellen dieses Auto. Ich höre Sie schon rufen: „Hilfe! Bruhn, sind Sie total verrückt?" Nein, das bin ich nicht. Wenn Sie das nicht tun würden, dann fragen Sie sich bitte mal, warum nicht ...

Oder Sie buchen einen Urlaub ... Notieren Sie *jetzt*, was Sie daraus machen. Es gibt nicht einen Weg, Ihr Ziel zu erreichen, es gibt tausend. Inzwischen haben Sie sich vielleicht entschieden, den beruflich erfolgreichen Weg zu gehen. Sie sollten lächeln und sich freuen und denken vielleicht: „Wann hört der jetzt endlich auf zu schreiben, ich will anfangen mit meinem neuen Berufsleben ..." Falls das noch nicht so ist, liegt das an folgenden Gründen:

- Irgendetwas ist noch nicht richtig bei Ihnen angekommen. Lesen Sie das Buch noch einmal durch und überprüfen Sie, ob Sie an sich glauben. Wenn Sie das tun, dann gibt es keinen Grund, noch zu zögern.
- Sie haben Angst zu versagen. Leider ist das der Grund, der die meisten bremst. Machen Sie sich keine Sorgen, sondern bleiben Sie einfach offen und lesen Sie weiter. Sie werden es schaffen. Es ist wirklich nichts dabei. Auch andere sind in der gleichen Situation gestartet und haben sich zu ganz anderen Möglichkeiten weitergearbeitet. Nur Dummköpfe machen sich weiter etwas vor, denn genau das ist es. Wenn Sie die Mechanismen erst einmal durchschaut haben – und das ist das Gute daran –, dann können Sie nie wieder auf das Bewusstseinsniveau zurück, von dem Sie kommen. Sie haben es schon geschafft ... es ist nur der Kater, der Sie noch unsicher sein lässt. Bitte einen Augenblick Geduld. Ihr Blick ist gerade noch ein bisschen verstellt.
- Sie stimmen allen Punkten zu, fühlen sich aber dennoch schlecht. Lassen Sie dieses Gefühl einfach kurz los: Schließen Sie die Augen. Sie stehen unmittelbar vor Ihrem neuen Weg, der Sie zu neuen Zielen führt und auf dem Sie durch ein anderes Bewusstsein ein bislang unbekanntes Lebensgefühl kennen lernen. Sie brauchen nur die Starteinstellung „Ich bin beruflich erfolgreich" einzunehmen. Ich veranschlage für den ersten Schritt vier Wochen (wenn Sie mich zu einer Pauschalaussage zwingen wollen). Ich zeige Ihnen gleich, wie Sie das für die nächsten vier Wochen mit Leichtigkeit schaffen. Nach dieser Zeit brauchen Sie nicht mehr bewusst darüber nachzudenken, denn es stellt sich eine Art Auto-

7.3 Selbstverpflichtung

pilot ein. Sie werden sich dann höchstens noch fragen: Wie konnte ich so lange nicht merken, was wirklich ist?

Ich habe die Umgewöhnungsphase erwähnt, die einige Wochen dauert. Das könnten Sie missverstehen. Sie denken, Sie müssten wochenlang Ihre Willenskraft aufbringen. Das ist nicht der Fall. Hüten Sie sich vor der Einstellung: „Vier Wochen muss ich es durchstehen, und dann läuft alles von selbst!" Denn „durchstehen" ist das falsche Wort und die falsche Haltung! Es wird nach diesen ersten Wochen nichts passieren. Die Entwicklung – das Entwickeln kann man sich bildlich besser als ein Auswickeln vorstellen – beginnt jetzt und schreitet von Tag zu Tag und von Stunde zu Stunde fort. Es gibt keine Fanfare und kein Violinkonzert. Oder einen Blitz mit mächtigem Donner. Verkaufen fühlt sich jeden Tag ein bisschen besser an. Der Übergang ist fließend, so fließend, dass manche die Veränderung gar nicht bemerken. Natürlich werden sich Ihre Zahlen positiv verändern. Sie werden sehr erfolgreich sein. Viele meiner Klienten sind gerade in der ersten Zeit geneigt, es dem Zufall oder irgendwelchen Umständen zuzuschreiben, dass die Zahlen gut aussehen. Aber so geht das, genau so! Es ist wundersam einfach. Sie brauchen kein schlechtes Gewissen zu haben, dass es leicht war. Sie brauchen sich nicht mit Zufällen dafür zu entschuldigen, dass Sie erfolgreich sind. Das wäre auch wirklich dumm, sich dafür zu entschuldigen, dass man Erfolg hat, etwa nach dem Motto: „Na ja ... war auch ein bisschen Zufall und ein Glück dabei ..." Nein, falsch: Sie haben es selbst dorthin geschafft! So macht man das. Gewöhnen Sie sich besser daran. Sagen Sie: „Ich gehöre ab jetzt immer zum oberen Fünftel!", dann wird es so werden. Sagen Sie nicht: „Ich muss es irgendwie aushalten ..."

7.3.2 Selbstüberlistung zwecklos

Achten Sie auf die Gedanken hinter den vordergründigen Gedanken. Kennen Sie das? Sie plappern vordergründig etwas, denken aber im Hinterkopf etwas anderes. Es geht darum, dass Sie ehrlich sind und sich dieser hintergründigen Gedanken annehmen. Und das geht, indem man sich immer und immer wieder auf den hilfreichen Weg denkt. Sie könnten jetzt einwenden: „Na ja, das hört sich wie bei den positiven Denkern an." Darum geht es aber nicht: Es geht darum, dass eine bösartige Gehirnwäsche unbeeinflusst von Ihrem Wollen und Wissen jahrzehntelang daran gearbeitet hat, dass Sie jetzt irgendwelchen nicht hilfreichen Blödsinn denken. Und jetzt ist es an der Zeit, dass Sie gut mit Ihren Gedanken umgehen. Das ist schon alles.

Abb. 7.4 Wie hintergründig wir denken …

Meiner damals elfjährigen Tochter habe ich das Phänomen unserer Gedankenvielfalt anhand der Zeichnung in Abb. 7.4 erklärt. Sie kam mir an diesem Tag mit ihren Matheaufgaben entgegen und fragte, ob ich sie durchsehen könnte. Sie hatte fast alles richtig gerechnet, nur bei drei Aufgaben gab es Flüchtigkeitsfehler. Wir malten also gemeinsam das Gesicht mit dem sichtbaren Gehirn und dorthinein zeichnete ich noch eine besondere Ecke. Ich erkläre ihr, wie sie gedacht hatte: „Mit dem meisten Teil des Gehirns denkst du über die Aufgaben nach, aber in der kleinen grauen Ecke gehen dir andere Gedanken durch den Kopf, wie zum Beispiel: ‚Morgen muss ich unbedingt meinen Turnbeutel mitnehmen … Fritzi will wissen, ob ich Freitag zu ihr komme … Welches Buch kann ich heute Abend mal lesen?' Als du aber die Kerzenhalter für uns gebastelt hast, bist du mit dem vollständigen ganzen Kopf bei der Arbeit an den Kerzenhaltern gewesen. Du hast an nichts anderes gedacht." Sie hatte uns gerade wunderschöne Kerzenhalter gebastelt, nicht nur farblich geschmackvoll abgestimmt, sondern auch mit einer erstaunlichen Genauigkeit. Caro sah mich an und sagte aus tiefstem Herzen, spürbar verwundert, warum ich das wusste: „Das stimmt!" Und was heißt das jetzt für Ihre Arbeit?

7.3 Selbstverpflichtung

Abb. 7.5 Kompassnadel & Bleipfeil in entgegengesetzter Orientierung – das wird anstrengend und ist auf Dauer nicht durchzuhalten!

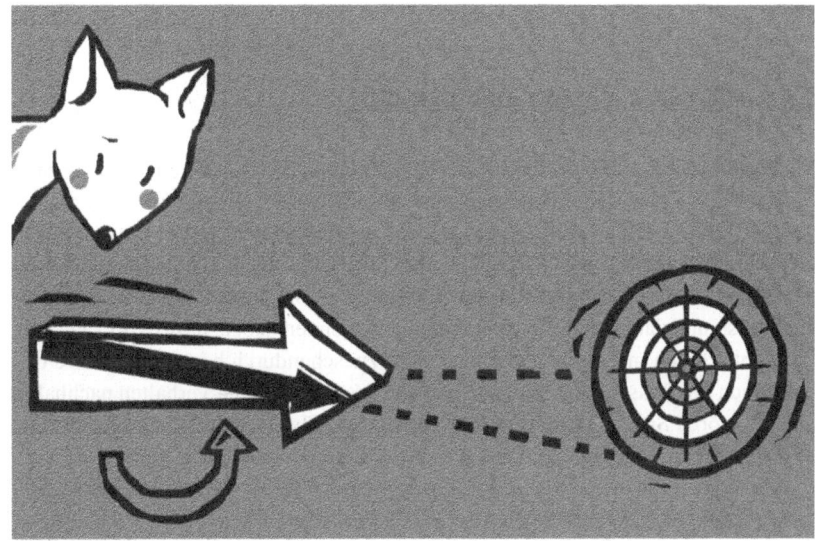

Abb. 7.6 Kompassnadel & Bleipfeil in leicht abweichender Richtung – die exakte Gleichorientierung ist Ihr Ziel

Um noch einmal auf unser Bild vom Bleiklotz und der Kompassnadel aus Stahlblech zu kommen: Es muss nicht immer sein, dass diese entgegengesetzt wirken (vgl. Abb. 7.5 und 7.6). Um es auf die Spitze zu treiben, haben wir es bislang aber so dargestellt.

Dieses Beispiel stimmt für die ganz überwiegende Zahl der Verkäufer nicht, weil sie nicht zu 100 % gegen den Klotz arbeiten. Sie haben das schon gemerkt, ich male gern schwarz-weiß, um den Punkt deutlich zu machen. Realistischer ist es so: Wenn es Ihnen gelingt, den Winkel der Einstellung nur geringfügig zu ändern, werden damit innerhalb von einem Tag noch nicht unglaublich viele bemerkenswerte Ergebnisse eintreten. Aber Sie sind auf dem richtigen Weg, und innerhalb einer Woche haben Sie sich schon um ein ganzes Stück bewegt. Manchmal passiert hoch motivierten Teilnehmern, die aus einem klassischen Seminar kommen, Folgendes: Sie haben den festen Willen, eine Veränderung vorzunehmen. Nach einer Woche haben aber die von der Gehirnwäsche verwendeten alten neuronalen Verbindungen und der bleierne Klotz, die alle nur darauf warten, uns von dem neuen Weg abzubringen, uns so weit beeinflusst, dass wir uns wieder parallel zu dem alten Weg bewegen. Und der Trick ist, sich genau das noch einmal bewusst zu machen: Sie und ich wissen, dass alles, was geändert werden muss, damit Sie erfolgreich sind, genau zwischen Ihren Ohren sitzt.

7.3.3 Herrschaft über den Bleipfeil

Sie konzentrieren sich jetzt auf die neue Richtung, indem Sie die nicht funktionierenden Wege verwerfen. Führen Sie diese minimale Einstellungsänderung, die wir geschafft haben, weiter fort. Sie setzen sich eine Linie bei 90 Tagen, um ein Ziel zu erreichen. Während dieser 90 Tage werden Sie nicht fragen: „Ist das sinnvoll oder sinnlos?", sondern Sie werden es einfach tun, weil Sie wissen, dass etwas zu verändern ist, und dabei die feste Überzeugung gewonnen haben, dass es 90 Tage lang gemacht werden muss! Sie werden es nicht zwischendurch bewerten, Sie werden es einfach tun. Was meinen Sie, wie lange es braucht, bis sich Verhalten nachhaltig ändert? Hören Sie auf Ihre Stimme. Was schätzen Sie selbst? Falls Sie keine klare Antwort bekommen: 90 Tage sind in vielen Fällen ein ganz guter Zeitraum.

Der erste Punkt war die Einstellungsänderung Ihres bleiernen Klotzes. Der zweite Punkt ist: Zu beschließen. Und ich meine buchstäblich b-e-s-c-h-l-i-e-ß-e-n, dass es nachhaltig verändert ist. Einige Coachees sagen: „Ich versuche es mal!" Das ist schon fast der landläufige Satz an dieser Stelle. Den kennen wir alle.

Anweisung 12

Werfen Sie das Buch auf den Boden und versuchen Sie es aufzuheben.

7.3 Selbstverpflichtung

Sie lesen offensichtlich wieder. Wie kann das sein? Wenn Sie die Anweisung befolgt haben, müssten Sie noch mit dem Versuch beschäftigt sein, das Buch aufzuheben. Sie haben es offensichtlich aufgehoben. Wissen Sie, worauf ich hinaus will? Sie können gar nicht *versuchen*, das Buch aufzuheben. Das, was dem Versuchen am nächsten kommen würde, ist wahrscheinlich das Bild, dass Sie auf den Knien herumrutschen und mit mehr oder minder ungeschickten Bewegungen versuchen, das Buch zu greifen. Es fällt Ihnen jedoch immer wieder aus der Hand. Wie fühlt sich das an? Das ist „versuchen", liebe Leser. Hören Sie auf mit dem Blödsinn. Nehmen Sie das Buch in die Hand. Oder lassen Sie es liegen. Und reden Sie in diesem Zusammenhang nicht von „versuchen". Sie können es nicht „versuchen", Sie können es nur tun oder Sie können es lassen. Mehr Möglichkeiten gibt es nicht. Wenn Sie es lassen wollen, dann ist das komplett in Ordnung.

Was denken Sie wohl, was passiert, wenn Sie nach dem Durcharbeiten des Buches nichts verändern? Wissen Sie, Sie haben sich bis heute in dem Unternehmen, in dem Sie sind, gehalten, und wenn Sie nichts an Ihrem Tun verändern, dann wird wahrscheinlich gar nichts passieren. Alles wird seinen Gang gehen, wie es bislang seinen Gang gegangen ist. Das ist nicht schlimm. Das Allerschlimmste, was passieren könnte, wäre, dass Sie sich vornehmen, etwas zu verändern, tun es aber nicht und haben deshalb ein schlechtes Gewissen. Das wäre das mit Abstand Schlechteste, was passieren könnte. Ich glaube wirklich, dass ein schlechtes Gewissen, das nicht irgendetwas auslöst, eine wirklich unsinnige Einrichtung ist. Und es wäre für mich fatal, wenn Sie aus der Lektüre dieses Buches ein schlechtes Gewissen wegen irgendetwas mitnehmen, was Sie hätten tun sollen und dann doch nicht getan haben. Lassen Sie es lieber gleich. Dann sparen Sie sich wenigstens das schlechte Gewissen. Wenn Sie mit der „Überzeugung" starten: „Ich versuche es einmal ...", dann ist das für den Auftakt zu schwach. Das ist zu schwach, weil die ausgetretenen neuronalen Bahnen Ihre Gedanken in die alten Bahnen zurückziehen werden. Es scheint hunderttausend Gründe zu geben, warum das, was Sie eben noch felsenfest beschlossen haben, lieber doch nicht verändert werden soll. Deshalb stimmt der Inhalt dieses Buches immer noch zu 100 %, aber wenn Sie morgen wieder an Ihrem Schreibtisch sitzen, dann müssen Sie eigentlich zunächst Ihre Arbeit machen – und über das, was Sie verändern wollten, können Sie später nachdenken, aber zuerst ist das Tagesgeschäft wichtig. Als Erstes muss der Postkorb abgearbeitet werden und die E-Mails sind zu überfliegen ...

Ich höre jetzt auf, aber es gibt etliche Dinge, die Ihnen auf Grund der ausgewaschenen Nervenbahnen einfallen, warum man jetzt besser noch nicht mit der Veränderung beginnen sollte. Und das scheint sogar richtig, mit jedem einzelnen Grund. Allerdings: Kein Grund, den man ins Feld führt, löst das Problem. Und die Gründe gibt es nur dann, wenn Sie sich darauf einlassen! Und deswegen ist meine inständige Bitte: Sagen Sie nicht: „Ich versuche es mal", sondern sagen Sie, was Sie jetzt tun. Das ist ganz einfach.

7.4 Autosuggestion

Im Rahmen einer Havard-Studie wurden zwei Gruppen von Amateurspielern mit geringen Basketballkenntnissen gebeten, zwei Wochen täglich 20 min Freiwürfe zu üben. Ihre Fertigkeiten wurden am Beginn und am Ende getestet. Nach den zwei Wochen hatten beide Gruppen ihre Trefferquote in Freiwürfen gleichermaßen um 20 % verbessert. Interessant daran ist, dass nur eine Gruppe mit einem Korb übte. Die Teilnehmer der anderen Gruppe verbrachten täglich 20 min damit, sich vorzustellen, wie sie werfen.
[zitiert nach Hans-Peter Rentzsch]

Sie wissen, wie Sie es anfassen werden. Es ist nicht so, dass Sie erst alle Verkaufstrainings dieser Welt belegt haben müssen, damit es im Verkauf läuft. Wenn Sie Ihr Ziel bestimmt haben, stehen damit automatisch die Ressourcen bereit, die Sie brauchen. Sie können Ihren Chef fragen, ob er Ihnen hilft und sich einen halben Tag Zeit nimmt, um Ihre Planung gemeinsam mit Ihnen durchzugehen. Oder mit Ihnen gemeinsam Kundentermine wahrnimmt. Oder mit Ihnen telefoniert. Wenn der keine Zeit hat oder es aus anderen Gründen nicht passt, können Sie Kollegen fragen. Oder Fachreferenten Ihres Unternehmens oder interne Trainer. Sie können Videos und Bücher kaufen und selbstverständlich auch Seminare besuchen. Seien Sie einen Augenblick lang still und stellen Sie sich vor, Sie wären da, wo Sie hinwollen. Was wäre vorher passiert? Mit wem hätten Sie den Erfolg zusammen erarbeitet? Mit welchen Kunden? Mit welchen Kollegen? Wenn Sie nicht auf Anhieb Antworten finden, dann nehmen Sie einfach den erstbesten Gedanken, der Ihnen durch den Kopf geht. Spinnen Sie den weiter. Es ist einfach. Alle Erfolgreichen haben einfache Wege gewählt.

Anweisung 13
Notieren Sie, wer und was Sie beim Erfolg unterstützen kann.

Wenn Sie jetzt auf dem Weg zum Erfolg unterwegs sind und sich irgendetwas komisch anfühlt, liegt das möglicherweise daran, dass Sie auf der Treppe des Lernens einen Schritt weitergekommen sind. Eine Alarmglocke sollte klingeln, wenn Sie beim Dialog in Ihrem Kopf merken, dass Sie zweifeln. Sie merken das daran, dass Sie sich mit einem nicht erfolgversprechenden Gedanken beschäftigen oder über verschiedene – funktionierende oder nicht funktionierende – Optionen nachdenken. Absolut normal, dass diese Situationen auftreten. Nehmen Sie die Gelegenheit wahr, ein ordentliches Stück weiter in Richtung von „unbewusst fähig" zu kommen, indem Sie sich nicht ärgern oder hadern, sondern sich freuen und darüber lächeln. Und den Dialog in die richtige Richtung schieben. Sie können mit diesen Situationen wirklich entspannt umgehen. Auch das gehört zum Leben dazu. Sie brauchen das nicht mit „nicht gut" zu bewerten. Ist so. Und fertig. Freuen Sie sich, dass es wieder ein gehöriges Stück in Richtung Stufe 4 geht! Manchmal macht es Sinn, dass Sie eine greif- und sichtbare Verhaltensänderung gleichzeitig mit dem neuen „Verkaufen" erlernen, um einfach zu sehen, dass es ein bisschen dauert. Sie könnten sich mit links die Zähne putzen oder die Schleifen an Ihren Schuhen anders binden. Dann merken Sie, wie harmlos das alles ist.

7.5 Die ideale Verkaufsmethode ...

Tue es gleich, gut und gern.
[Klaus Chr. Jürgensen]

... gibt es nicht. Sie sind enttäuscht? Ich könnte auch sagen: Die ideale Verkaufsmethode gibt es tausendfach. Jeder muss sie nur für sich entdecken. Und für diesen Weg ist es natürlich hilfreich, messbare (Zwischen-)Resultate zu erhalten. Ich bin inzwischen oft kritisiert worden. Es wird insbesondere immer wieder gesagt: „Wir/ich mit unserem Unternehmen sind/bin nicht messbar!" Dazu kann ich inzwischen mit dem besten Gewissen der Welt sagen: „Wenn Sie Ihren Erfolg kurzfristig messen wollen, werde ich Ihnen helfen, einen Maßstab zu finden – und zwar hundertprozentig." Die Kunst dabei ist vielmehr, die Gratwanderung zwischen Nutzen und Aufwand zu schaffen, aber dabei habe ich inzwischen hinreichend Erfahrung. Messsysteme beschränken sich im ersten Schritt immer auf die Aktionen, die wir selbst steuern. Wir können unsere Aktivitäten komplett steuern – was wir nicht können, ist bestimmte Kundenreaktionen zu erzwingen. Die entsprechenden Kundenreaktionen kommen von selbst nach den richtigen Aktionen. Messbar sind Aktionen (wie viele Gespräche, Telefonate geführt wurden), und die Reaktionen (z. B. Umsatz, Anzahl der Empfehlungen) sind selbstverständlich auch gut messbar.

Dieser Absatz ist wichtig, weil Sie lernen, wie Sie mit Zielen umgehen, die Sie nicht im ersten Anlauf erreichen. Schalten Sie Ihren bewertenden Teil im Gehirn aus. Kontrollieren Sie sich in irgendeiner Form messbar. Freuen Sie sich abends, wenn Sie tagsüber fünfmal bewusst von der zweiten in die dritte Lernstufe („bewusst fähig") kommen. Wenn nicht, tun Sie es morgen beispielsweise viermal, bei

Nichterreichung am nächsten Tag dreimal usw. Machen Sie kleine Schritte. Wenn Sie es geschafft haben, dann steigern Sie sich wieder. Nach 30 Tagen merken Sie schon die erste Veränderung, glauben Sie mir. Planen Sie langfristig. 30, 45 oder 90 Tage. Viele springen zu kurz und setzen sich unnötig unter Druck. Sie können und werden nach 30 Tagen mit je einer kleinen täglichen Veränderung einen erheblichen Unterschied erkennen. Ich hatte Ihnen das anhand des Beispiels „Laufen lernen" illustriert – und deshalb wissen Sie und ich, dass es dumm ist zu denken, das Ziel in einem Schritt erreichen zu wollen. Und dennoch versuchen es viele immer wieder. Wir können nicht vom Zustand des Liegens innerhalb eines Tages zum 100 m-Champion werden.

7.5.1 Geduldig mit sich sein

Manche haben keine Lust, lange zu warten. Bitte bringen Sie die Geduld auf! Wie oft haben Verkäufer sich schon ein paar Hintertürchen offengehalten, um sich rechtfertigen zu können, dass sie nicht erfolgreich sein können oder müssen. Mir war schnell klar, dass einige das Buch deshalb aus der Hand legen und nicht lesen werden, weil sie merken, dass sie nach dem Lesen erfolgreich sein müssen. Keine Ausreden mehr. Keine Erklärungen, warum irgendetwas nicht funktioniert. Manche lesen täglich nur ein kleines Stück, damit sie diesen Tag noch ein bisschen hinausschieben. Mir ist schon klar, dass einige Leser (vielleicht auch Sie?) von Menschen, die sie mögen, unter Druck gesetzt werden. Oder richtiger: Sie fühlen sich zum Beispiel von Ehepartnern oder Chefs unter Druck gesetzt. Aber betrachten Sie es bitte einmal so: Was haben Sie denn zu verlieren?

Sie brauchen ein Instrument zur Gedankenkontrolle – alles andere kommt nach den Gedanken. Hören Sie auf, nicht zielgerichtet zu denken. Nehmen Sie diese Gedanken als Startschuss für Gedanken in die „richtige" Richtung. Lassen Sie sich auf 30 oder 90 Tage ein. Wenn Sie das nicht können, dann lassen Sie sich auf einen Tag ein. Was kann Ihnen im schlimmsten Fall passieren? Dass Sie sich nicht dauerhaft ärgern? Gehört zum Programm. Seien Sie geduldig mit sich. Abgerechnet wird unter dem Strich! Konzentrieren Sie sich bitte zurzeit nur auf ein Ziel. (Denken Sie an den Versuch mit dem Bleistift.) Sie werden in diesem Leben alles erreichen, was Sie sich vornehmen. Aber machen Sie nicht alles gleichzeitig, konzentrieren Sie sich. Die Fähigkeit, die Sie im Konzentrieren entwickeln, wird Ihnen bei Ihrem nächsten Ziel helfen.

Vielleicht noch kurz ein Kommentar zu Methoden, die in anderen Verkaufshandbüchern genannt werden: Oft sind die vorgeschlagenen Möglichkeiten zur Verhaltensänderung sehr einfach, zum Beispiel: „Hören Sie die Kassette mindestens hundertmal ...". Oder: „Schreiben Sie sich Post-it-Zettel und bringen Sie diese an Stellen an, die Sie ständig sehen können ..." usw. Wissen Sie, ich glaube nicht, dass diese Methoden funktionieren, ich hoffe das auch nicht: Ich *weiß* hundertprozentig, dass sie funktionieren! Machen Sie irgendwas, von dem Sie ahnen, dass es für Sie das Richtige ist. Aber bitte tun Sie es.

Wenn Sie durch diesen Prozess vom ersten Kapitel bis hier gegangen sind und die Anweisungen befolgt haben, dann werden Ihnen genau die Hilfsmittel helfen, für die Sie sich persönlich entscheiden. Ich habe an mir so ziemlich alles ausprobiert, was irgendwo empfohlen wurde. Ich habe an mir gesehen, dass es funktioniert, und ich habe es an ungezählten Teilnehmern gesehen. Sie schaffen, was immer Sie schaffen wollen. Garantiert. Warum nicht mehr Menschen mit diesen sehr einfachen Methoden erfolgreich werden? Weil sie es nicht tun. Sie glauben nicht, dass einfache Dinge unglaubliche Verhaltensänderungen schaffen können. Vielleicht meinen auch Sie, dass das Leben ganz schwierig sein muss? Warum probieren Sie es nicht einfach aus? Weil es Ihnen peinlich ist? Weil andere über Sie lachen könnten? Haben Sie Angst, dass andere sich über Sie mokieren, weil Sie erfolgreich sein könnten? Glauben Sie mir einfach mal, dass ich das verstehe. Ich kann das deshalb verstehen, weil ich das alles selbst durchlebt habe. Inzwischen ist mir wirklich egal, ob das irgendjemand komisch findet. Das ist, was viele wirklich als schwierig empfinden, dass andere sich eine neue ungewohnte Meinung über uns bilden. Aber darum geht es nicht. Es dankt Ihnen keiner, wenn Sie Ihre Lebensziele nicht erreichen. Sie bekommen dafür keine Belohnung. Rechnen Sie nicht mit einer supereinfachen Lösung, die keine Verhaltensänderung bei Ihnen erfordert.

Vor kurzer Zeit rief mich ein Freund an, dessen Frau sehr krank geworden war. Und weil die Ärzte des Krankenhauses nur sehr eingeschränkte Lösungen hatten, fragte er mich: „Weißt du nicht noch eine Lösung?" Wusste ich eine? Nein, ich wusste ungefähr zehn:

- im Internet mit Suchmaschinen suchen und in Foren fragen,
- einen befreundeten praktischen Arzt fragen, was er in dieser Situation machen würde und sich bei ihm nach Referenzärzten erkundigen,
- drei ganz andere Ärzte befragen,
- Heilpraktiker konsultieren,
- in die größte Buchhandlung gehen und dort die Fachabteilung ausfragen,
- in die Uni-Bibliothek gehen und den Bibliothekar nach Büchern fragen,
- zu meinem Apotheker gehen und ihn befragen (wissen Sie überhaupt, wie dankbar Apotheker sind, wenn sie über etwas anderes als Hustensaft und Heftpflaster reden können?),
- Geistheiler nach Referenzen fragen,

- Menschen fragen, die diese Krankheit erfolgreich gemeistert haben (das finde ich selbst am allerbesten – und genau da würde ich anfangen).

Verstehen Sie? Es ist wie beim Laufen lernen. Es ist nicht gut oder schlecht. Es ist so. Wenn Sie sich ein Hilfsmittel aussuchen, ist die Wahrscheinlichkeit groß, dass es ganz gut zu Ihnen passt. Aber vielleicht werden Sie nach zwei weiteren Wochen Veränderungen vornehmen, weil es danach noch besser zu Ihnen passt.

Weiterführende Literatur

Ackermann, Andreas. 2004. *Ziele erreichen – Probleme lösen*. CD mit dem Ackermann Mentaltraining. München.
Amzarakova, Irina P. 2002. *Bewertung im Sprachgebrauch von Grundschulkindern*. Bonn.
Balters, Antje. 2001. *Mut zum NEIN sagen*. Asslar.
Bandler, Richard, und Donner Paul. 1998. *Die Schatztruhe* (NLP im Verkauf). Paderborn.
Bandler, Richard, und MacDonald Will. 2009. *Der feine Unterschied*. 5. Aufl. Paderborn.
Behrens, Katja, und Helen Keller. 2001. Weinheim.
Berg, Art. 2002. *The impossible just takes a little longer*. New York.
Bettger, Frank. 2002. *Lebe begeistert und gewinne*. Zürich.
Birkenbihl, Vera. F. 1994. *Trotz Schule lernen!* München.
Birkenbihl, Vera. F. 2000a. *Kommunikationstraining*. München.
Birkenbihl, Vera. F. 2000b. *Stroh im Kopf*. München.
Birkenbihl, Vera. F. 2013a. *Fragetechnik schnell trainiert*. 14. Aufl. München.
Birkenbihl, Vera. F. 2013b. *Kommunikation für Könner*. 52. Aufl. München.
Blanchard, Kenneth, und Bowles Sheldon. 1998. *Raving fans*. New York.
Blanchard, Kenneth, und Bowles Sheldon. *Gung Ho*. Reinbek.
Blanchard, Kenneth, und Johnson Spencer. 2000. *Der Einminuten-Manager*. Reinbek.
Blanchard, Kenneth, Oncken William, und Burrows Hall. 2001. *Der Minuten Manager und der Klammer-Affe*. Reinbek.
Brown, W. Stephen. 1985. *Todsünden des Managers*. Zürich.
Burg, Bob. 1998. *Endless referrals*. New York.
Carr, Allen. 1998. Endlich *Nichtraucher!* München.
Carroll, Lewis. 1998. *Alice im Wunderland*. Frankfurt a. M.
Carse, James P. 1987. *Finite and infinite games*. Toronto.
Chernow, Ron. 2000. *John D. Rockefeller: Die Karriere des Wirtschaftstitanen*. Rosenheim.
Cialdini, Robert B. 1993a. *Influence, how and why people agree to things*. New York.
Cialdini, Robert B. 1993b. *The psychology of persuasion*. New York.
Clason, George S. 2002. *Der reichste Mann von Babylon*. Zürich.
Coué, Emile. 1993. *Die Selbstbemeisterung durch bewusste Autosuggestion*. Basel.
Covey, Stephen R. 1998. *Die sieben Wege zur Effektivität*. München.
Crum, Thomas F. 1988. *The magic of conflict*. New York.
Csikszentmihalyi, Mihály. 2004. *Flow*. Stuttgart.
Dalai Lama. 2002. *Die Regeln des Glücks*. Bergisch Gladbach.
Dickens, Charles. 2002. *Eine Weihnachtsgeschichte*. Hamburg.

Weiterführende Literatur

Dillmann, Bruce. 1992. *Ziel um Ziel*. Paderborn.
Dyer, Wayne W. 2000. *Der wunde Punkt*. Reinbek.
Dyer, Wayne W. 2001. *Wirkliche Wunder*. Reinbek.
Eker, Harv T. 2005. *Secrets of the millionaire mind*. New York.
Eliot, L. 2001. *Die Gehirnentwicklung in den ersten fünf Lebensjahren*. Berlin.
Fensterheim, Herbert, und Baer Jean. 1977. *Sag nicht JA, wenn Du NEIN sagen willst*. München.
Fischer, Joschka. 2001. *Mein langer Lauf zu mir selbst*. München.
Frankl, Viktor E. 2001. *Das Leiden am sinnlosen Leben*. Freiburg.
Franklin, Benjamin. 1997. *Autobiographie*. München.
Fridson, Martin S. 2001. *Milliardäre und ihre Erfolgsgeschichten*. Rosenheim.
Gallwey, T. Timothy. 2002. *Selbstcoaching*. Nürnberg.
Girard, Joe, und Robert L. Shook. 1998. *Abschlußsicher verkaufen*. Wiesbaden.
Goleman, Daniel. 2001. *EQ2 – Der Erfolgsquotient*. München.
Goleman, Daniel. 2002. *EQ – Emotionale Intelligenz*. München.
Hill, Napoleon. 2000. *Denke nach und werde reich*. Kreuzlingen.
Hill, Napoleon, und W. Clement, Stone. 2000. *Erfolg durch positives Denken*. Kreuzlingen.
James, Tad, Lorraine Flores, und Jack Schober. 2001. *Kompaktkurs Hypnose*. Paderborn.
Kiyosaki, Robert T., und Sharon L. Lechter. 2002. *Reichtum kann man lernen*. München.
Klein, Stefan. 2002. *Die Glücks-Formel*. Reinbek.
Kostolany, André. 1998. *Kostolanys großes Börsenseminar*. München.
Kotter, John P. 1997. *Matsushita*. Wien.
Lazarus, Arnold, und Fay Allen. 2002. *Ich kann, wenn ich will*. München.
Lelord, François. 2004. *Hectors Reise oder die Suche nach dem Glück*. München.
Lewis, C. S., Malcolm Muggeridge, und Dorothy L. Sayers. 1998. *Alles Übrige ist eine Sache des Fliegens*. Gießen.
Löhr, Jörg. 2004. *Lebe deine Stärken!* Berlin.
MacKenzie, Gordon. 1998. *Orbiting the Giant Hairball*. New York.
Maltz, Maxwell. 1990. *So können Sie werden, wie Sie sein möchten*. Genf.
McCormack, Mark H. 1997. *Die Schule des Verhandelns*. Frankfurt a. M.
Miller, R. B., und S. E. Heimann. 1985. *Strategie selling*. New York.
von Münchhausen, Marco. 2004. *So zähmen Sie Ihren inneren Schweinehund!* München.
Murdon, Rebecca. 2007. *The Pursuit of Happyness (Das Streben nach Glück)*.
Murphy, Joseph. 2000. *Werde reich und glücklich*. München.
Peale, Norman Vincent. 2011. *Die Kraft des positiven Denkens*. 4. Aufl. Zürich.
Popper, Karl R. 2004. *Alles Leben ist Problemlösen*. München.
Pryor, Karen. 1999. *Positiv bestärken – sanft erziehen*. Stuttgart.
Ratelband, Emile. 1998. *TSJAKKAA!* Düsseldorf.
Ratelband, Emile. 1999. *Der Feuerläufer*. München.
Rentsch, Hans-Peter. 2000. *Der Samurai-Verkäufer*. Wiesbaden.
Robbins, Anthony. 1998a. *Das Prinzip des geistigen Erfolgs*. München.
Robbins, Anthony. 1998b. *Grenzenlose Energie*. München.
Robbins, Anthony. 2003. Das *Robbins PowerPrinzip*. München
Rüegg, J. C. 2001. *Psychosomatik, Psychotherapie und Gehirn: Neuronale Plastizität als Grundlage einer biopsychosozialen Medizin*. Stuttgart.
Schucman, Helen. 1999. *Ein Kurs in Wundern*. Zürich.

Schwarz, Norbert. 1988. Judgements of relationship satisfaction. *Journal of Social Psychology* 18:485–496.
Schwarz, Norbert. 2002. Judgements of relationship satisfaction. *Journal of Social Psychology* 18:485–496 (zitiert nach Klein, Stefan: Die Glücks-Formel). Reinbek.
Schwarz, Tony, und Jim Loehr. 2003. *Die Disziplin des Erfolgs*. München.
Seiwert, Lothar J. 2003. *Das neue 1 × 1 des Zeitmanagements*. München.
Seligmann, Martin E. P. 1990. *Pessimisten küsst man nicht*. München.
Seligmann, Martin E. P. 1999. *Erlernte Hilflosigkeit*. Weinheim.
Stollreiter, Marc, und Johannes Völgyfy. 2001. *Selbstdisziplin*. Offenbach: GABAL.
Tepperwein, Kurt. 2001. *Die hohe Schule der Hypnose*. München: Moderne Verlagsges.
Trump, Donald, und Meredith McIver. 2004. *Wie man reich wird*. München: FinanzBuch Verlag.
Vengel, Alan, und Wright Greg. 2004. *Gardening*. Offenbach.
Walsch, Neale Donald. 1997. *Conversations with god* (Book One). London: Hampton Roads Pub Co.
Watzlawick, Paul. 1995. *Vom Unsinn des Sinns oder vom Sinn des Unsinns*. München: Piper.
Watzlawick, Paul. 2002. *Die erfundene Wirklichkeit*. München: Piper.
Watzlawick, Paul. 2004. *Anleitung zum Unglücklichsein*. München: Piper Taschenbuch.
Weimer, Wolfram. 1995. *Kapitäne des Kapitals*. Frankfurt a. M.
White, Michael, und John Gribbin. 1997. *Stephen Hawking*. Reinbek.
Williamson, Marianne. 1992. *A return to love*. New York: Harper Collins.
Zeig, Jeffrey K., Hrsg. 1999. *Meine Stimme begleitet Sie überallhin*. Donauwörth: Klett-Cotta.

8 Von der Vision zum „Wunder" – ein Verkäufer-Workshop

▶ Nun besitzen Sie das Know-how, um als Verkäufer erfolgreich zu sein. Oder sind Sie ob der Menge an Informationen und Tipps – und zugegebenermaßen zahlreichen Exkurse – gerade gedanklich etwas unorganisiert? Kein Problem, denn dieses letzte Kapitel bündelt noch einmal die zentralen Botschaften.

8.1 Visionen verkaufen

Der Dichter Antoine de Saint-Exupéry notierte einmal: „Wenn du ein Schiff bauen willst, dann trommle nicht Männer zusammen, um Holz zu beschaffen, Aufgaben zu vergeben und die Arbeit zu verteilen, sondern lehre sie die Sehnsucht nach dem weiten, endlosen Meer." Tagtäglich trommeln in unserem Beruf etliche und vergeben Aufgaben und verteilen die Arbeit – allein die Sehnsucht fehlt. Auch in vielen Seminaren geht es in erster Linie um die auf Holzbeschaffung und Arbeitsverteilung, aber das Problem ist ein ganz anderes: Der Motor läuft nicht von selbst. Wir schieben das Auto die ganze Zeit und üben, wie man am besten schiebt. Wir sind nicht überzeugt von uns und unserem Produkt, wir stellen uns eben nicht vor den Kunden und sagen: „Okay, es macht den Eindruck, als wenn du nicht kaufen willst. Aber das macht nichts. Denn du musst kaufen! Weil du dich um etwas bringen würdest, wenn du es nicht tust. Weil ich weiß und weil ich dir verspreche, dass es niemanden auf der Welt gibt, der sich besser um dich kümmert als ich. Das heißt nicht, dass es nicht auch andere geben könnte, die sich gut darum kümmern, aber ich weiß, dass du, lieber Kunde, heute jemanden gefunden hat, der sich wirklich ein Bein für dich ausreißt. Wir rechnen gemeinsam unter dem Strich, was nicht heißt, dass wir in allen Beziehungen 100 % zu bieten haben, aber unsere Gesamtlösung ist die beste."

Das ist die eine Möglichkeit. Die andere Möglichkeit ist: Sie fragen Ihren Kunden, wie das Produkt oder die Leistung geändert werden muss, damit er es kaufen würde. Und natürlich gibt es auch Kunden, die Sie nicht gewinnen können. Aber verstehen Sie jetzt, welchen Unterschied ich meine? Jetzt ist Durchhalten angesagt. Selbst wenn es so aussieht, als habe sich der Kunde bereits entschieden. Sie sollen und müssen von sich selbst überzeugt sein. Wissen Sie noch, wie einfach es war, als Sie einmal so überzeugt waren? Können Sie sich vorstellen, wie einfach Verkaufen ist, wenn Sie immer so überzeugt sind?

8.2 Die Dringlichkeit des Ziels

Lange Zeit stolperte ich über den Satz: „Erfolgreiche Menschen machen wichtige Dinge unheimlich dringlich." Weil ich mich mit dem Eisenhower-Prinzip ganz wohl fühlte. Und für mich klang das immer ein bisschen hektisch. Der Satz widerspricht Eisenhower aber nicht, er sagt uns lediglich mit spürbarem Nachdruck: „Fang´ mit den wichtigen Dingen, die oben links stehen, endlich an!" Immer wieder scheinen dringliche Geschehnisse scheinbar die langfristigen Ziele zu überlagern. Wir sehen vom Beginn unseres Lebens an etliche Beispiele von Menschen, bei denen Dringliches an erster Stelle steht. Erst bleiben Dinge so lange liegen, bis keine Zeit mehr bleibt, sich darum zu kümmern, und dann wird zum Schluss alles schnell mit der Brechstange erledigt. Dass es bessere Werkzeuge gegeben hätte als die Brechstange, brauchen wir hier wohl nicht weiter zu besprechen. Allerdings wird es schwieriger, wenn keine Zeit mehr zur Verfügung steht. Sie würden nicht glauben, mit welcher Vehemenz Klienten ihr Tun verteidigen, weil sie zu 100 % davon überzeugt sind, dass ihr Verhalten – nämlich dem Dringlichen nachzujagen – richtig, natürlich und unumgänglich ist. Die erzählen das so überzeugt, dass man jedes Mal auf die Idee kommen könnte, das Leben müsste so laufen. Das aber ist vollkommener Unsinn. In Wirklichkeit finden wir uns unter der Laterne wieder und suchen … und loben dabei auch noch das besonders gute Licht der Straßenlaterne. Zeit ist oft der Schlüssel. Die kurzfristigen Dinge haben uns innerhalb ganz kurzer Zeit konditioniert. Ob uns das gefällt oder nicht, wir konditionieren oder gewöhnen uns nicht mit der Vernunft, sondern direkt über das Nervensystem (denken Sie an die Pawlowschen Hunde). Und das Gute und Wirkungsvolle an den kurzfristigen Zielen ist: Sie wirken sofort und unmittelbar. Man braucht nichts weiter. Ein Bonbon schmeckt, sobald es im Mund verschwindet. Wenn wir einkaufen,

8.2 Die Dringlichkeit des Ziels

erhalten wir sofort das gute Gefühl, dass wir ein neues Kleidungsstück besitzen. Wenn wir uns ausruhen, wirkt die Ruhe unmittelbar auf uns. Was da hilft, ist Disziplin. Leider ist der Begriff in Deutschland emotional belastet. Arnold Schwarzenegger hat es ganz treffend gesagt: „Disziplin ist nur eine Frage der Zielbewusstheit. Wer seine inneren Bilder klar vor Augen hat, kann die nächste Handlungsgelegenheit gar nicht abwarten." Wenn Sie beides kombinieren, erhalten eine hilfreiche Beschreibung etwa in dem Sinn: Disziplin ist die Fähigkeit, die lohnenden, langfristigen, Spaß machenden Ziele über die kurzfristigen Kleinigkeiten zu stellen.

Langfristige Ziele steuern wir meistens über „Disziplin". Wenn Sie sich an das „Laufen lernen" erinnern, sehen Sie, wie normal und natürlich Disziplin ist. Ich möchte, dass Sie zu diesem Begriff eine positive Verbindung knüpfen. Tony Schwarz und Jim Loehr (Schwarz und Loehr 2003) haben dazu ein hervorragendes Buch geschrieben! Wir schaffen mit Disziplin, dass wir Dinge überwinden, die wir kurzfristig unangenehm empfinden, um dem großen, für uns lohnend erscheinenden Ziel entgegenzugehen. Wir richten immer wieder unseren Fokus auf das große Ziel und entwickeln daraus Gewohnheiten. Sie können das zum Beispiel an Menschen beobachten, die ihr Haus zu einem großen Teil selbst bauen: Die gewöhnen sich daran, dass sie täglich nach Feierabend, am Wochenende und im Urlaub nur noch eins tun: nämlich an ihrem Haus zu bauen. Obwohl es von außen betrachtet manchmal gar nicht einfach und spaßig aussieht. Welche Mühen nehmen die nur auf sich? Die Häuslebauer empfinden das nicht so. Sie haben sich längst an die für sie zielführende Disziplin gewöhnt, zumal es auch schon im Ansatz ein bisschen Spaß macht. Weil sie das große Ziel vor Augen haben. Und weil sie nicht zurückkönnen – das ist ein ganz wichtiger Punkt. Sie können das Haus nicht halbfertig stehen lassen. Auch Sie, lieber Verkäufer, werden ab jetzt Ihre Verkaufspläne nicht mehr halb erledigt liegen lassen.

Eine andere Möglichkeit ist es, sich mit kleinen, unmittelbar wirkenden Belohnungen die Gewohnheit anzutrainieren, aufzubauen und sich so an einen Zustand zu gewöhnen. Ein scheinbarer Grund dagegen ist die Gedankenlosigkeit. Weil wir das nicht bewusst tun, sondern weil wir das Leben nehmen, wie es für uns vorbeikommt. Richtig schlimme Zwänge wirken auf die meisten Menschen, die dieses Buch lesen, gar nicht mehr. Wenn man nicht wüsste, was man morgen zu essen hätte, dann würde man sich wohl aufrappeln und Dinge in Angriff nehmen. In unserer Zeit ist das nicht so leicht. Weil für uns auf einem Mindestlevel jederzeit gesorgt wird. Weil wir mit einem relativ kleinen Aufwand einem relativ luxuriösen Lebensstandard frönen. Und deshalb sind Menschen auch beim Verkaufen in eine Lage geraten, die das Kurzfristige belohnt. Allerdings geht dabei oft das langfristige, große Ziel verloren. Es geht nicht darum, dass Sie keinen kurzfristigen Spaß mehr

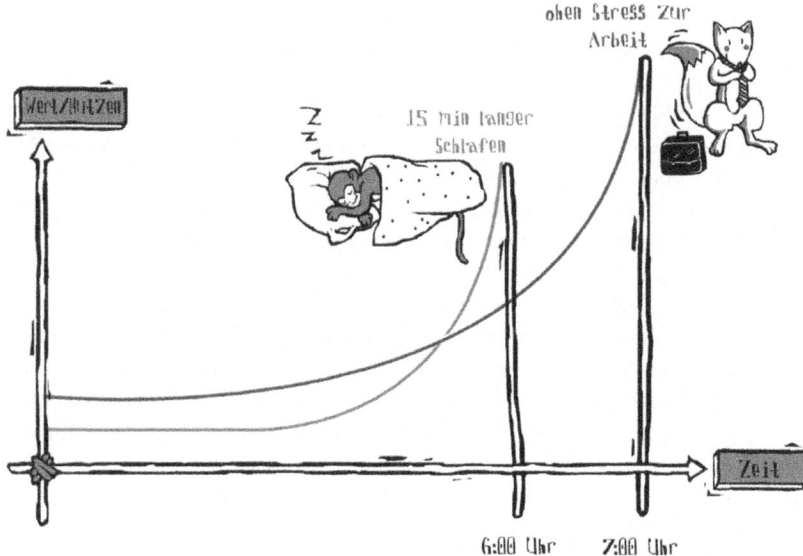

Abb. 8.1 „Langes Schlafen" versus „keinen Stress"

haben sollten. Doch hemmt das naheliegende Erfolgserlebnis, das unmittelbare Vergnügen die Bereitschaft zur grundlegenden Veränderung. Ich höre Sie dann in einigen Jahren, wenn Sie schon ein bisschen betagter sind, sagen: „Hätte ich doch irgendwann damit begonnen ... zu tun!" Wie die Lösung aussieht? Die Lösung bei allen Verhaltensänderungsprogrammen ist, dass wir mit dem, was wir tun wollen, einen Riesenspaß verknüpfen, und mit dem, was wir nicht wollen, Schmerzen. Es ist alles erlaubt, was Ihnen hilft, Ihr Ziel zu erreichen. Die wahren Schalter kennen Sie mittlerweile. Aber gewöhnen Sie sich bitte schon an den Gedanken: Wenn Sie etwas wirklich erreichen wollen, dann denken, fühlen und handeln Sie ab jetzt, als ob Sie schon da angekommen wären, wo Sie hin möchten. Es gibt keine andere Möglichkeit. Und diese Entscheidung können Sie ab jetzt besiegeln.

8.3 Zeit und Ziel auf den Punkt

Das Beispiel in Abb. 8.1 stammt aus dem Buch „Selbstdisziplin" von Marc Stollreiter und Johannes Völgyfy (Stollreiter und Völgyfy 2001). Es beschreibt zwei verschiedene Nutzen in Abhängigkeit von der aktuellen Tageszeit.

8.3 Zeit und Ziel auf den Punkt

Die dunkle Linie beschreibt den Nutzen, rechtzeitig und ohne Stress zur Arbeit zu kommen, die helle Linie den Nutzen von 15 min mehr Schlaf. Sie und ich wissen, dass die 15 min Mehrschlaf einen vergleichsweise vergänglichen Nutzen darstellen. Und dennoch lassen wir uns immer wieder hinreißen, weiterzuschlafen. Diese Kurven lassen sich auch fürs Rauchen, Essen, Nicht-Joggen und vieles andere erstellen. Abends und mitten in der Nacht ist für alle sonnenklar, dass es mehr Sinn macht, rechtzeitig zur Arbeit zu kommen, als 15 min mehr zu schlafen. Alle wissen auch, dass es besser ist, nicht zu rauchen oder noch drei neue Kunden anzurufen und mit denen Termine zu vereinbaren. In dem Moment, wo es losgeht, wird es dann schwierig und der Nutzen der „Alternativtätigkeit" deutlich größer. Um 6 Uhr ist er deutlich größer als die Möglichkeit „ohne Stress zur Arbeit", Schlaftrunkenheit gar nicht mitgerechnet. Und man bleibt konsequenterweise liegen. Der schwarze, bleierne Klotz, die alte Gewohnheit, die unserem Willen komplett entgegenwirkt, hat es wieder geschafft. Das Problem ist, dass Sie nicht wissen, warum Sie aufstehen sollten. Wenn Sie *müssen*, geht es ja auch, das heißt, wenn etwa Ihr Chef oder ein Kunde Sie zum Meeting erwartet. Überlegen Sie sich abends schon, was es so wichtig macht, dass Sie morgens gern dafür aufstehen. Sonst stellen Sie sich den Wecker lieber gleich auf halb acht.

Sie wissen, dass Sie dafür Lösungen finden können, wenn Sie sich vollständig dazu entscheiden. Für mich ist die Zeit morgens ziemlich wertvoll: Das ist an anstrengenden Tagen die einzige Zeit, die ich garantiert freihalten kann, zum Beispiel auch für die „15 Minuten". Deshalb habe ich schon vor Jahren nach einer Methode gesucht, die funktioniert. Ich habe viel und gern lange geschlafen, wusste aber, dass mir anschließend ein wichtiges Stück vom Tag fehlt: Im Grunde beginnt es am Abend vorher. (Auf diesen wieder sehr einfachen Punkt hat mich Frank Bettger (2002) in seinem Buch gebracht.) Überlegen Sie, ob Sie wirklich noch eine Stunde durch die Programme zappen müssen oder ob Sie sich das letzte Bier nicht lieber sparen. Vergegenwärtigen Sie sich die Wichtigkeit des nächsten Tages schon an diesem Abend. Er ist ein Puzzlestein in Ihrem Leben. Wenn Sie morgens den Wecker hören, achten Sie bitte auf Ihre Gedanken. Wenn ich früher mal wieder nicht aus dem Bett kam, habe ich zum Beispiel darüber nachgedacht, was ich alles verpasse, wenn ich aufstehe:

- Ich verliere die gemütliche Wärme und muss raus ins Kalte.
- Weil ich spät ins Bett gegangen bin, sind die zusätzlichen 10 min für meine Gesundheit bestimmt unheimlich gut.

Wenn ich heute bei dem ersten Weckerklingeln aus dem Bett springe, denke ich darüber nach, was ich verpasse, wenn ich nicht aufstehe:

- Ich verpasse einen Termin.
- Ich verliere meinen Ruf, immer pünktlich zu sein.
- Ich kann heute nicht tun, was mir wichtig ist.
- Ich verliere meinen guten Ruf insgesamt, wenn ich gar nicht komme.

Die Lösung ist einfach: Ich lege mir am Abend vorher schon einen guten Grund zurecht, warum ich morgen früh aufstehe – und verfolge beim Weckerklingeln genau diesen Grund und lenke meine Gedanken ab von den anderen guten Gründen, die es gibt, um im Bett liegen zu bleiben. Diese Methode können Sie selbstverständlich für alle anderen Tätigkeiten verwenden, die Sie vom nachhaltigen Erfolg abhalten. Und unsere „Versicherungen" sind auch hier wirklich Gold (Geld) wert: Überweisen Sie dem SOS-Kinderdorf 100 €, wenn Sie liegen bleiben. Erzählen Sie es Ihrem besten Freund. Lassen Sie sich morgens anrufen. Klingt lächerlich? Wirklich lächerlich wäre, dass Sie selbst nicht über die Disziplin verfügen, hochzukommen. Wenn Sie jetzt noch mit „lächerlich" argumentieren, haben Sie es noch nicht ganz verstanden: Sie wollen aufstehen und Sie sollen aufstehen. Fertig. Keine Diskussion über die Methoden. Vielleicht brauchen Sie für eine Verhaltensänderung nur eine Art Versicherungsagentur, die eine Versicherung mit Ihnen abschließt. Wenn Sie niemand anderen finden, wenden Sie sich einfach an mich.

Es gibt Verkäufer, die schieben oder verschieben ständig Dinge. Ich möchte nicht die Gründe aus dem Anhang diskutieren. Ich möchte gar nicht mehr diskutieren. Niemand braucht sich zu rechtfertigen. Sie können sich ganz auf sich selbst konzentrieren. Ich möchte Ihnen dabei helfen, Sie langfristig und nachhaltig erfolgreich zu machen. Was bekommen Sie dafür, wenn Sie Dinge schieben? Nehmen wir einmal den Verkäufer Otto Normal. Er denkt, er ruht sich von dem aus, was ihm vermeintlich Stress bereitet ... und das ist natürlich völliger Unsinn. Diesen Stress gibt es gar nicht. Der ist absolut selbst gemacht. Und glauben Sie nur nicht, dass diejenigen, die erfolgreich sind, mehr Stress haben. Ich kenne etliche Erfolgreiche, die im Zweifel weniger Stress haben. Allerdings arbeiten die anders. Diese Menschen sind konzentrierter. Diese Menschen tun während der Arbeit das, was sie tun, gern.

8.4 Zielsetzung auf das große Ganze

Es wird Kollegen geben, die Ihnen erklären, warum Erfolg unmöglich ist. Seien Sie dabei vorsichtig. Überprüfen Sie kurz die Inhalte der Aussagen anhand folgender Kontrollfragen: Erklärt er oder sie, warum man nicht verkaufen kann oder ...

8.4 Zielsetzung auf das große Ganze

wie man verkauft? Daran können Sie ziemlich schnell die Grundeinstellung der meisten Menschen überprüfen.

Überlegen Sie einmal, wie die anderen dastehen, wenn Sie plötzlich Erfolg haben. Fragen Sie sich, wie selbstlos das Gerede in Wirklichkeit ist. Was kostet es den anderen, zu erklären, dass etwas unmöglich ist? Es kostet ihn in der Regel nichts. Gehen Sie diesen Leuten einfach mal für 90 Tage aus dem Weg und überprüfen Sie, ob Sie sich besser oder schlechter fühlen. Suchen Sie einfach anderen Kontakt. Wenn Sie angerufen werden, sagen Sie: „Lieber Max, gern würde ich jetzt mit dir telefonieren … leider passt das gar nicht, ich bin gerade auf dem Sprung. Lass uns später einfach nochmal sprechen – vielleicht übermorgen." Ich kenne etliche Verkäufer, die sich nicht am Telefon motivieren, sondern gegenseitig runterziehen. Hören Sie einfach damit auf. Notieren Sie mal, wie lange diese Gespräche dauern, in der Summe an einem Tag. Wenn Sie darüber erschrecken, definieren Sie eine kürzere Zeit für morgen, die Sie maximal mit den Kollegen telefonieren, die Sie runterziehen. Und rechnen Sie morgen wieder, wie lange es gedauert hat.

Manche Seminarteilnehmer berichten: „Ich muss immer daran denken … an den Druck und das Umgewöhnen … meine Gedanken kommen einfach nicht davon weg. Außerdem wird mir schon wieder ganz schlecht, wenn ich an den nächsten Kunden am Telefon denke, der gar nicht mit mir sprechen will." Betten Sie Ihre einzelne Tätigkeit bitte in einen größeren Zusammenhang, der Ihnen zeigt, dass es zum Beispiel im nächsten Telefonat nur um ein kleines Teilstück geht. Und dass es absolut unsinnig ist, sich ausschließlich dieses Teilstück anzusehen. Es geht immer um das große Ganze. Denken Sie bitte daran und freuen Sie sich darauf. Es gibt nicht einen einzigen Verkäufer, der ein paar Jahre im Geschäft ist und nur von kurzfristigen Highlights lebt – oder dem, was der eine oder andere vielleicht darunter zu verstehen glaubt. Es geht darum, was man aus den Situationen macht. Denken Sie *nicht* an einen Elefanten mit Schottenrock und einem breitkrempigen rosafarbenen Hut! – Was denken Sie in diesem Moment? Genau das sollten Sie nicht denken.

Wenn Sie etwas denken, was Ihnen nicht hilft, was Sie blockiert, dann ist es nicht hilfreich, wenn Sie sich unentwegt einreden: „Ich will das nicht denken, ich will das nicht denken …". Mit dem „nicht" kommen Sie nie aus diesen Situationen heraus. Besser ist, den Gedanken in Ihren Gesamtzusammenhang einzubetten und sich zu fragen: Was ist gut daran? Was kann ich daraus lernen? Denken Sie an die Fragen, die Ihnen helfen! An Fragen, die Sie Ihrem Ziel näher bringen.

Anweisung 14

Wenn Sie zweifeln, dann stellen Sie sich einmal neben sich. Beobachten Sie die eigenen Gedanken, und falls Sie negativ denken („Warum geht es nicht? Es kann gar nicht funktionieren ..."), fragen Sie sich stattdessen: „Wenn es funktioniert hätte, wie wäre das wohl passiert? Wenn es möglich wäre, wie würde man starten?"

Sie und ich wissen, wann Sie sich neben sich stellen sollten. Denken Sie zwischendurch noch an Ihr Ziel und wie schön es ist, wenn Sie dort angekommen sind. Wenn ich manchmal nicht genau weiß, was ich jetzt machen soll, dann spiele ich mit dem Gedanken, jemanden zu fragen, der jetzt möglicherweise Bescheid weiß. Und ganz oft fällt mir – schon während ich mich frage, was der andere wohl sagen könnte – die Antwort ein und es erübrigt sich, wirklich zu fragen. Fragen Sie sich, was ein Erfolgreicher Ihnen in den Momenten raten würde, in denen Sie allein nicht so recht weiter wissen.

Gerade gestern sagte ein Klient zu mir, nachdem er einen vermeintlich erfolglosen Anruf getätigt hat: „Irgendwie kann ich die Leute auch verstehen, dass die keinen Termin mit mir haben wollen." Jetzt denken Sie bitte einmal logisch mit mir: Wieso sollten wir über Gesprächstechniken nachdenken? Warum sollen wir darüber nachdenken, wie man Anrufe besser machen kann, wenn es gar kein Fundament gibt? Jedes Training ist in diesem Fall nur ein Kaschieren der wahren Ursache. Also: Sie überprüfen jetzt auf der Skala von 1 bis 10, wie gut Sie Ihre Leistung oder Ihr Produkt finden. Wenn Sie weniger als 7 vergeben: Suchen Sie sich schnell einen neuen Beruf. Oder fragen Sie sich ehrlich, ob Ihr Produkt wirklich so schlecht ist oder ob das nur Ihre „Geschichte" ist. Ich kenne etliche Verkäufer, die hüpfen von einem Unternehmen zum nächsten auf der Suche nach besseren Umständen (Produkten, Chefs oder Gestaltungsspielräumen), aber glauben Sie mir: Mit den Umständen hat das wirklich nichts zu tun. Wenn Sie Ihr Produkt lieben: Erstellen Sie eine Vision, ein Ziel und einen Plan und arbeiten Sie 90 Tage daran. Was ist das für ein lächerlich kurzer Zeitraum? Damit stellen Sie sich einen Garantieschein aus, dass Sie das Berufsleben leben, das Sie sich wünschen und das Sie wirklich verdient haben.

8.5 Entscheidung treffen – jetzt!

Am Ende eines Seminars habe ich früher gefragt: „Was wird ab jetzt anders?" Die Antworten waren unterschiedlich, meistens im Sinne von: „Man müsste mal xy ausprobieren ..." oder „Ich versuche mal ...". Man kann das auf verschiedene Arten steigern, zum Beispiel indem zum Schluss alle einen Brief an sich selbst schreiben, der ein halbes Jahr nach der Veranstaltung versandt wird und als Erinnerung wirkt. Ich bin inzwischen felsenfest davon überzeugt, dass diese sehr bewusste

8.5 Entscheidung treffen – jetzt!

und gewollte Entscheidung zu Beginn einer Veränderung getroffen werden muss. Deshalb ist der Schritt „Entscheidung" mitten in diesem Buch positioniert. Es ist nicht nur eine Entscheidung. Die Entscheidung ist der erste Schritt. Nach einer Entscheidung kommt die Verpflichtung.

Die Entscheidung, die Sie getroffen haben oder spätestens jetzt gleich treffen, ist eine der wichtigsten Ihres ganzen Lebens. Lassen Sie uns kurz auf ein paar andere wichtige Entscheidungen schauen, die für Sie bislang wichtig waren:

- der Arbeitsplatz, den Sie sich ausgesucht haben,
- die Wohnung oder das Haus, in dem Sie leben (inkl. der Umgebung, in der Sie wohnen),
- den Partner, für den Sie sich entschieden haben.

Wie sieht dies alles vom jetzigen Standpunkt betrachtet aus? Waren diese Entscheidungen richtig oder falsch? Leider lässt sich das nicht so leicht sagen. Vielleicht hätten Sie diesen Arbeitsplatz lieber nicht wählen sollen. Weil Ihnen eine Woche später ein sehr viel besserer Arbeitsplatz angeboten worden wäre. Oder die Wohnung: Sie haben sich mehrere Möglichkeiten angesehen. Eine dieser Wohnungen, die Sie hätten haben können, liegt in einem Viertel, das sich unglaublich entwickelt hat. Oder Ihr Partner, eine der wesentlichsten Entscheidungen, die wir überhaupt treffen. Aber war diese Entscheidung richtig? Vielleicht hätte ein anderer Partner ganz andere Saiten in Ihnen zum Klingen gebracht. Vielleicht hätten Sie sich nicht nur beruflich, sondern auch persönlich ganz anders entwickelt. Schwer zu sagen. Ich hoffe, Sie haben bei den weit überwiegenden Entscheidungen richtig gelegen, aber wie gesagt: Sie und ich wissen es nicht.

Anders ist das bei der Entscheidung, die jetzt auf Sie zukommt. Diese Entscheidung ist in jedem Fall richtig. Weil es keine Minuspunkte zu berücksichtigen gibt! Vielleicht arbeiten gerade Sie nach der Entscheidung täglich ein bisschen länger. Das macht aber nichts, weil Sie abends mit mehr Schwung und Elan nach Hause kommen und mehr Spaß haben. Ich kenne etliche, die nach der Entscheidung weniger Zeit mit Ihrer Arbeit verbracht haben. Wie oft dürfen Sie Entscheidungen treffen, bei denen Sie wissen, dass es definitiv die richtige Entscheidung ist? Es gibt sehr wenige Entscheidungen, die Ihre Lebensqualität so intensiv beeinflussen wie diese. Weil Ihr Leben sich verändert. Weil Sie mehr Energie haben. Weil Dinge einfacher werden. Weil Sie nicht mehr gegen Windmühlen kämpfen. Weil Sie sich auf die lohnenden Dinge konzentrieren. Weil Sie wie von einem starken Gummiband gezogen werden. Sie wissen, dass die Entscheidung richtig ist. Sie wissen, dass sich Ihre Lebensqualität sehr verbessert. Das ist der zweite Grund, warum Ihre Entscheidung ungleich wichtiger ist als andere Entscheidungen.

8.6 Tun

Wir haben uns ausführlich mit der Drehung des dicken fetten Bleipfeils beschäftigt. Jetzt noch einmal zur Verpflichtung. Das Nachfolgende stammt aus „Der reichste Mann von Babylon" von George S. Clason. Auch Arkad (die literarische Hauptfigur) findet das Leben mit dieser Konsequenz am einfachsten, nicht etwa schwer. Er meint sogar, es gehe nicht, wenn man es sich nicht einfach macht.

„... Glaubt ihr, Willenskraft gäbe einem Mann die Stärke, eine Last zu heben, die ein Kamel nicht tragen kann, oder eine Ladung zu ziehen, die selbst Ochsen nicht bewegen können? Willenskraft ist lediglich die unerschütterliche Absicht, eine selbst gestellte Aufgabe zu vollenden. *Wenn ich mir etwas vornehme, sei es noch so banal, lasse ich mich durch nichts davon abbringen.* Wie sonst soll ich das Selbstvertrauen gewinnen, um auch bedeutende Vorhaben durchzuführen? Sollte ich mir vornehmen: ‚Wenn ich hundert Tage lang über die Brücke in die Stadt gehe, hebe ich jedes Mal einen Stein auf und werfe ihn in den Fluss', würde ich es tun. Wenn ich am siebenten Tag vorbeiginge, würde ich nicht zu mir sagen: ‚Morgen werde ich zwei Steine in den Fluss werfen, das kommt auf das Gleiche raus.' Stattdessen würde ich denselben Weg zurückgehen und den Stein in den Fluss werfen. Ich würde auch nicht den zwanzigsten Tag zu mir sagen: ‚Arkad, das ist sinnlos. Was nützt es dir, jeden Tag einen Stein zu werfen? Wirf eine Handvoll hinein, und lass es damit gut sein.' Ich würde das weder sagen noch tun. Wenn ich mir eine Aufgabe vornehme, führe ich sie zu Ende. Deshalb achte ich darauf, keine schwierigen oder unpraktischen Aufgaben in Angriff zu nehmen, denn *meine Bequemlichkeit geht mir über alles*" (Clason 2002).

Zweimal lesen hilft. Es geht darum, nicht mehr zu sagen: „Ich versuche es ..." oder „Ich probiere es ...". Weil das zu wenig ist. Aus Erfahrung weiß ich, dass genau in dem Moment nach der Entscheidung etliche scheinbare Gründe auftauchen, die Sie davon abhalten könnten, das zu verändern, was Sie verändern wollen. Wenn Sie nicht absolut entschlossen an Ihre Veränderungen gehen, werden diese Gründe, die ausschließlich aus nicht hilfreichen alten Gewohnheiten bestehen, die Kontrolle übernehmen. Sie haben jetzt gesehen, dass es wirklich ausgesprochen einfach ist, erfolgreich zu sein. Dummerweise ist es genauso einfach, nicht erfolgreich zu sein. Das ist der Grund, warum so viele nichts ändern. Sie werden sich nicht ändern, weil sie den gedrehten, fetten, bleiernen, schwarzen Pfeil nicht fixiert haben. Und deshalb ist es wichtig, wirklich absolut entschlossen zu sein. So entschlossen, dass es danach keine Alternative mehr gibt. Ab und zu und hin und wieder denken wir daran, dass wir unser Leben eines Tages beenden werden. Wir haben ziemlich lange Zeit, darüber nachzudenken, dass wir bestimmt irgendwann ganz erfolgreich werden. Weil wir alle Träume hatten. Und wir weigern uns lange, diese Träume zu beerdigen. Aber in uns, da tickt die innere Uhr, die uns wissen lässt, dass die Zeit, in der wir unsere Träume wahrmachen könnten, abläuft. Wir wollten immer mal

- reisen und ausgesuchte Teile der Welt sehen und kennen lernen
- ein Tagebuch oder ein Buch schreiben
- ein besonderes Auto fahren
- einen Tanzkurs machen
- eine Sprache erlernen
- ein Handwerk erlernen
- für eine Zeit in einem anderen Land leben
- andere Sportarten erlernen oder ein besonderes Hobby pflegen
- ein Jahr eine Auszeit nehmen
- ....
- ....
- ....

Sie wissen viel besser, was Sie wollen. Aber die meisten tun das meiste davon nicht. Wissen Sie, warum das so ist? Weil die es „wollten", nur wollten. „Wollen" aber reicht nicht. Sie haben erlebt, gekauft und erlernt, was Sie erleben mussten, kaufen mussten, lernen mussten. Alles andere „wäre schön". Und das reicht eben nicht, um wirklich zu bekommen, was man haben „will". Und Sie und ich hören die Uhr ticken. Uns macht das nicht glücklicher. Wir sitzen nichtstuend da und unternehmen nichts für unseren Wunsch, unseren Traum, unsere Vision. Wir fassen keinen Entschluss …

Mit der Erfolglosigkeit verhält es sich ähnlich wie beim Treibholz: Es braucht buchstäblich nichts getan zu werden. Ab und zu stößt das Treibholz irgendwo an und tut sich weh. Und jammert. Der Versuch eines Entschlusses, der von fast allen Verkäufern einst gefasst wurde, war ganz im Gegenteil in eine ganz andere Richtung gelenkt. Eigentlich wollten fast alle Verkäufer zu den Erfolgreichen gehören, deshalb sind Sie und ich zu diesem Beruf gekommen. Das entlarvende Wort am letzten Satz ist wieder „eigentlich", der sprachliche Weichspüler schlechthin. Mit „eigentlich" zum Zeitpunkt einer Entscheidung sind wir höchstwahrscheinlich zu weich eingestellt. Der fette, schwarze, bleierne Klotz ist bereit, sich bei der nächstbesten Gelegenheit wieder in die alte Richtung zu drehen. Weil er daran gewöhnt ist. Sie wissen mittlerweile, wie Sie sich versichern können. Meinen Sie es ernst oder ist es ein Lippenbekenntnis? Wenn Sie zögern, sich zu versichern, dann seien Sie doch ehrlich mit sich: Wollen Sie wirklich oder wollen Sie nicht? Sie wissen, wie Sie den Bleiklotz mit ein paar Sicherungsstiften so festsetzen, dass er ganz sicher zukünftig mit Ihrem Kompass in eine Richtung zeigt. Menschen mit einem

„eigentlich" auf den Lippen sind zu wenig enthusiastisch aufgestellt. Sie brauchen am Start Energie. Weil Zeiten kommen, in der unsere Entscheidung auf die Probe gestellt wird. Nicht, weil es nicht so leicht ist, sondern weil es nun mal genauso ist. Wir haben oft keinen wahren Entschluss gefasst, sondern sind irgendwie in diese Richtung gerutscht. Warum auch immer. Nach Tagungen oder besonders schlechten Monaten oder wegen eines Wettbewerbs oder weil Silvester ist, fassen wir den Entschluss mit unserem Willen (der Kompassnadel), dass es anders werden muss! Sie wissen wegen der Gehirnwäsche, dass das unheimlich schwer wird, aber Sie wollen durchhalten. Im Grunde geht es geht gar nicht darum, einen guten Monat, ein gutes Quartal oder ein gutes Jahr zu machen. Ich möchte, dass Sie wissen, dass das nur der Anfang ist. Sie werden sich daran gewöhnt haben, dass Sie alles schaffen können ... jahrelang. Immer.

8.7 Kein Verkaufserfolg?

Wir merken, dass es doch härter ist, als wir vorher gedacht haben, oder wir haben das zwar schon immer gedacht, aber es fühlt sich in der Langdistanz noch viel schlimmer an, als wir vorher ahnten. Jedenfalls hat die Gehirnwäsche irgendwie doch Recht. Oder wir sagen: „Wir haben nicht gedacht, dass wir dünnhäutig werden." Wir haben die Gehirnwäsche und die Gewohnheiten unterschätzt. Obwohl wir wissen, dass die Erfolgreichen mehr Spaß bei der Arbeit haben und noch mehr lernen, damit es in Zukunft noch viel einfacher wird. Dass diese mehr Energie haben, ein besseres Vorbild sind, von ihren und unseren Chefs freundlicher behandelt werden und selbstbewusster sind. Trotzdem denken wir weiterhin, wir würden ein Opfer bringen.

Dazu kommen noch etliche dienstältere Kollegen, die alle wissen, dass es wirklich schwierig ist. Vielleicht gibt es keine Umgebung, die weniger positiv auf Menschen einwirkt, als die von Verkäufern, die unter sich einen Kollegen haben, der es sich unabänderlich auf die Fahne geschrieben hat, erfolgreich zu werden. Ich klage gar nicht an. Ich beschreibe nur, wie es ist. Die meinen es nicht böse, denen geht es nur darum, selbst einigermaßen gut auszusehen mit ihren mittelmäßigen Verkäufen. Ihr dienstälterer Kollege hat in seiner eigenen Praxis schon etliche gesehen, die den Versuch gemacht, sich ordentlich umgetan und es dann doch nicht geschafft haben ... das ist jedenfalls die Mär. Es ist ein Märchen. Sie wissen das. Wenn es stimmen würde, würde es die besten 20 % im Verkauf gar nicht geben. Diese Erfahrenen geben Ihnen ungefragt noch etliche Erklärungen, warum es nicht gehen kann ...

8.7 Kein Verkaufserfolg?

Das Schöne ist, dass neue Tätigkeiten in Ihrem Beruf relativ schnell zu wahren Gewohnheiten werden können. Ein Nachteil ist, dass zahlreiche Verkäufer wieder „einknicken", wenn sie „unter Schmerzen" erfolgreich geworden sind. Das passiert, wenn man den schwarzen, dicken, fetten Bleipfeil nicht vorher dreht. Ich weiß, dass jeder Verkäufer, der seine Situation ändern will, sich mit Leichtigkeit ändern kann. Ich weiß das, weil ich es schon zu oft gesehen habe. Von unseren Klienten höre ich immer wieder: „Merkwürdig, der allergrößte Teil von dem, was du erzählst, war mir schon bekannt. Aber warum sehe ich es jetzt anders?"

Werden Sie das alte Leben vermissen? Nein, weil Sie eine Menge zusätzlicher Früchte ernten und weil sich der Aufwand für Sie viel angenehmer anfühlt. Gewöhnen Sie sich an, die Erfolgreichen als wahres Vorbild zu nehmen. Hören Sie auf, bei den Gesprächen mit sich selbst eine Erörterung darüber zuzulassen, warum es nicht funktioniert. Fragen Sie die innere Stimme lieber, was getan werden muss, damit es funktioniert.

Anweisung 15

Nachdem Sie sich entschieden haben: Hören Sie auf mit der Zweifelei! Sie haben sich von einigen Möglichkeiten verabschiedet. Wenn Sie an die veränderte Situation denken, heute, morgen oder in 5 Jahren, dann mit folgendem Schluss: „Juhu! Ich habe es geschafft!"

Sie trennen sich gerade von etlichen eingefahrenen neuronalen Verbindungen. Von Gewohnheiten. Unterdrücken Sie das Gefühl daran nicht. Lassen Sie es gern zu und freuen Sie sich darüber. Weil beide Pfeile in die gleiche Richtung zeigen. Ich schaue mir gerne die Erfolgreichen an. Vorher hatte ich immer geglaubt, dass die Erfolgreichen nie Zeit und schon gar nicht für die Familie hatten. Ich merkte beim genaueren Hinsehen, dass Erfolgreiche nicht nur Zeit für die Familie hatten, sondern auch noch für Sportarten, von denen ich träumte, Reisen machten, die ich mir nicht leisten konnte, und daneben noch Geld in Immobilien steckten, in denen sie selbst Ferien machten. Ich lernte. Es war dabei in kaum einem Fall so, dass sie nur Zeiten gehabt hätten, in denen es blendend lief. Was aber einte alle, die erfolgreich waren? Sie wollten unbedingt erfolgreich sein. Am ausgeprägtesten war das für mich bei denen, die sich gar nicht mehr vorstellen konnten, dass es nicht erfolgreich laufen könnte. Das Bemerkenswerte an diesen Menschen war nicht, dass sie größere Häuser bewohnten, weitere Reisen unternahmen und teure Sportarten ausübten. Sie hatten in vielen Fällen auch noch Ehrenämter. Sie machten das, weil andere Menschen sie für fähig hielten, etwas für die Gemeinschaft zu tun. Vielleicht war der Auslöser für den Erfolg einst ein finanzieller Anreiz. Aber er war nicht die

Vision. Sie könnten diesen Menschen alles wieder wegnehmen. Ich weiß inzwischen, dass es nicht das ist, was diese Menschen ausmacht: Es ist das, „was sie auf dem Weg geworden sind". Sie haben Fähigkeiten erlernt und an sich gearbeitet. Sie sind nicht andere Persönlichkeiten geworden, aber sie haben die Persönlichkeit, die in Ihnen steckte, intensiviert. Sie haben sich entwickelt. Manche denken, dass die Erfolgreichen deshalb unheimlich erfolgreich sind, weil sie

- bessere Gene haben oder Fähigkeiten, die ihnen in die Wiege gelegt wurden, oder
- Kontakte, um die andere sich unendlich lange bemühen müssen.

Alles Unsinn: Erfolgreiche sind ganz normale Menschen. Gehen wir noch einige Sätze zurück. Geeint sind die Erfolgreichen dadurch, dass sie alle unbedingt wollen. Oder besser: müssen! Oder andersherum: Alle haben einen Grund gefunden, der so zwingend war, dass sie erfolgreich sein mussten.

Entscheidung heißt, dass man am Scheideweg steht, sich von einigen Wegen verabschiedet und sich den anderen, verbleibenden Wegen oder dem verbleibenden Weg endgültig zuwendet. Das ist eine vollständige „Entscheidung". Danach eröffnen sich ungeahnte neue Möglichkeiten. Sie wissen wie ich, dass es stimmt. Falls Sie noch nicht überzeugt sind: Hier folgt die Bestätigung von Goethe:

> Bis man wirklich Verantwortung übernimmt, gibt es Zweifel, die Möglichkeit, sich zurückzuziehen, und immer Ineffizienz. Was alle Handlungen von Initiative oder Schöpfung angeht, so gibt es eine elementare Wahrheit, deren Nichtbeachtung zahllose Ideen und hervorragende Pläne umbringt: dass in dem Moment, in dem man sich definitiv verpflichtet, sich die Vorsehung ebenfalls bewegt. Alle möglichen Dinge, die sonst nie passiert wären, passieren, um einem zu helfen. Ein ganzer Strom von Ereignissen folgt aufgrund der Entscheidung und bringt zu eigenen Gunsten alle Arten von Vorfällen und Begegnungen und materieller Unterstützung, von denen kein Mensch geglaubt hätte, dass sie auf diesem Wege kommen würden. Was immer du meinst oder glaubst, tun zu können, beginne es. Handeln enthält Magie, Anmut und Kraft.

Für Ihren Beruf, das Verkaufen, gibt es keinen Grund mehr, nicht sofort loszulegen. Jetzt wird der Schalter von der einen oder anderen Einzelheit umgeschaltet. Und das ist die Richtungsänderung. Und um die geht es jetzt.

Ich habe vor Jahren von einem auf den anderen Augenblick mit dem Rauchen aufgehört. Dabei war es für mich der Moment, in dem ich wusste – nicht etwa hoffte oder glaubte oder meinte oder dachte –, dass ich nie wieder rauchen würde. Ich wusste es mit allem, was ich hatte. Im Verkauf war es ganz früh die Entscheidung, mich an meine Pläne zu halten. Nicht das Hoffen oder Bangen. Ich wusste, dass ich verschiedene Dinge anders würde machen müssen, zum Teil ganz anders. Mein Tagesablauf würde nicht mehr aussehen wie der der Vergangenheit. Ich würde aktiver an den Tag herangehen, ich wäre nicht mehr für jeden jederzeit am Telefon verfügbar, ich würde die Zeit einteilen, wie es für den Plan sinnvoll wäre. Ich dachte zu der Zeit nicht darüber nach, ob es einfach oder schwierig sein würde. Mir war das egal. Ich hatte von anderen Menschen gehört, dass wundersame Dinge geschehen waren, als sie sich an eben dieser Stelle befunden hatten.

8.8 „Wunder" und andere Erfolgsgeschichten

Die „Wunder" stellten sich ein! Und zwar in dem Moment, in dem ich mich entschied. Sie geschahen auch bei unseren Klienten – und genauso sicher werden sie bei Ihnen eintreffen. Wenn Sie sich entscheiden, dann gibt es keine Wahl mehr. Weil die Welt anders aussieht. Weil andere Wege verstellt werden, die dann buchstäblich nicht mehr begehbar sind. Weil plötzlich Türen offen stehen, an denen sind Sie früher in Ihrer „Gedankenlosigkeit" vorbeigelaufen sind. Ich habe lange gebraucht, um herauszufinden, warum es einfach war, warum ich mich nicht über andere Dinge ärgern musste, warum in der Summe nicht mehr Schwierigkeiten vorhanden waren, als ich erwartet hatte. Die Antwort lautet: Sie sind gar nicht da, die vermeintlichen Schwierigkeiten und Ärgernisse. Es ist nicht so, dass man die Wahl zwischen einem planierten einfachen Weg bei Sonnenschein und einem Himalaja-Gebirgspfad bei schlechtem Wetter hat. Man steht irgendwo – im Himalaja oder im planierten Gelände – und entscheidet sich, nach rechts oder links zu gehen. Fest steht nur eins: dass das Ziel, zu dem man sich bewegt, deutlich durchdachter und wertvoller ist, als das, was die Tage zuvor verfolgt wurde. Weil man vor der Entscheidung noch verschiedene Wege im Blick behalten musste. Verstehen Sie, Sie versuchen dauernd, etliche Ziele im Auge zu behalten und sich die Optionen zu sichern. Sie werfen diese Optionsscheine jetzt weg – und bekommen dafür die volle Konzentration. Sie setzen alles auf die 17, und Sie wissen, dass die 17 gewinnt. Wenn sie nicht am ersten Tag gewinnt, dann ganz sicher am zweiten. Aber Sie entscheiden sich für ein Ziel. Und auf diesem Weg werden Sie Dinge wahrnehmen, die Sie mit den verschiedenen Zielen im Kopf und den Optionsscheinen in der Hand nie gesehen hätten. Weil die Optionen Sie abgelenkt haben. Aber wenn Sie sich entscheiden, werden alle Hilfsmittel und Abkürzungen Ihres Weges sichtbar.

Durch die Jammerei und die Schwarzseherei wird es zusätzlich schwierig. Unentschlossenheit heißt, dass man sich die Option, es nicht zu tun, offen lässt. Und wie will man sich bitte konzentrieren, wenn es immer noch eine gewohnte, alte Möglichkeit gibt? Es ist ungefähr so, als liebäugelte man immer noch mit dem

Suchen unter der Straßenlaterne, weil das Licht dort besser ist ... statt sich zum Beispiel endlich eine funktionierende Taschenlampe zu suchen. Es geht also um einen Entschluss. Es geht wirklich darum, es anders zu machen.

Was jetzt noch kommt, macht mir eine Menge Spaß. Es folgt der Zirkelschluss, denn das Ganze funktioniert auch andersherum: Glauben Sie, ein Einkommensmillionär kann sich vorstellen, dass er für 10 € in der Stunde arbeitet, um sein Gehalt aufzubessern? Natürlich wäre es eine Möglichkeit, in Heimarbeit irgendwelche Packarbeiten zu machen. Oder morgens Zeitungen auszutragen. Oder abends Pizza auszufahren. Aber er tut es nicht, weil er gar nicht mehr darüber nachdenkt. Er hat diesen Weg verworfen. Weil die 75 € im Monat für das Zeitungenaustragen sein Problem nicht lösen würden. Er kommt gar nicht mehr auf die Idee. Glauben Sie mir: Derzeit gibt es etliche Menschen, die genau über diese Art der Entscheidung nachdenken. Das ist nicht schlecht oder gut. Das ist eben einfach so. Vielleicht haben Sie mit 14 Jahren noch über die Möglichkeit nachgedacht, Zeitungen auszutragen. Sie aber können diese Dinge nicht mehr denken. Jetzt stellen sich andere Fragen. Wenn Sie sich in diesem Programm entscheiden, kann ich Ihnen schon versprechen, dass Sie in wenigen Monaten über völlig andere Ziele nachdenken. Wie es geht?

So funktioniert das Programm

1. Machen Sie sich klar, dass Sie es schaffen können. Sie sind nicht aus anderem Material gemacht als jene anderen Menschen, die es bislang geschafft haben. Der einzige Mensch, der Sie dazu bringen kann, es in Zukunft erfolgreich anders zu machen, sind Sie. Das ist der erste und der einfachste Schritt.
2. Es gibt nichts, was Sie aufzugeben hätten. Es kostet nicht mehr Zeit, es geht im Wesentlichen darum, die Zeit, die Sie arbeiten, anders zu nutzen. Es ist nicht schrecklichere Arbeit. Im Gegenteil, es macht mehr Spaß, weil Sie wissen, dass Sie auf dem richtigen Weg sind. Es geht nicht nur um Ihren finanziellen Vorteil oder um das schlechte Gewissen. Es geht darum, dass Sie eine ganz andere Lebensqualität haben. Sie kommen abends mit einer ganz anderen Gemütsverfassung nach Hause.
3. Belohnen Sie sich nicht mit irgendetwas, weil Sie die *schwere* Verkaufsarbeit geleistet oder einen besonders *anstrengenden* Teil erledigt haben. Verbannen Sie diese Art von Vokabular aus Ihrem Wortschatz. Verbannen Sie diese Art zu denken aus Ihrem Kopf, und falls sich die alten neuronalen Verbindungen noch einmal melden: Freuen Sie sich, dass Sie es gleich merken. Lenken Sie Ihre Gedanken auf den Spaß. Denn Schwierigkeit und Anstrengung sind fixe Ideen. Sie gibt es nicht wirklich. Es dauert, solange es eben dauert. Hören Sie auf, alles immer wieder zu bewerten.

8.8 „Wunder" und andere Erfolgsgeschichten

Wie alt sind Sie? Wie lange arbeiten Sie schon? Und wie lange wollen Sie noch arbeiten? Wie viele Gelegenheiten hätte es schon gegeben, Verhalten zu ändern? Warum haben Sie es in der Vergangenheit nicht getan? Warum meinen Sie, dass es in der Zukunft von selbst kommen würde? Von selbst kommt gar nichts. Sie können es selbst tun. Sie entscheiden sich und dann tun Sie es. Und das ist ganz einfach, es ist eben nur nicht der gewohnte Pfad, aber einer, der unter dem Strich deutlich mehr für Sie bereithält. Tun Sie so, als wäre alles, was Sie sich wünschen, schon passiert. Es ist *jetzt* so. Es passiert nichts Großartiges mehr, sondern Sie haben sich schon verändert. Sie bekommen einen anderen Blickwinkel. Der bleierne, dicke, fette, schwarze Klotz zieht Sie zu Ihrem Ziel. Sie brauchen nur die Augen aufzuhalten und noch ein bisschen zu lenken. Denken Sie an die Veränderung. Denken Sie nie zurück im Sinne von: „Wie schlimm, was ich alles aufgebe!" Freuen Sie sich, dass Sie sich entschieden haben.

Ich las vor Kurzem bei T. Harv Eker (Eker 2005): „Ready. Fire. Aim." Das heißt so viel wie „Achtung. Feuern. Zielen." oder „Achtung. Los. Fertig.". Ich spielte schon mit dem Gedanken, den Verlag darauf hinzuweisen, dass sich da wohl ein Fehlerchen eingeschlichen habe. Das macht ja so gar keinen Sinn ... Bis ich merkte, dass der Autor das genau so meint: Wir sollen erst einmal loslegen und Erfahrungen machen, und aus diesen Erfahrungen ergeben sich dann noch bessere Aktionen. Ich kenne Leute, die zielen schon jahrelang und warten immer noch auf eine gute Gelegenheit zum Schuss. Die anderen sind aber schon lange unterwegs und haben bereits eine ganze Strecke des Weges hinter sich. Und Erfahrungen gesammelt ...

Die Entscheidung ist das Eine, und anschließend geht es darum, eine Versicherung für unsere Entscheidung zu kaufen. Eine Versicherung, die uns in den Momenten, wo die „alten" neuronalen Verbindungen wieder um Aktivierung bitten, schützt. Diese Versicherungen funktionieren alle, mit unterschiedlicher Intensität. Noch ein Beispiel? Ich habe einmal an einem Seminar teilgenommen, in dem es unter anderem auch um Gewichtsprobleme ging. Ein Teilnehmer wog 30 oder 40 kg zu viel, weil er so gern Pizza aß. Ihm wurde in einem Prozess die Pizza widerlich und madig gemacht – fast im wahrsten Sinne des Wortes. Anschließend brauchte er nur noch Pizza zu denken – und ihm wurde schon bei dem Gedanken übel. Nach dem Seminar sagten dann ein paar Teilnehmer, die mit Sicherheit auch nicht zu wenig wogen: „Schade, dass nur einem einzigen Teilnehmer geholfen werden konnte ..." Für mich war das überhaupt nicht nachzuvollziehen: Da wird ein sehr einfaches Rezept präsentiert, wie zu viel Essen sehr einfach eingestellt werden kann. Der Trainer zeigt es lediglich an einer Person. Jeder kann es selbst an sich ausprobieren. Die Werkzeuge werden alle vollständig gezeigt. Es ist alles da. Aber ich sage Ihnen was: Die Leute wollen gar nicht wirklich. Die wollen lieber besprechen, warum das bei einem selbst nicht funktioniert. Damit zementieren die auch ihre eigene Geschichte. Und wenn das so ist, brauchen nicht Werkzeuge besprochen und deren Gebrauch trainiert zu werden. Die meisten Dinge funktionieren deshalb nicht, weil die Menschen nicht wollen! Das ist wirklich der einzige, ursächliche Grund. Es gibt Menschen, die hinter jedem (Ess- oder Raucher-) Problem immer ein anderes, tiefergehendes Problem suchen – und solange das nicht gelöst ist, kann auch das „offensichtliche" Problem nicht gelöst werden. Ich persönlich glaube, dass es möglicherweise Menschen gibt, bei denen für ihre „offensichtlichen Störungen" komplizierte psychische Ursachen verantwortlich sind. Zum Glück weiß ich aber auch, dass nicht jeder Raucher oder Übergewichtige oder jeder erfolglose Verkäufer schwere psychische Störungen hat. Ich weiß, dass es einen Auslöser gegeben und dass ein großer Teil dieser Menschen sich im Laufe der Zeit einfach daran gewöhnt hat. Und sie haben sich das nie bewusst ausgesucht. Es ist einfach so passiert.

8.9 Sie haben es geschafft ...

Vielleicht ein paar Ausblicke gefällig? Sie können Ihre Rechnungen immer gleich bezahlen. Sie beanspruchen Ihren Dispositionskredit gar nicht mehr, weil immer genug Geld da ist. Sie können sich das Auto Ihrer Wahl kaufen. Sie können Ihren Kindern alle Kurse bezahlen, die diese gern belegen möchten. Sie können Ihr Haus umbauen, wie Sie es sich heimlich vorgestellt haben, oder Sie könnten sich ein Haus kaufen oder bauen. Sie können den Urlaub machen, von dem Sie immer geträumt haben. Sie könnten von dem, was Sie verdient haben, anderen Menschen etwas abgeben – vielleicht macht das am meisten Spaß beim „Geldausgeben". Sie könnten ein Kind fördern, das ohne Ihre Hilfe ein trauriges Dasein fristet. Sie haben Zeit, selbst Kurse zu belegen. Sie können einen neuen Sport oder ein Hobby erlernen. Oder kochen. Sie können reisen. Sie haben Zeit, sich um die Menschen zu kümmern, an denen Ihnen am meisten liegt. Brauchen Sie noch mehr lohnende Aussichten? Sie selbst kennen sicher einige mehr ...

Weiterführende Literatur

Ackermann, Andreas. 2004. *Ziele erreichen – Probleme lösen.* CD mit dem Ackermann Mentaltraining. München.
Amzarakova, Irina P. 2002. *Bewertung im Sprachgebrauch von Grundschulkindern.* Bonn.
Balters, Antje. 2001. *Mut zum NEIN sagen.* Asslar.
Bandler, Richard, und Donner Paul. 1998. *Die Schatztruhe* (NLP im Verkauf). Paderborn.

Weiterführende Literatur

Bandler, Richard, und MacDonald Will. 2009. *Der feine Unterschied*. 5. Aufl. Paderborn.
Behrens, Katja, und Helen Keller. 2001. Weinheim.
Berg, Art. 2002. *The impossible just takes a little longer*. New York.
Bettger, Frank. 2002. *Lebe begeistert und gewinne*. Zürich.
Birkenbihl, Vera. F. 1994. *Trotz Schule lernen!* München.
Birkenbihl, Vera. F. 2000a. *Kommunikationstraining*. München.
Birkenbihl, Vera. F. 2000b. *Stroh im Kopf*. München.
Birkenbihl, Vera. F. 2013a. *Fragetechnik schnell trainiert*. 14. Aufl. München.
Birkenbihl, Vera. F. 2013b. *Kommunikation für Könner*. 52. Aufl. München.
Blanchard, Kenneth, und Bowles Sheldon. 1998. *Raving fans*. New York.
Blanchard, Kenneth, und Bowles Sheldon. *Gung Ho*. Reinbek.
Blanchard, Kenneth, und Johnson Spencer. 2000. *Der Einminuten-Manager*. Reinbek.
Blanchard, Kenneth, Oncken William, und Burrows Hall. 2001. *Der Minuten Manager und der Klammer-Affe*. Reinbek.
Brown, W. Stephen. 1985. *Todsünden des Managers*. Zürich.
Burg, Bob. 1998. *Endless referrals*. New York.
Carr, Allen. 1998. Endlich *Nichtraucher!* München.
Carroll, Lewis. 1998. *Alice im Wunderland*. Frankfurt a. M.
Carse, James P. 1987. *Finite and infinite games*. Toronto.
Chernow, Ron. 2000. *John D. Rockefeller: Die Karriere des Wirtschaftstitanen*. Rosenheim.
Cialdini, Robert B. 1993a. *Influence, how and why people agree to things*. New York.
Cialdini, Robert B. 1993b. *The psychology of persuasion*. New York.
Clason, George S. 2002. *Der reichste Mann von Babylon*. Zürich.
Coué, Emile. 1993. *Die Selbstbemeisterung durch bewusste Autosuggestion*. Basel.
Covey, Stephen R. 1998. *Die sieben Wege zur Effektivität*. München.
Crum, Thomas F. 1988. *The magic of conflict*. New York.
Csikszentmihalyi, Mihály. 2004. *Flow*. Stuttgart.
Dalai Lama. 2002. *Die Regeln des Glücks*. Bergisch Gladbach.
Dickens, Charles. 2002. *Eine Weihnachtsgeschichte*. Hamburg.
Dillmann, Bruce. 1992. *Ziel um Ziel*. Paderborn.
Dyer, Wayne W. 2000. *Der wunde Punkt*. Reinbek.
Dyer, Wayne W. 2001. *Wirkliche Wunder*. Reinbek.
Eker, Harv T. 2005. *Secrets of the millionaire mind*. New York.
Eliot, L. 2001. *Die Gehirnentwicklung in den ersten fünf Lebensjahren*. Berlin.
Fensterheim, Herbert, und Baer Jean. 1977. *Sag nicht JA, wenn Du NEIN sagen willst*. München.
Fischer, Joschka. 2001. *Mein langer Lauf zu mir selbst*. München.
Frankl, Viktor E. 2001. *Das Leiden am sinnlosen Leben*. Freiburg.
Franklin, Benjamin. 1997. *Autobiographie*. München.
Fridson, Martin S. 2001. *Milliardäre und ihre Erfolgsgeschichten*. Rosenheim.
Gallwey, T. Timothy. 2002. *Selbstcoaching*. Nürnberg.
Girard, Joe, und Robert L. Shook. 1998. *Abschlußsicher verkaufen*. Wiesbaden.
Goleman, Daniel. 2001. *EQ2 – Der Erfolgsquotient*. München.
Goleman, Daniel. 2002. *EQ – Emotionale Intelligenz*. München.
Hill, Napoleon. 2000. *Denke nach und werde reich*. Kreuzlingen.
Hill, Napoleon, und W. Clement, Stone. 2000. *Erfolg durch positives Denken*. Kreuzlingen.
James, Tad, Lorraine Flores, und Jack Schober. 2001. *Kompaktkurs Hypnose*. Paderborn.

Kiyosaki, Robert T., und Sharon L. Lechter. 2002. *Reichtum kann man lernen*. München.
Klein, Stefan. 2002. *Die Glücks-Formel*. Reinbek.
Kostolany, André. 1998. *Kostolanys großes Börsenseminar*. München.
Kotter, John P. 1997. *Matsushita*. Wien.
Lazarus, Arnold, und Fay Allen. 2002. *Ich kann, wenn ich will*. München.
Lelord, François. 2004. *Hectors Reise oder die Suche nach dem Glück*. München.
Lewis, C. S., Malcolm Muggeridge, und Dorothy L. Sayers. 1998. *Alles Übrige ist eine Sache des Fliegens*. Gießen.
Löhr, Jörg. 2004. *Lebe deine Stärken!* Berlin.
MacKenzie, Gordon. 1998. *Orbiting the Giant Hairball*. New York.
Maltz, Maxwell. 1990. *So können Sie werden, wie Sie sein möchten*. Genf.
McCormack, Mark H. 1997. *Die Schule des Verhandelns*. Frankfurt a. M.
Miller, R. B., und S. E. Heimann. 1985. *Strategie selling*. New York.
von Münchhausen, Marco. 2004. *So zähmen Sie Ihren inneren Schweinehund!* München.
Murdon, Rebecca. 2007. *The Pursuit of Happyness (Das Streben nach Glück)*.
Murphy, Joseph. 2000. *Werde reich und glücklich*. München.
Peale, Norman Vincent. 2011. *Die Kraft des positiven Denkens*. 4. Aufl. Zürich.
Popper, Karl R. 2004. *Alles Leben ist Problemlösen*. München.
Pryor, Karen. 1999. *Positiv bestärken – sanft erziehen*. Stuttgart.
Ratelband, Emile. 1998. *TSJAKKAA!* Düsseldorf.
Ratelband, Emile. 1999. *Der Feuerläufer*. München.
Rentsch, Hans-Peter. 2000. *Der Samurai-Verkäufer*. Wiesbaden.
Robbins, Anthony. 1998a. *Das Prinzip des geistigen Erfolgs*. München.
Robbins, Anthony. 1998b. *Grenzenlose Energie*. München.
Robbins, Anthony. 2003. Das *Robbins PowerPrinzip*. München
Rüegg, J. C. 2001. *Psychosomatik, Psychotherapie und Gehirn: Neuronale Plastizität als Grundlage einer biopsychosozialen Medizin*. Stuttgart.
Schucman, Helen. 1999. *Ein Kurs in Wundern*. Zürich.
Schwarz, Norbert. 1988. Judgements of relationship satisfaction. *Journal of Social Psychology* 18:485–496.
Schwarz, Norbert. 2002. Judgements of relationship satisfaction. *Journal of Social Psychology* 18:485–496 (zitiert nach Klein, Stefan: Die Glücks-Formel). Reinbek.
Schwarz, Tony, und Jim Loehr. 2003. *Die Disziplin des Erfolgs*. München.
Seiwert, Lothar J. 2003. *Das neue 1 × 1 des Zeitmanagements*. München.
Seligmann, Martin E. P. 1990. *Pessimisten küsst man nicht*. München.
Seligmann, Martin E. P. 1999. *Erlernte Hilflosigkeit*. Weinheim.
Stollreiter, Marc, und Johannes Völgyfy. 2001. *Selbstdisziplin*. Offenbach: GABAL.
Tepperwein, Kurt. 2001. *Die hohe Schule der Hypnose*. München: Moderne Verlagsges.
Trump, Donald, und Meredith McIver. 2004. *Wie man reich wird*. München: FinanzBuch Verlag.
Vengel, Alan, und Wright Greg. 2004. *Gardening*. Offenbach.
Walsch, Neale Donald. 1997. *Conversations with god* (Book One). London: Hampton Roads Pub Co.
Watzlawick, Paul. 1995. *Vom Unsinn des Sinns oder vom Sinn des Unsinns*. München: Piper.
Watzlawick, Paul. 2002. *Die erfundene Wirklichkeit*. München: Piper.

Watzlawick, Paul. 2004. *Anleitung zum Unglücklichsein*. München: Piper Taschenbuch.
Weimer, Wolfram. 1995. *Kapitäne des Kapitals*. Frankfurt a. M.
White, Michael, und John Gribbin. 1997. *Stephen Hawking*. Reinbek.
Williamson, Marianne. 1992. *A return to love*. New York: Harper Collins.
Zeig, Jeffrey K., Hrsg. 1999. *Meine Stimme begleitet Sie überallhin*. Donauwörth: Klett-Cotta.

Fazit 9

„Etwas Unmögliches kann man nicht glauben." „Du wirst eben noch nicht die rechte Übung haben", sagte die Königin. „In deinem Alter habe ich täglich eine halbe Stunde darauf verwendet. Zuzeiten habe ich vor dem Frühstück bereits bis zu sechs unmögliche Dinge geglaubt."
[Lewis Carroll, „Alice hinter den Spiegeln"]

Sie waren bislang nicht so erfolgreich, wie Sie sich das vorgestellt haben. Wenn Sie nach der Lektüre dieses Buches nicht den festen Vorsatz gefasst haben, einen neuen Arbeitgeber zu suchen oder vollständig durchzustarten, dann ist irgendetwas falsch gelaufen. Was tun? Sie lesen das Buch noch einmal. Stellen Sie sicher, dass Sie die Anweisungen unbedingt befolgen und die Übungen in jedem Fall machen. Denken Sie an die Kompassnadel und an den dicken Bleipfeil. Sie schaffen es mit Leichtigkeit, wenn Sie

- Ihr Ziel kennen – mit allem Drum und Dran,
- wirklich vor sich sehen, wie schön Ihr Berufsleben und alles, was damit zusammenhängt, sein kann,
- eine Vision haben,
- mit der Bewerterei aufhören.

Das ist schon alles.
   In der U-Bahn und im Bus hängen Schilder: „Schwarzfahren gefährdet die Gesundheit." Vergleichsweise lächerlich, eine kurze Strecke mit erhöhtem Blutdruck unterwegs zu sein, wenn man das in Relation setzt zu den Nichterfolgreichen, die regelmäßig das Potenzial zu permanent hohem Blutdruck haben … oder deren

Gesundheit auf andere Weise gefährdet ist: Der eine bekommt einen Hexenschuss, wenn es schwierig wird, dem nächsten schlägt es auf den Magen, dass das Konto wieder rote Zahlen zeigt; und der übernächste hat Kopfschmerzen, weil wieder ein Meeting ansteht...

Falls Sie jetzt noch Angst vor dem Verlieren haben: Verdrängen Sie diese Angst bitte nicht. Stellen Sie sich einmal mit allen Sinnen vor, wie Sie die Versicherungsprämie zahlen. Überlegen Sie dann, wie Sie – dennoch – Ihr Ziel schaffen! Malen Sie es bunt. Greifen Sie auf einen Ihrer Motivatoren zurück. Freuen Sie sich. Sie wissen jetzt, dass die meisten gar nicht scheitern: Der Grund des Nichtankommens ist, dass sie gar nicht erst losgelaufen sind. Die Gehirnwäsche wirkt, weil die ganz überwiegende Mehrheit der Menschen Angst vor ihrem Erfolg bekommt. Wenn diejenigen die gleiche Mühe auf jene Gedanken verwenden würden, die ihnen helfen, sich selbst schon im Ziel zu sehen, wie viel einfacher wäre das. Ich habe das lange nicht verstanden, bis ich folgende Worte von Marianne Williamson (1992) entdeckte: „Unsere größte Angst ist nicht, unzulänglich zu sein. Unsere größte Angst ist, grenzenlos mächtig zu sein. Unser Licht, nicht unsere Dunkelheit ängstigt uns am meisten. Wir fragen uns: ‚Wer bin ich denn, dass ich so brillant sein soll? Aber wer bist du, es nicht zu sein?' ... Es dient der Welt nicht, wenn du dich klein machst. Sich klein zu machen, nur damit sich andere um dich nicht unsicher fühlen, hat nichts Erleuchtetes ... Und wenn wir unser Licht scheinen lassen, geben wir anderen unbewusst damit die Erlaubnis, es zu tun. Wenn wir von unserer eigenen Angst befreit sind, befreit unsere Gegenwart automatisch die anderen."

Sie produzieren ab sofort keine Entschuldigungen mehr. Sie leiten Ihr ganzes Denken in eine andere Bahn. Damit Sie einen anderen Status genießen, damit Ihr Selbstvertrauen wächst, damit Sie Ihren Kindern ein Vorbild sind – das Vorbild, das Sie wirklich sein wollen. Stellen Sie sich vor, Sie leben Ihren Traum und wissen, dass es buchstäblich einfach umzusetzen gewesen ist, wie die Übung mit Ihrem geschriebenen Namen. Sie wissen, dass es ganz leicht ist, den bleiernen Pfeil zu drehen. Sie brauchen es nicht zu hoffen oder zu glauben – es ist Ihre tiefe Gewissheit. Und das Einzige, was noch fehlt, ist es zu tun! Jetzt!

Machen Sie etwas daraus. Sie haben alle Möglichkeiten. Nutzen Sie sie. Ich wünsche Ihnen dabei alles, was Sie brauchen, um Ihre Ziele zu erreichen. Ich wünsche Ihnen das Beste. Ich freue mich, wenn Sie mir mitteilen, was bei Ihnen funktioniert hat ... und was noch nicht funktioniert.

Ihr Jörn Bruhn

Weiterführende Literatur

Ackermann, Andreas. 2004. *Ziele erreichen – Probleme lösen.* CD mit dem Ackermann Mentaltraining. München.
Amzarakova, Irina P. 2002. *Bewertung im Sprachgebrauch von Grundschulkindern.* Bonn.
Balters, Antje. 2001. *Mut zum NEIN sagen.* Asslar.
Bandler, Richard, und Donner Paul. 1998. *Die Schatztruhe* (NLP im Verkauf). Paderborn.
Bandler, Richard, und MacDonald Will. 2009. *Der feine Unterschied.* 5. Aufl. Paderborn.
Behrens, Katja, und Helen Keller. 2001. Weinheim.
Berg, Art. 2002. *The impossible just takes a little longer.* New York.
Bettger, Frank. 2002. *Lebe begeistert und gewinne.* Zürich.
Birkenbihl, Vera. F. 1994. *Trotz Schule lernen!* München.
Birkenbihl, Vera. F. 2000a. *Kommunikationstraining.* München.
Birkenbihl, Vera. F. 2000b. *Stroh im Kopf.* München.
Birkenbihl, Vera. F. 2013a. *Fragetechnik schnell trainiert.* 14. Aufl. München.
Birkenbihl, Vera. F. 2013b. *Kommunikation für Könner.* 52. Aufl. München.
Blanchard, Kenneth, und Bowles Sheldon. 1998. *Raving fans.* New York.
Blanchard, Kenneth, und Bowles Sheldon. *Gung Ho.* Reinbek.
Blanchard, Kenneth, und Johnson Spencer. 2000. *Der Einminuten-Manager.* Reinbek.
Blanchard, Kenneth, Oncken William, und Burrows Hall. 2001. *Der Minuten Manager und der Klammer-Affe.* Reinbek.
Brown, W. Stephen. 1985. *Todsünden des Managers.* Zürich.
Burg, Bob. 1998. *Endless referrals.* New York.
Carr, Allen. 1998. Endlich *Nichtraucher!* München.
Carroll, Lewis. 1998. *Alice im Wunderland.* Frankfurt a. M.
Carse, James P. 1987. *Finite and infinite games.* Toronto.
Chernow, Ron. 2000. *John D. Rockefeller: Die Karriere des Wirtschaftstitanen.* Rosenheim.
Cialdini, Robert B. 1993a. *Influence, how and why people agree to things.* New York.
Cialdini, Robert B. 1993b. *The psychology of persuasion.* New York.
Clason, George S. 2002. *Der reichste Mann von Babylon.* Zürich.
Coué, Emile. 1993. *Die Selbstbemeisterung durch bewusste Autosuggestion.* Basel.
Covey, Stephen R. 1998. *Die sieben Wege zur Effektivität.* München.
Crum, Thomas F. 1988. *The magic of conflict.* New York.
Csikszentmihalyi, Mihály. 2004. *Flow.* Stuttgart.
Dalai Lama. 2002. *Die Regeln des Glücks.* Bergisch Gladbach.
Dickens, Charles. 2002. *Eine Weihnachtsgeschichte.* Hamburg.
Dillmann, Bruce. 1992. *Ziel um Ziel.* Paderborn.
Dyer, Wayne W. 2000. *Der wunde Punkt.* Reinbek.
Dyer, Wayne W. 2001. *Wirkliche Wunder.* Reinbek.
Eker, Harv T. 2005. *Secrets of the millionaire mind.* New York.
Eliot, L. 2001. *Die Gehirnentwicklung in den ersten fünf Lebensjahren.* Berlin.
Fensterheim, Herbert, und Baer Jean. 1977. *Sag nicht JA, wenn Du NEIN sagen willst.* München.
Fischer, Joschka. 2001. *Mein langer Lauf zu mir selbst.* München.
Frankl, Viktor E. 2001. *Das Leiden am sinnlosen Leben.* Freiburg.
Franklin, Benjamin. 1997. *Autobiographie.* München.

Fridson, Martin S. 2001. *Milliardäre und ihre Erfolgsgeschichten*. Rosenheim.
Gallwey, T. Timothy. 2002. *Selbstcoaching*. Nürnberg.
Girard, Joe, und Robert L. Shook. 1998. *Abschlußsicher verkaufen*. Wiesbaden.
Goleman, Daniel. 2001. *EQ2 – Der Erfolgsquotient*. München.
Goleman, Daniel. 2002. *EQ – Emotionale Intelligenz*. München.
Hill, Napoleon. 2000. *Denke nach und werde reich*. Kreuzlingen.
Hill, Napoleon, und W. Clement, Stone. 2000. *Erfolg durch positives Denken*. Kreuzlingen.
James, Tad, Lorraine Flores, und Jack Schober. 2001. *Kompaktkurs Hypnose*. Paderborn.
Kiyosaki, Robert T., und Sharon L. Lechter. 2002. *Reichtum kann man lernen*. München.
Klein, Stefan. 2002. *Die Glücks-Formel*. Reinbek.
Kostolany, André. 1998. *Kostolanys großes Börsenseminar*. München.
Kotter, John P. 1997. *Matsushita*. Wien.
Lazarus, Arnold, und Fay Allen. 2002. *Ich kann, wenn ich will*. München.
Lelord, François. 2004. *Hectors Reise oder die Suche nach dem Glück*. München.
Lewis, C. S., Malcolm Muggeridge, und Dorothy L. Sayers. 1998. *Alles Übrige ist eine Sache des Fliegens*. Gießen.
Löhr, Jörg. 2004. *Lebe deine Stärken!* Berlin.
MacKenzie, Gordon. 1998. *Orbiting the Giant Hairball*. New York.
Maltz, Maxwell. 1990. *So können Sie werden, wie Sie sein möchten*. Genf.
McCormack, Mark H. 1997. *Die Schule des Verhandelns*. Frankfurt a. M.
Miller, R. B., und S. E. Heimann. 1985. *Strategie selling*. New York.
von Münchhausen, Marco. 2004. *So zähmen Sie Ihren inneren Schweinehund!* München.
Murdon, Rebecca. 2007. *The Pursuit of Happyness (Das Streben nach Glück)*.
Murphy, Joseph. 2000. *Werde reich und glücklich*. München.
Peale, Norman Vincent. 2011. *Die Kraft des positiven Denkens*. 4. Aufl. Zürich.
Popper, Karl R. 2004. *Alles Leben ist Problemlösen*. München.
Pryor, Karen. 1999. *Positiv bestärken – sanft erziehen*. Stuttgart.
Ratelband, Emile. 1998. *TSJAKKAA!* Düsseldorf.
Ratelband, Emile. 1999. *Der Feuerläufer*. München.
Rentsch, Hans-Peter. 2000. *Der Samurai-Verkäufer*. Wiesbaden.
Robbins, Anthony. 1998a. *Das Prinzip des geistigen Erfolgs*. München.
Robbins, Anthony. 1998b. *Grenzenlose Energie*. München.
Robbins, Anthony. 2003. Das *Robbins PowerPrinzip*. München
Rüegg, J. C. 2001. *Psychosomatik, Psychotherapie und Gehirn: Neuronale Plastizität als Grundlage einer biopsychosozialen Medizin*. Stuttgart.
Schucman, Helen. 1999. *Ein Kurs in Wundern*. Zürich.
Schwarz, Norbert. 1988. Judgements of relationship satisfaction. *Journal of Social Psychology* 18:485–496.
Schwarz, Norbert. 2002. Judgements of relationship satisfaction. *Journal of Social Psychology* 18:485–496 (zitiert nach Klein, Stefan: Die Glücks-Formel). Reinbek.
Schwarz, Tony, und Jim Loehr. 2003. *Die Disziplin des Erfolgs*. München.
Seiwert, Lothar J. 2003. *Das neue 1 × 1 des Zeitmanagements*. München.
Seligmann, Martin E. P. 1990. *Pessimisten küsst man nicht*. München.
Seligmann, Martin E. P. 1999. *Erlernte Hilflosigkeit*. Weinheim.
Stollreiter, Marc, und Johannes Völgyfy. 2001. *Selbstdisziplin*. Offenbach: GABAL.
Tepperwein, Kurt. 2001. *Die hohe Schule der Hypnose*. München: Moderne Verlagsges.

Trump, Donald, und Meredith McIver. 2004. *Wie man reich wird*. München: FinanzBuch Verlag.
Vengel, Alan, und Wright Greg. 2004. *Gardening*. Offenbach.
Walsch, Neale Donald. 1997. *Conversations with god* (Book One). London: Hampton Roads Pub Co.
Watzlawick, Paul. 1995. *Vom Unsinn des Sinns oder vom Sinn des Unsinns*. München: Piper.
Watzlawick, Paul. 2002. *Die erfundene Wirklichkeit*. München: Piper.
Watzlawick, Paul. 2004. *Anleitung zum Unglücklichsein*. München: Piper Taschenbuch.
Weimer, Wolfram. 1995. *Kapitäne des Kapitals*. Frankfurt a. M.
White, Michael, und John Gribbin. 1997. *Stephen Hawking*. Reinbek.
Williamson, Marianne. 1992. *A return to love*. New York: Harper Collins.
Zeig, Jeffrey K., Hrsg. 1999. *Meine Stimme begleitet Sie überallhin*. Donauwörth: Klett-Cotta.

Anhang

A.1 Die Anweisungen auf einen Blick

Tab. A.1 Anweisungen auf einen Blick

Nr.	Anweisung
1	Befolgen Sie alle Anweisungen
2	Kaufen Sie sich ein leeres Buch. Ihr Buch
3	Seien Sie offen. Denken Sie mit. Seien Sie kritisch. Das ist vielleicht die Anweisung, die am wenigsten leicht zu befolgen ist
4	Malen Sie sich aus, wie leicht Verkaufen sein könnte, wie viel Spaß Sie dabei haben könnten. Schreiben Sie's auf. In Ihr Buch. Oder schauen Sie in Ihrem Gedankenschloss vorbei und stellen sich das einmal vor. Wie fühlt sich das an?
5	Führen Sie die nachfolgende Übung durch
	Lassen Sie von einem Partner für dieses Experiment die Zeit stoppen, die Sie brauchen, um Ihren Namen zu schreiben (oder stoppen Sie selbst). Es geht nicht darum, besonders schnell zu sein. Schreiben Sie im normalen Tempo. (Falls Sie einen sehr kurzen Namen haben, nehmen Sie einfach Ihre Adresse hinzu.) Um den Namen zu schreiben, werden in Ihrem Hirn übrigens ein paar Verbindungen genutzt. Je öfter Sie Ihren Namen in Ihrem Leben geschrieben haben, desto ausgefahrener sind diese; bei Erstklässlern sind die Verbindungen noch nicht so ausgeprägt und irgendwie sieht man das auch an der Unterschrift. Notieren Sie die verbrauchte Zeit
	Schreiben Sie Ihren Namen noch einmal – allerdings lassen Sie jetzt jeden zweiten Buchstaben aus. Sie stoppen wieder die Zeit
	Sie üben die „neue Unterschrift" fünf- oder zehn- oder 20-mal. Danach wird die Zeit noch einmal gestoppt und notiert
6	Bewerten Sie Ihre Leistung oder Ihr Produkt auf einer Skala von 1 (grottenschlecht) bis 10 (sensationell)
7	Überlegen Sie jetzt, wie Sie innerhalb eines überschaubaren Zeitraums die Punktzahl auf 9 oder 10 bringen

© Springer Fachmedien Wiesbaden 2015
J. Bruhn, *Erfolgsworkshop Vertrieb – Packen Sie's an!*,
DOI 10.1007/978-3-658-06316-0

Tab. A.1 (Fortsetzung)

Nr.	Anweisung
8	Stellen Sie sich jetzt einmal vor, Sie hätten Ihr Ziel erreicht. Nehmen Sie sich dafür mindestens 15 min Zeit
9	Halten Sie Ihre Vision fest! Formulieren Sie Ihre Ziele positiv! Seien Sie dabei positiv und haben Sie Spaß! Tun Sie es jetzt!
10	Notieren Sie zwei Versicherungen darüber, was Sie innerhalb der nächsten 24 h tun, wer Sie unterstützt bzw. wem Sie davon erzählen (2 Personen) – und das bitte jetzt.
11	Suchen Sie sich ein Vorbild … natürlich ein erfolgreiches
12	Werfen Sie das Buch auf den Boden und versuchen Sie es aufzuheben
13	Notieren Sie, wer und was Sie beim Erfolg unterstützen kann
14	Wenn Sie zweifeln, dann stellen Sie sich einmal neben sich. Beobachten Sie die eigenen Gedanken, und falls Sie negativ denken („Warum geht es nicht? Es kann gar nicht funktionieren …"), fragen Sie sich stattdessen: „Wenn es funktioniert hätte, wie wäre das wohl passiert? Wenn es möglich wäre, wie würde man starten?"
15	Nachdem Sie sich entschieden haben: Hören Sie auf mit der Zweifelei! Sie haben sich von einigen Möglichkeiten verabschiedet. Wenn Sie an die veränderte Situation denken, heute, morgen oder in fünf Jahren, dann mit folgendem Schluss: „Juhu! Ich habe es geschafft!"

A. 2 Einundsechzig Gründe, es nicht zu tun …

Damit ich erfolgreicher werden kann, warte ich auf (darauf) …

1. Inspiration.
2. dass ich anders werde.
3. dass der Markt sich dreht – ungefähr so wie der Wind!
4. dass die Konjunktur anzieht.
5. Kreativität.
6. Erlaubnis.
7. Beruhigung.
8. dass der Kaffee fertig ist.
9. dass ich an der Reihe bin.
10. jemanden, der mir den Weg ebnet.
11. den Rest der Regeln.
12. dass ich mit dem Projekt fertig bin.
13. dass der Vermieter den Mietvertrag unterzeichnet.
14. dass wir unser Auto verkauft haben.
15. dass meine Frau ausgezogen ist.

16. dass meine Frau eingezogen ist.
17. mehr Zeit.
18. dass sich der Stress legt.
19. dass ich die Administration fertig habe.
20. dass das mit den Kindern in Ordnung kommt.
21. dass wir die Maschine verkauft haben.
22. dass wir die Maschine gekauft haben.
23. eine bessere Zeit.
24. eine Steuerreform.
25. eine Gesundheitsreform.
26. morgen.
27. September.
28. Oktober.
29. November.
30. dass die Motivation wiederkommt.
31. dass ich mich besser fühle.
32. dass die Kunden kommen.
33. Produkte, die irgendwie besser zu mir passen.
34. dass meine Mitarbeiter es auch endlich verstehen.
35. dass mein Chef es auch endlich versteht.
36. meine Kontoverbindung.
37. meine Visitenkarten.
38. unseren Verkaufsprospekt.
39. Sonne.
40. Regen.
41. dass die Kunden hier anrufen.
42. ruhigere Zeiten.
43. bewegtere Zeiten.
44. dass die Kurse steigen.
45. dass die Kurse fallen.
46. dass ich ein neues Gebiet bekomme.
47. dass ich mein altes Gebiet wiederbekomme.
48. dass ich bessere Kontakte bekomme.
49. dass ich länger im Gebiet bin.
50. dass die Konkurrenz nicht mehr so stark ist.
51. dass unsere Produkte besser werden.
52. dass die Konkurrenz teurer wird.
53. dass wir billiger werden.
54. dass wir nicht mehr ein billiges Image haben.

55. dass ich familiär nicht mehr so viel um die Ohren habe.
56. dass die sportliche Belastung etwas zurückgeht.
57. dass mein Chef morgens nicht immer schlechte Stimmung bei mir auslöst.
58. dass mein Chef mich lobt.
59. dass ich meinen Plan fertigstelle.
60. Unterlagen von meinem Kollegen oder Innendienst oder Amt kommen.
61. eine Excel-Liste, die ich schreiben muss.
62. ....
63. ....
64. ....

The manufacturer's authorised representative in the EU is Springer Nature Customer Service Centre GmbH, Europaplatz 3, 69115 Heidelberg, Germany. If you have any concerns regarding our products, please contact ProductSafety@springernature.com

Printed and bound by CPI Group (UK) Ltd, Croydon, CR0 4YY

25/03/2026

02078181-0003